U0040822

日常生活中的
自我呈現

The Presentation of Self in Everyday Life

Erving Goffman
厄文・高夫曼——著
譯——黃煜文

專文導讀

從人生舞臺到虛擬世界的自我表演

耿一偉
臺北藝術大學戲劇系兼任助理教授

「全世界就是一個舞臺，所有的男男女女不過是一些演員，他們都有下場的時候，也都有上場的時候。一個人的一生中扮演著好幾個角色。」

——莎士比亞，《皆大歡喜》

「全世界就是一個舞臺」這句話，出現在本書的結論。這種將人生視為角色扮演的戲劇觀點，在歷史上就很早出現，西元一世紀的羅馬作家佩特羅尼烏（Petronius）就已提出全世界是一個舞臺（totus mundus agit histrionem）的觀點，中文也有人生如戲的常識性說法。但高夫曼在本書中，對角色扮演與相關的構成條件，進行了開創性的微觀分析，剖析了我們的社會存在是如何受到前臺與後臺的左右，並為了影響他人對我們看法而進行各種表演的策略。

一部經典的誕生

《日常生活中的自我呈現》是高夫曼的第一本著作，於一九五六年由愛丁堡大學的社會科學研究中心出版，一九五九年又在美國出版，之後流通的版本即以一九五九年的增訂版為主。其實兩個版本差異不大，五九年的版本增加了兩小節，分別是第一章最後一節〈現實與謀劃〉，以及結論最後一節〈演出與自我〉。《日常生活中的自我呈現》於一九六一年獲得美國社會學學會的馬可維獎（MacIver award）。而到了一九九八年，本書與韋伯《經濟與社會》、布迪厄《區判：品味判斷的社會批判》、哈伯瑪斯《溝通行動理論》都被國際社會學學會選入二十世紀最重要的十大社會學著作。

本書有一部分的內容，脫胎自高夫曼於一九五一年完成的博士論文，即他在序言提到對昔得蘭島的田野調查。特別的是，雖然這本書的主要分析的架構來自戲劇表演，但是高夫曼並沒有在任何段落或註腳，引用任何與戲劇或劇場相關的研究成果，甚至連莎士比亞這個名字都沒出現過。我們可以說，高夫曼將角色扮演的模式，以及前臺／後臺的區隔，當作一種類似普世的直觀現象，無須顧及可能存在的文化或時代差異。高夫曼創造了擬劇論（dramaturgical）的觀點，將戲劇當作一種理解社會行為的隱喻架構，藉由這些概念鷹架的搭建，來理解人們的社會行為。

不過，我們還是在註腳中發現一些了蛛絲馬跡，可以用來追溯高夫曼的思想起源。除了涂爾幹、齊美爾等社會學家，或是芮克里夫—布朗（Radcliffe-Brown）等人類學家的著作外，高夫曼引用了好幾次美國修辭學家肯尼斯．伯克（Kenneth Burke）在一九四五年的著作《動機語法學》（*A Grammar of Motives*）。在這本書中，伯克發展了所謂的「戲劇理論」（dramatism），以戲劇的架構來解釋人們在一定情境中的行為動機。後來高夫曼也承認伯克的觀點是他採用戲劇框架的靈感來源。

高夫曼的書寫風格

既然《日常生活中的自我呈現》是一部社會學著作，那我們就千萬不要忘記，高夫曼的分析都著重在當自我遇見他人（即觀眾）時，進行各種印象管理的行為。沒有觀眾的存在，就不會有角色扮演的必要性。意識到這一點，我們才能解釋，為何在這一本社會學著作中，高夫曼會忽然好幾次引用了沙特的《存在與虛無》以及西蒙．波娃的《第二性》。因為在這兩位存在主義者的分析中，經常討論自我存在當遭遇他人目光時，會發生什麼樣的存在性轉變，而《日常生活中的自我呈現》在某種角度上，對沙特與西蒙．波娃那種往往帶有文學色彩的現象學描述，進行了更有體系的論述補充。

在本書序言，高夫曼提到了他的社會學觀點都是「特別局限在建築物或工廠內部的社會生活」。因此我們不得不留意到，空間性其實是擬劇論的主要構成要件，就像表演也會需要舞臺，需要一個劇場空間來支持。空間的作用發生在兩個面向，一是與他人相遇的空間場域，特別是工作場所，將定義角色扮演的脈絡，以及可以控制的各種布景。另一個是空間面向，是人們在前臺與後臺的不同行為模式，而構成前臺與後臺的差異依舊是空間性的，「對於在前臺與後臺區域所進行的表演來說，外牆顯然具有功能。」

大家對本書的印象好像是談論自我的角色扮演，但這也不過是第一章的主要焦點。其實本書有三分之二的內容，都在探討團體對內與對外的各種互動情形，因為當人們處在團體之中時，角色之間的互動情況更為複雜，而高夫曼所著重的關鍵，往往是這些角色的功能或類型（比如第四章討論告密者、暗樁、打探者、中間者等不一致的角色），而非表演的技巧（比如肢體、表情或說話方式）。

高夫曼的書寫風格，有兩個特殊之處，一是他很喜歡先建立某種概念架構，比如給予／營造、前臺／後臺、禮貌／禮儀、戲劇主導／導演主導等分類。但是在建立了這些概念體系後，他又喜歡去挖掘一些偶發狀況。這時候理論的一致性並不是他關注的，反而是這些多樣性所具有的特殊意義。比如在第三章，高夫曼花了很多篇幅描述了人們在前臺與後臺的行為差異，但是到了該章最後，他又認為可以合理增添名為「外面」的第三個區域。第二個特殊之處是，他的書寫帶有某種人類學與社會學的混合風格，有時行文充滿抽象的概念分析，但往往筆鋒一轉，又會出現各種具體描述。在序言，高夫曼強調他的社會學觀點「可以用來解釋所有具體的社會體制」，但到了結論，他又提到擬劇論運用到非西方文化也可能會出現水土不符的狀況，從而又出現了某種人類學式的謹慎態度。

不論如何，戲劇在高夫曼的後期研究又有進一步的發展，一九七四年出版的《框架分析：經驗組織論》（*Frame Analysis: An Essay on the Organization of Experience*）中，他以「框架」（frames）的概念來解釋人類如何定位社會事件。戲劇模型在這本書中變得非常細緻，各種劇場行為包括劇作家或是謝幕棚等，都被他納入解釋的範圍，而廣播劇與電影所造成的差異也一樣在他的考慮當中，如同他在該書第五章〈戲劇框架〉一開始強調的：「因為戲劇研究早已深刻嵌入本研究所根植的社會學……」

自我表演的日常生活

《日常生活中的自我呈現》拓展了以戲劇或表演視角，來研究人類總體生活的可能性，其影響力甚至超越社會學，回流到戲劇研究的領域。劇場導演與學者謝喜納（Richard Schechner）於一九八〇年在紐約大學創立的表演研究系（Department of Performance Studies），有一大部分原因要歸功於高夫曼，謝喜納說：「我認為表演研究是學術思想上很激進的一項修正工作，始於一九六〇年代，或者，可說是在一九五九年厄文・高夫曼（Erving Goffman）出版《日常生活中的自我呈現》（*The Presentation of Self in Everyday Life*）一書時即已開始了」（《戲劇學刊》第08期，2009: 333。）之後，全球各大學陸續有表演研究的系所或研究室成立，最後形成某種學術產業，包括每年一度在世界各地輪流舉辦的「表演研究國際學會」（Performance Studies International，簡稱PSi）。

目前已出到第四版的《表演研究導論》（*Performance Studies: An Introduction*, 2020），作者謝喜納對表演的定義，即採取了本書導論所提到的：「『表演』（performance）可以被定義為某個參與者在某個場合的所有行動對其他參與者的影響。」有趣的是，《表演研究導論》也探討了高夫曼的戲劇框架，面對網路時代在社交媒體上的自我呈現，是否能繼續適用的問題。二〇一五年出版的《羅德里奇國際高夫曼研究手冊》（*Routledge International Handbook of Goffman Studies*），有一個專章〈自我—呈現：數位時代的印象管理〉（SELF-PRESENTATION: Impression management in the digital age），同樣討論了這個虛擬扮演的新面向。

網路時代所出現的新狀況，超越了傳統的戲劇模式，因為觀眾與表演者的互動不必在同一現場，而且透過上網分享影片，讓前臺／後臺的區分有了逆轉的現象，原本屬於儀式的面具表演，亦有透過ＡＩ變臉軟體重返虛擬世界的趨勢。波蘭裔英國社會學家包曼（Zygmunt Bauman）提出的液態現代性，很能用來補充說明這種社會關係的瓦解與流動的當代現象。網路上流傳的各種影片，讓許多原本是屬於後臺的家庭生活、私下互動等，都成為公開表演的一部分，甚至是博取點閱率的重要策略（連拍攝角度都刻意採取某種後臺的樣貌）。在觀看在這些後臺的影片時，我們也不太區分得出來，被拍攝者到底是不是有意識地將後臺的日常生活當作一種表演。

當代出現前／後臺的界線開始模糊的現象，並不意味著高夫曼的擬劇論不再奏效，因為人們依舊在表演，只是對戲劇的引用框架，需要再調整。高夫曼在結論提到他對舞臺隱喻的使用，只是用來理解社交碰面（social encounter）的所搭建的鷹架。如今，社交碰面的方式改變了，很自然，鷹架的搭設方法也會有所變化。在當代戲劇，後戲劇劇場（postdramatic theatre）的說法於千禧年後方興未艾，在這種劇場新趨勢中，不少演出一樣打破了前臺／後臺的區隔，角色存在的必要性也受到了挑戰。

加拿大媒體理論大師麥克魯漢（Marshall McLuhan）認為：「藝術是未來社會環境的預警系統。」或許後戲劇劇場的出現，只是預示了某種社會結構的變化，而社會學有可能從中再重新汲取新的戲劇養分，協助我們理解在這個數位時代，自我的社會面向，是如何呈現並與他人互動。

目次

面具描繪了引人注目的表情，巧妙反映出人的內心情感，它逼真細膩，卻也渲染誇大。生物與空氣接觸之後，必然會長出表皮，人們不會因為表皮不是心臟而認為表皮不該存在；但有些哲學家卻因為事物的表象不等於事物、表達情感的話語不等於情感，而對表象與話語感到生氣。表象與話語就像物質的外觀，與它們所包覆的物質一樣，外觀也是自然界不可或缺的一部分。有了外觀，物質才能更清楚地出現在我們眼前，才能更輕易地加以觀察。我不會說物質是為了外觀而存在，也不會說臉孔是為了面具而存在，更不會說熱情是為了詩與美德而存在。自然界的任何事物都不是為了另一種事物而存在；所有的態樣與產物，在自然界中都擁有平等的存在地位……

喬治・桑塔亞那（George Santayana）[1]

---

1 *Soliloquies in England and Later Soliloquies* (New York: Scribner's, 1922), pp. 131-32.

致謝

本書提出的報告，得益於愛丁堡大學社會人類學系與社會科學研究委員會進行的互動研究，以及芝加哥大學愛德華・希爾斯教授（Professor E. A. Shils）主持的福特基金會（Ford Foundation）資助的社會階層研究。我要感謝這兩項研究的指導與支持。我要感謝我的老師查爾斯・赫特（C. W. M. Hart）、威廉・華納（W. L. Warner）與埃弗雷特・休斯（E. C. Hughes）；我也想感謝伊莉莎白・伯特（Elizabeth Bott）、詹姆斯・里特約翰（James Littlejohn）與愛德華・班菲爾德（Edward Banfield），在研究之初提供的協助，以及我在芝加哥大學任教的同學在研究後期提供的支持。最後，少了我的妻子安潔莉卡・高夫曼（Angelica S. Goffman）的合作，這份報告不可能完成。

序言

我想把這份報告當成是一本手冊，我在裡面提出社會學的觀點，並且透過這個觀點來研究社會生活，特別是局限在建築物或工廠內部的社會生活。我也提出一套特徵，這些特徵組成的框架可以用來解釋所有具體的社會體制，無論這些體制來自於家庭、工業還是商業。

在這份報告中，我提出戲劇表演的觀點，並且推演出幾個擬劇論（dramaturgical）的原則。我思考個人在日常工作情境中如何向他人呈現自己與自己的行動，個人要如何做出指引與控制，好讓他人對自己留下一定印象，個人為了維持自己在他人面前進行的表演，他必須做什麼與不能做什麼事。使用這個模式時，我不會刻意避開這個模式與現實有所出入的地方。舞臺呈現的是虛假的事物，而生活呈現的大致是真實的事物，有時事前並未經過排練。更重要的是，在舞臺上，演員向其他演員呈現他所扮演的角色，其他演員也各自扮演著自己的角色；在這場互動關係中，觀眾是第三人——在戲劇表演中，觀眾是不可或缺的，然而，一旦舞臺表演變成了真實生活，觀眾就沒有存在的必要。在真實生活中，舞臺的三方會壓縮成兩方：個人扮演的角色面對著他人扮演的角色，而他人除了扮演，還成了觀眾本身。這個模式與現實還有其他有出入的地方，關於這點就留待後面再談。

我在研究中使用的各種佐證資料，其性質各自不同：有些資料出自重要的研究成果，這些研究從可靠、詳實且經過整理的資料中建立起經過驗證的通則；有些資料取材自各色各樣的人物撰寫的非正式回憶錄；但絕大多數的資料介於上述兩者之間。此外，我經常引用我在昔得蘭島（Shetland Island）小農（生計農業）社群的研究成果。[1]我認為我的研究取向具有合理的基礎（正如我認為齊美爾〔Simmel〕的研究取向具有合理的基礎），因為所有用來佐證的資料可以構成前後一貫的解釋框架，而這個框架不僅可以將讀者既有的經驗整合起來，還可以提供學生一個指引，讓他們在制度化社會生活的案例研究中對這個框架進行驗證。

我將依照邏輯順序逐一呈現這個框架。導論不可避免較為抽象，讀者可以直接跳過，閱讀後面的篇章。

1 Reported in part in E. Goffman, "Communication Conduct in an Island Community" (unpublished Ph.D. dissertation, Department of Sociology, University of Chicago, 1953). 這個社群日後稱為 Shetland Isle。

導論

當個人出現在眾人面前時，人們通常會想從這個人身上取得一些訊息，或者是去思考與這個人有關的已知訊息。大家會想知道這個人的一般社經地位、他的自我概念、他對大家的態度、他的能力、他是否值得信任等等。雖然人們是因為想知道這些訊息而想取得這些訊息，但有時人們想取得這些訊息是基於相當實際的理由。個人的訊息有助於判斷情勢，可以讓人預先知道這個人對他人有什麼預期，而他人能對這個人有什麼預期。透過這些方式獲得訊息之後，人們將能了解該怎麼做才能讓這個人做出他們希望得到的回應。

對於在場的人來說，他們可以取得許多訊息來源，他們也有許多媒介（或「符號載體」〔sign-vehicles〕）來傳達這些訊息。如果是第一次見到這個人，觀察者可以從他的行為與外觀來尋找線索，他們可以回想自己是否曾經見過與這個人類似的人，然後把過去的經驗，或者更重要的，把一些未經過驗證的刻板印象套用在他身上。他們也可以從過去的經驗推論，某種特定類型的個人，通常可能來自某種特定的社會環境。他們可以聆聽這個人怎麼談論自己，或者仰賴這個人提供的書面資料來介紹自己的生平來歷。如果他們尚未與這個人有過互動，只是憑藉過去的經驗來認識或推斷這個人，那麼他們可以仰賴持續而一般的心理特徵，藉此來預測這個人現在與未來的行為。

然而，一旦這個人出現在眾人面前，而現場並未發生任何事件可以讓人直接取得與他有關的確切訊息，人們將無從做出明智的判斷來採取適當的行為。許多關鍵的事實存在於互動的時空之外，或隱藏在互動的時空之中。舉例來說，我們只能透過個人的公開聲明或個人無意間表現出來的行為，間接地判斷個人的「真實」或「現實」態度、信仰與情感。同樣地，如果有人提供某種產品或服務，人們通常會發現，整個互動過程並沒有充分的時間與空間讓你實際驗證產品或服務的內容。在無法直接憑藉感官驗證的狀況下，人們不得不從日常習慣的做法或一般的外觀來做判斷。用艾克海瑟（Ichheiser）的話來說，[1]個人必須行動，這樣他才能有意或無意地「表達」（express）自己，而他人也必然會對他留下某種「印象」（impress）。

個人的表達（與因此讓人留下印象的能力）涉及兩種極為不同的示意行動（sign activity）：他「給予」（give）的表達與他「營造」（give off）的表達。前者涉及話語符號或話語符號的替代物，個人會明確而且也只會使用這些人所共知且仰賴的符號來向他人傳達訊息。這是傳統而狹義的溝通方式。後者則涉及廣泛的行動，他人可以藉由這些行動來預測行動者的想法，由此預期行

1 Gustav Ichheiser, "Misunderstandings in Human Relations," Supplement to *The American Journal of Sociology*, LV (September, 1949), pp. 6-7.

動者採取行動的真正理由與他藉由這種方式傳達的訊息有所不同。我們將會看到，這兩種表達的區別只存在於一開始。個人確實會刻意透過這兩種類型的溝通方式來傳達錯誤資訊，前者是欺騙，後者是造假。

然而，無論是狹義還是廣義的溝通，我們發現一旦個人出現在眾人面前，他的行動都將具有約定的性質。人們可能會發現，他們必須相信這個人，當他在他們面前時，他們必須給予適當的回應，至於他給予的訊息是真是假，只能留待他離開後才能確認。（當然，生活在現實世界裡，每個人都會進行推論，但是只有在社會互動的世界裡，人們進行推論的對象會反過來促進或妨礙人們進行推論。）人們必須基於一定的理由才能放心地對個人進行推論，當然這一切都要取決於人們已經對眼前的個人掌握多少訊息而定。但是，無論人們掌握多少過去的證據，都無法完全消除推論本身必然帶有的性質。如威廉・托馬斯（William I. Thomas）所言：

> 重點是，我們必須了解，我們實際上並不是仰賴統計或科學來過日子、做決定與達成日常生活的目標。我們的生活全靠推論。假設我是你的客人。你不知道，你也不可能靠科學來判斷，我會不會偷你的錢或摸走你的湯匙。但從推論來說，我不會這麼做，而且從推論來說，是你邀請我到家中作客。[2]

2 引自 E. H. Volkart, editor, *Social Behavior and Personality,* Contribution of W. I. Thomas to Theory and Social Research (New York: Social Science Research Council, 1951), p. 5.

談完他人的視角，接下來讓我們談談出現在他人面前的個人視角。個人可能希望他人看重自己，或者希望他人能夠知道自己看重他們，或者希望他人能夠知道自己對他們有何感受，或者希望他人不會對自己留下鮮明的印象；個人可能希望確保充分的和諧，讓自己與他人能維持互動，個人或許想欺騙他人、擺脫他人、混淆他人、誤導他人、引起他人的敵意或侮辱他人。無論個人心中抱持什麼目的，或者在抱持的目的背後懷抱著什麼動機，對個人來說，最重要的是控制他人的行為，特別是影響他人對他的回應方式。[3] 想控制他人的行為，首先必須動搖他人對當前情境的定義。個人可以表達自己的想法，讓他人產生一種印象，使他人自然而然地接受他的計畫，如此就能影響他人對當前情境的定義。因此，當個人出現在他人面前時，他總會基於某種理由採取某種行動，讓他人留下對他有利的印象。由於女孩在宿舍裡的室友會從女孩接的電話來判斷她是否受歡迎，我們可以合理懷疑有些女孩會刻意安排別人打電話給她，因此不難理解威拉德・沃勒（Willard Waller）會有這樣的發現：

> 許多觀察者曾經提到，女孩在宿舍裡被人告知有人打電話給她時，她通常不介意對方多打幾

3 感謝愛丁堡大學的湯姆・伯恩斯（Tom Burns）提供的未發表論文。他認為，所有的互動都存在著一個最基本的主題，那就是每個參與者都會想盡辦法要引領與控制對方的回應。最近，傑・哈利（Jay Haley）也在一份尚未發表的論文中提出類似的論點，他認為互動時出現特殊的控制行為，通常與彼此之間的關係性質有關。

次，因為這樣可以讓更多女孩知道有人約她出去。[4]

在「給予」表達與「營造」表達這兩種溝通方式中，讓人多打幾次電話顯然屬於後者。無論這種溝通是不是有意為之，它都更具有戲劇與背景的性質，它並未使用話語，也未曾表露意圖。接下來我要大幅引用一段小說的敘述，藉此來說明這種溝通方式，在這段描述中，前來度假的英國人普里迪（Preedy）首次出現是在西班牙一間避暑旅館的沙灘上：

> 然而無論如何，他會小心翼翼地不與任何人目光交會。首先，他會向那些可能成為他的假日朋友的人表明，他一點也不在意他們。他的眼睛直盯著，穿透他們、繞過他們、越過他們——他的眼神迷失在空間裡。沙灘原本還空蕩蕩的。如果偶然有顆球丟到他的面前，他會表現出驚訝的樣子；接著他的臉上會露出一抹愉快的微笑（愉快的普里迪），他會茫然地環顧四周，然後看到沙灘上還有其他人，他會微笑著把球扔回去，然而他是對著自己微笑，而不是對著別人微笑，接著他又會若無其事地繼續看著整個空間，彷彿所有的事都跟他無關。
>
> 但現在到了該稍做展示的時候了：理想普里迪的展示。普里迪裝作不經意地讓那些想知道他

4 Willard Waller, "The Rating and Dating Complex," *American Sociological Review*, II, p. 730.

讀什麼書的人有機會看到他拿的書的書名——荷馬（Homer）的西班牙文譯本，是古典作品，但不夠吸引人，也不是什麼老少咸宜的作品——然後他把沙灘外衣與袋子整齊地堆在一起，避免讓沙子滲進去（井井有條與務實的普里迪），他慢慢起身，輕鬆地伸展他巨大的身軀（大貓的普里迪），然後一腳將拖鞋甩到一旁（最後，不拘小節的普里迪）。

普里迪與大海的結合！這裡存在著各種不同的方式。第一種做法是散步，然後開始奔跑，最後直接跳進海中，之後，他慢慢地開始游起自由式，他的動作和緩，完全未濺起任何水花，就這樣一股勁兒地朝海平面游去。當然，普里迪並不是真的要游到海平面。突然間，他換成了仰式，雙腿濺起了大量的水花，好像是想告訴大家，如果他想游，他可以游得更遠。然後，他會在水中站起來，露出四分之一的軀體，讓大家看清楚他是誰。

另一種做法比較簡單，既能避免冰冷海水帶來的不適，又能讓自己看起來不會太興高采烈。重點是要表現出對大海，也就是地中海，以及對這片沙灘，表現出習以為常的樣子，因此無論在海水裡也好，在沙灘上也好，對他都是一樣的。他會在沙灘上悠閒地散步，並且走到海水的邊緣，他甚至不會注意到自己的腳趾頭已經濕了，陸地與海水，對他而言沒什麼不同！他會煞有介事地望向天空，仔細看著別人看不到的天氣徵象（當地漁民的普里迪）。[5]

5 William Sanson, *A Contest of Ladies* (London: Hogarth, 1956), pp. 230-32.

小說家有意讓我們看到，普里迪過於在意自己的肢體動作能給身邊的人營造出深刻的印象。我們可以從不好的一面來揣測普里迪的心思——他的一切行動或許只是要讓他人對他留下特定的印象，一種錯誤的印象，在場的他人要不是未曾對他留下任何印象，就是更糟糕的，留下的只是普里迪有意讓他們產生的印象。不過這裡對我們而言重要的是，普里迪想讓他人留下的印象，其實是他人從處於他們之中的人的行為中蒐集各種訊息而得出的印象，這種印象也許正確，也許不正確。

我曾經提到，當個人出現在他人面前時，他的行動將會影響他人對情境的定義。有時候，個人會經過縝密計算才採取行動，他的一舉一動都是為了讓他人產生某種印象，這種印象能使他人做出他想要的回應。有時候，個人會仔細盤算自己的行動，但他自己卻沒有完全察覺到自己在做這樣的事。有時候，個人會刻意且有意識地用特定方式表現自己，但他這麼做主要是因為他所屬的團體或社會階層長久以來一直是這麼做，而非因為他想藉由這樣的表現讓人留下印象，藉此引發特定的回應（除非是含糊地接受或同意）。有時候，個人的角色傳統會讓個人留下一種刻意營造的印象，然而他在塑造這種印象時有可能是有意為之，也可能是在不知不覺中創造出來的。另一方面，他人有可能因為個人傳達的事物而產生相應的印象，或者可能對情境有所誤解而做出某種結論，這種結論既非個人希望得到的回應，也與事實有所差距。無論如何，從他人「以為」一個人已經傳達了特定的印象，因此他人也相應地採取某種行動來看，我們可以得出一個功能的或實用的觀點：個人「有效地」投射（project）一個特定的情境釋義（definition of the situation），而且也「有效地」促成一個對特定事態的理解。

他人的回應帶有一種面向，值得在這裡特別做個討論。他人知道個人可能會以對自己有利的方式來呈現自己，因此他人有可能對於他們所見的一切產生兩種反應：一種是個人可以相對容易任意進行操縱的反應，這種反應主要是個人透過話語的表示產生的；另一種是個人幾乎無法在意也無法控制的反應，這種反應主要是個人透過營造印象產生的。因此，他人可以利用個人表達行為中無法控制的面向，來檢驗個人表達行為中可以控制的面向所傳達的有效性。從這裡可以看出溝通過程在根本上帶有一種不對稱性，個人只能察覺到自己進行溝通時的一個面向，但他人卻可以看到個人進行溝通時的兩個面向。舉例來說，在昔得蘭島上，佃農的妻子把當地菜餚端給來自英國本島的訪客，客人禮貌地表示自己很喜歡這道菜，而她一邊聆聽著，臉上也掛著禮貌的笑容；在此同時，這名妻子注意到客人舉起叉子或湯匙，迅速地將食物塞進口中，而從他狼吞虎嚥吃得津津有味的樣子，她可以驗證客人說的話確實是真的。另一個例子，同樣是剛才那名女性，她想知道她認識的A對於她認識的B「實際上」抱持什麼想法，於是她等待著，直到B出現在A面前並且與另一個C對話。她在一旁偷偷觀察A觀看B與C對話時，A臉上的表情。此時的A沒有與B對話，而B也沒有直接看著A，A於是得以放下戒心，感覺像是褪下一層面紗，他可以自由表現出他對B的「真正」感受。簡言之，這名昔得蘭女性在一旁觀察那名未被觀察的觀察者。

現在，既然他人有可能利用較不可控制的行為面向來檢驗較可控制的行為面向，那麼人們就能預期個人有時候會反過來試圖利用這樣的可能性，即他會做出讓他人覺得可靠的傳達訊息的行為，藉此引導他人對他留下某種印象。[6]舉例來說，為了獲准進入一個小圈子，參與的觀察者不僅要在聆聽被觀察者說話時要做出大家都能認可的表情，也要在觀察被觀察者與他人說話時維持同樣的表情；因此，當人們觀察這名觀察者時，無法輕易從他的表情看出他實際處於什麼情況。我們可以再舉昔得蘭島的例子來說明。鄰居上門喝茶，當他開門走進屋裡的時候，臉上通常至少會帶著眾人預期的溫暖笑容。由於屋外沒有什麼遮蔽物，而屋內又燈光昏暗，因此屋內的人可以觀察客人接近屋子的樣子又不會被客人看到，島民的樂趣之一，就是看著客人在即將抵達門前時，會卸下原來的表情，換上一張讓人覺得和善的臉。然而，有些客人已經知道屋裡的人會觀察上門的客人的表情變化，於是他們會大老遠就擺出準備社交的表情，讓自己投射出固定的形象。

個人對這部分行為的控制，可以讓他恢復溝通過程的對稱性，並且為某種訊息賽局做準備——由隱匿、發現、虛假呈現與再度發現所構成的一種可能永無止盡的循環。值得一提的是，由於他人相對來說比較不會懷疑個人看似不可引導的行為面向，因此個人可以藉由控制這方面的

6 史蒂芬．波特（Stephen Potter）一部相當暢銷且說理清晰的作品曾經提到，符號經過刻意操縱之後，就連精明的觀察者也會以為自己在偶然間發現了線索，使他揭露眼前這名操縱人心之人隱藏的特質，然而實際上，這個人根本不具有這個特質。

行為來獲得好處。當然，他人也知道個人會操縱自身行為中看似具自發性的一面，因此他人會試圖從個人的操縱行為中找出個人無法控制的微妙變化。藉此，他人再次找到能檢驗個人行為的方法，只不過這次針對的是個人看似未經計算的行為面向，因此得以重建溝通過程的不對稱性。這裡我還要補充一點，雖然我們有能力操縱自己的行為，甚至假裝自己的行為是在無意間做出來的，但這些通常瞞不過他人的觀察，因此，無論這場訊息賽局發生了幾次循環，觀察者總是對行為者具有優勢，而溝通過程最初的不對稱性很可能繼續維持下去。

如果我們同意個人出現在他人面前時，個人會投射出某種情境釋義，那麼我們也必須承認，他人擔任的角色無論如何被動，他們實際上也會在回應個人或對個人做出某種行為時投射出某種情境釋義。一般來說，幾個不同的參與者投射的情境釋義都能彼此調適，以避免公開的矛盾。我指的共識，不是源自於在場每個人都坦白地表達自己真正的感受，而且真誠地同意在場其他人表達的感受。這種和諧固然是一種樂觀的理想，然而無論如何，就算未能實現這種理想，也不會影響社會順利運作。說得更確切一點，每個參與者該做的是壓抑自己內心的真正感受，他應該傳達的是他覺得他人至少到目前為止可以接受的情境觀點。每個參與者都必須隱藏自己真正的想法，他們對外陳述時必須表達在場每個人嘴巴上都認同的價值，藉由這種方式，才能維持表面的同意與表面的共識。此外，還存在著一種定義上的分工，每個參與者都可以針對自己認為重要但對他人不一定重要的事物做出暫時性的正式裁決。舉例來說，某人提出各種理由來合理化與正當化自己過去的行為，而出於禮貌，對於一些對他人來說重要但對自己而言沒那麼重要的事物，他可以保持沉默或含糊其辭。我們因此建立了一種互動上的「權宜妥協」（*modus vivendi*）。所有參與者共同建立了一個單一而全面的情境釋義，這個情境釋義指的並不是對於實際存在的事物達成真正的同意，大家真正同意的是，對於誰針對什麼議題提出的主張，目前都予以尊重。真正的同意也包括大家都想避免在情境釋義上出現公開的衝突。[7] 我把這種同意程度稱為「可運作的共識」（working consensus）。大家必須了解，在某個類型的互動下建立的可運作共識，其內容會跟其他不同類型的互動下建立的可運作共識大不相同。因此，兩個朋友一起共進午餐，過程中可以顯示兩個人的情感交流以及對彼此的尊重與關切。另一方面，在服務業中，專業人員在處理客戶的問題時通常會維持一種公正無私的形象，而客戶則會對專業人員的能力與正直表達敬意。然而，無論內容有什麼差別，這些可運作共識的一般形式是相同的。

當我們提到參與者傾向於接受在場的他人所提出的情境釋義時，我們可以了解個人「最初」從其他參與者身上掌握或取得的訊息有多麼重要，因為個人就是以這個最初的訊息為基礎，才開

7 參與者也可以專門安排一場互動，讓彼此發表不同的意見，但在進行這類互動時，參與者必須注意，在他人提出論點時，不能針對他人提出論點所使用的聲音語調、詞彙與嚴肅程度來提出批評，而表示不同意見的參與者也必須留意，要持續表現出相互尊重的態度。這種辯論與學術討論的情境釋義，也可以馬上而明智地被形容為另一種情況，那就是在所有參與者都接受的架構下，將所有嚴重衝突的觀點予以折衷協調，使其融合成一個觀點。

始定義情境與建立回應的行動方針。個人最初的投射迫使他必須表明自己的想法，而不能再做任何的掩飾。隨著參與者之間的互動持續進展，最初的訊息狀態也會隨之增添與調整，但重要的是，往後的發展不能與幾名參與者最初的立場產生矛盾，甚至必須以最初的立場作為發展的基礎。個人一開始出現在他人面前時，他要選擇從他人身上得到什麼樣的回應以及如何回應他人，遠比在已經進行互動的狀況下，改變參與者既有的回應方式要容易得多。

當然，在日常生活中，我們都知道第一印象很重要。因此，服務業從業人員的工作調整往往取決於是否有能力在服務關係中抓住與掌握主動權，而這個能力需要社經地位低於客人的服務生能稍微展現出一點侵略性。W．F．懷特（W. F. Whyte）舉女服務生為例：

首先必須注意的是，承受壓力的女服務生不光只是回應客人而已。她必須運用一些技巧來控制客人的行為。當我們觀察消費關係時，我們要問的第一個問題是，「是女服務生搶在客人之前說話，還是客人搶在女服務生之前說話？」老練的女服務生會了解這個問題的重要性……

老練的女服務生面對客人時充滿自信且毫不遲疑。舉例來說，女服務生發現新客人已經坐下，但她還沒有清理桌上的碗盤與更換桌布。客人現在已經靠在桌子上看菜單。女服務生上前招呼客人，她說，「可以讓我更換一下桌布嗎？」然後，她不等客人回答，就直接拿走客人的菜單，客人於是身子往後仰，遠離桌子，女服務生則開始清理桌子。這個關係的處理是禮貌的，但也是堅定的，我們可以明顯看出誰掌控了局面。[8]

「第一印象」開啟的互動只是最初的互動，往後同樣的參與者還會繼續進行一連串的互動。我們說要有「好的開始」，因為好的開始十分重要。正因如此，有些老師才會抱持以下的看法：

> 你不能讓他們騎到你頭上，那樣你就完了。所以我一開始就擺出強硬的態度。第一天，我到新班級上課，我讓他們知道誰才是老大……你一開始絕不能讓步，要放寬也是以後的事。如果你一開始就擺出好說話的樣子，之後你想強硬，他們只會看著你哈哈大笑。[9]

同樣地，精神病院的護理師會發現，如果新病人到院第一天就被嚴厲要求乖乖待在病房裡，讓他知道這裡誰才是老大，那麼日後會省下許多麻煩事。[10]

當個人出現在他人面前，有效投射出一個情境釋義時，我們可以想像，在互動過程中，有可

8 W. F. Whyte, "When Workers and Customers Meet," Chap. VII, *Industry and Society*, ed. W. F. Whyte (New York: McGraw-Hill, 1946), pp. 132-33.

9 教師訪談，引自 Howard S. Becker, "Social Class variations in the Teacher-Pupil Relationship," *Journal of Educational Sociology*, XXV, p. 459.

10 Harold Taxel, "Authority Structure in a Mental Hospital Ward" (unpublished Master's thesis, Department of Sociology, University of Chicago, 1953).

能發生一些與個人的投射矛盾、牴觸或讓人對投射感到懷疑的事件。而當這些造成破壞的事件發生時，互動本身很可能因為陷入混亂且令人困窘而終止。參與者是根據假定來做出回應，如果原先的假定站不住腳，參與者便會發現自己在進行的是一場情境被定義錯誤的、甚至是情境無法重新定義的互動。在這種狀況下，出現在他人面前的個人因為受到質疑而感到丟臉，而在場的他人則表現出不友善、不知所措、尷尬、困窘，並且因為這個面對面互動的微型社會體系瀕臨崩潰而感到無所適從。

當我們強調個人投射的最初情境釋義，可以為接下來的合作行動提供計畫時——強調行動的觀點——我們也不能忽視另一項關鍵事實，那就是個人投射的任何情境釋義也具有特定的道德性格。而這種投射的道德性格正是本書探討的主題。我們的社會是根據一項原則組織而成的，我們相信任何一個具有某種社會特質的個人都擁有道德權利，他們會預期他人能以適當的方式重視與對待自己。根據這項原則，我們還可以得出，當個人暗示或明示他具有某種社會特質時，他應該事實上就是他所說的那種人。因此，當個人投射一個情境釋義，以此暗示或明示他是某種人時，等同於他對他人提出了道德要求，而他人有義務給予他這種人應得的重視與對待。他也暗示他絕不會把自己說成是另一種人，[11] 因此也不想得到另一種人適合得到的對待。在這種狀況下，他人

11 存在主義者相當重視這種限制個人特質的說法，他們認為這是對個人自由的基本威脅。見 Jean-Paul Sartre, *Being and Nothingness*, trans. By Hazel E. Barnes (New York: Philosophical Library, 1956), p. 365 ff.

可以察覺個人已經知會他們他是誰，以及他們「應該」怎麼看待他是誰。

定義混亂的重要性不是從發生的頻率來決定，定義混亂如果經常發生，往往是因為沒有採取經常性的預防措施導致的。我們發現預防措施通常用來避免定義混亂造成的困窘局面，而糾正措施則通常用來彌補在無法避免之下造成定義遭到懷疑的狀況。當個人採取這些戰略與戰術來保護自身的投射時，我們可以把這些戰略與戰術稱為「防衛措施」（defensive practices）；當參與者運用這些戰略與戰術來保護個人投射的情境釋義時，我們稱這些戰略與戰術為「保護措施」（protective practices）或「得體」（tact）。個人出現在他人面前時，他會同時使用防衛措施與保護措施來保護自己在他人面前塑造的印象。必須補充的是，我們能很容易發現，如果個人沒有使用防衛措施，那麼個人所塑造的印象將很難留存；但我們或許較難發現，如果參與者未能得體地接受個人所給予的印象，那麼只有少數的印象能留存下來。

預防措施可以用來防止投射定義時出現混亂，然而除此之外，我們也注意到情境釋義的混亂也會引起人們的強烈興趣，而且在群體的社交生活中扮演相當重要的角色。在惡作劇與社交遊戲時，人們會故意創造出一個令人困窘但無傷大雅的狀況。[12] 虛構的幻想內容，對於各種糗事極盡挖苦之能事，一而再、再而三地講述過去發生的軼事——有真實、渲染，也有虛構。詳細說明曾

12 Goffman, *op. cit.*, pp. 319-27.

經發生、差點發生或雖然發生但最終完美收場的各種情境釋義陷入混亂的狀況。每個群體似乎多的是現成的遊戲、幻想與警世寓言，可以用來談笑、消除焦慮，也可以用來提醒個人提出適切的主張與投射合理的期待。個人可以講述他在夢中經歷的一切不可能的狀況；家庭可以講述某個訪客因為記錯了日子，而當他抵達時，屋子裡既沒有款待他的東西，屋子裡的人也對他的來訪毫無準備。記者提到曾經發生了一起嚴重的印刷錯誤事件，使報社建立起來的客觀公正的聲譽，在各界的哄笑聲中蕩然無存。公務員提到民眾誤解了指示，且錯得很離譜，而他做出的回應完全是一個不在預期之內的古怪情境釋義。[13]一名長久離家、孔武有力的水手，他提到當他回家之後，隨口對她媽說了一句「把那該死的奶油拿過來」。[14]外交官提到，有一次，近視的女王向某共和國的大使詢問起該國國王的健康狀況。[15]

因此，總而言之，我認為當個人出現在他人面前時，他有許多動機試圖控制他人對情境的印象。本書探討的是個人為了維持這種印象而使用的一些常見技術，此外也要探討與使用這些技術相關的一些共同的偶發事件。個別參與者行動的特定內容，或個別參與者在持續運作的社會系統

---

13 Peter Blau, "Dynamics of Bureaucracy" (Ph. D. dissertation, Department of Sociology, Columbia University, forthcoming, University of Chicago Press), pp. 127-29.

14 Walter M. Beattie, Jr., "The Merchant Seaman" (unpublished M.A. Report, Department of Sociology, University of Chicago, 1950), p. 35.

15 Sir Frederick Ponsonby, *Recollections of Three Reigns* (New York: Dutton, 1952), p. 46.

的互助行動中扮演什麼樣的角色，這些都不是本書關切的重點。舞臺表演技術與舞臺管理涉及的主題有時相當瑣碎但卻相當常見，這些主題似乎經常發生在社會生活的各個層面，而且為正式的社會學分析提供了清晰的向度。

最後我認為透過一些定義的說明來作為導論的結尾是相當合適的，這些定義之前曾經提過，之後各章也還用得著。基於本書的寫作目的，互動（即面對面的互動）可以大致定義為個人與他人在直接面對彼此時，對彼此行動的相互影響。「一個」互動可以定義為當一群個人持續出現在他人面前時，在任何特定場合持續發生的所有互動過程；「碰面」（encounter）的意思也是一樣。「表演」（performance）可以定義為某個參與者在某個場合的所有行動對其他參與者的影響。以某個特定參與者及其進行的表演作為基本參考點，我們可以談論觀眾、觀察者或共同參與者進行的其他表演。在表演時展開以及在其他場合呈現或上演的既定行動模式，我們可以稱之為「角色」（part）或「固定劇目／例行公事」（routine）。[16] 這些情境詞彙可以輕易地與傳統結構詞彙連繫在一起。當一個個人或表演者在不同的場合，但卻是在相同的觀眾面前表演相同的角色時，一個社會關係很可能就此產生。當我們把社會角色定義為與某個既定身分緊密連繫的權利與職責

16 某個互動的固定劇目以及該互動的固定劇目在各地上演時產生的特定例子，這兩者的區別相當重要，關於這方面的評論見 John von Neumann and Oskar Morgenstern, *The Theory of Games and Economic Behaviour* (2nd ed.; Princeton: Princeton University Press, 1947), p. 49.

時，我們可以說，一個社會角色將涉及一個或多個角色，而表演者會在一連串的場合對著相同種類的觀眾或對著完全相同的觀眾，一一呈現這些角色。

第一章 表演

相信自己扮演的角色

當個人扮演某個角色時，他會含蓄地要求觀察者能認真看待他在他們面前留下的印象。他要求觀察者相信他們看到的人物確實具有他扮演的角色特質，相信他扮演的角色的一舉一動都能隱約得到應有的回應，而且一般來說，相信所有的事情都應該像眼前所看到的那樣來進行。此外，人們普遍認為，個人提供表演，他的演出主要是「為了他人」。而為了便於思考表演這件事，讓我們換個角度來思考這個問題，我們要觀察的是，個人試圖在他人面前留下現實印象時，個人自己是否也跟他人一樣相信自己留下的現實印象。

從某個極端來說，我們可以發現表演者有可能完全沉浸在自己的表演之中，他可能由衷相信自己表演的現實印象就是真正的現實。當他的觀眾也跟他一樣相信他的表演就是真正的現實時——一般來說都會如此——那麼至少就當下來說，可能只有社會學家或對社會充滿怨言的人才會懷疑他所呈現的「真實性」（realness）。

從另一個極端來說，我們也會發現表演者有可能只是例行公事地演出，並未完全投入於表演之中。這種可能性是可理解的，因為不是每個觀察者都能看穿個人的表演。在這種情況下，表演者可能產生想要引導觀眾的念頭，並且利用觀眾對他的信任來滿足其他的目的，他完全不在意觀眾對他或對整個情境的看法。當個人完全不相信自己的表演，也完全不在意觀眾相不相信他時，我們可以說這種表演者是憤世嫉俗的，而我們會把「真誠」（sincere）一詞保留給相信自己的表演與相信自己在他人面前留下的印象的個人。我們必須了解，憤世嫉俗的表演者雖然表現出專業的超然，但他卻從自己的偽裝中產生不專業的愉快，觀眾認真看待他的表演，而他卻恣意玩弄他們，並且從精神冒犯中得到一種歡快的情緒。[1]

當然，我們不認為所有的憤世嫉俗表演者都是為了「自利」或私人利益而欺騙觀眾。憤世嫉俗的個人也可能認為自己是為了觀眾好、為了整個社群好等等的理由，才欺騙觀眾。為了說明這種現象，我們不需要舉一些悲觀卻又能啟迪人心的表演者作為例證，例如馬可·奧理略（Marcus Aurelius）或荀子。我們知道服務業的從業人員有時不一定能做到真誠，但看到客人殷切地需要你表現出真誠，你不得不做出一點欺騙。醫生必須對病人說些安撫的話，加油站員工無可奈何地一而再再而三為焦慮的女駕駛檢查胎壓，鞋店員工賣了一雙合腳的鞋，卻必須跟女客人說一個中聽的尺寸——這些都是憤世嫉俗的表演者，是他們的客人不讓他們表現出真誠。同樣地，精神病院裡具有同情心的病人有時也會裝出奇怪的症狀，讓實習的護校生不用沮喪地面對病人神智清楚

1 或許這名利用他人信任的表演者的真正罪名不在於他取得了受害者的金錢，而在於他破壞了我們的信任，因為我們一直相信唯有中產階級才能維持中產階級的舉止與外表。一名腦袋清楚且真誠投入表演的專業者，有可能對於客人期望他能夠與他們建立服務關係的想法產生憤世嫉俗與厭惡的念頭，但利用他人信任的表演者則是對這整個「具正當性」的世界表示輕蔑。

的表演。[2]不僅如此，社會底層如果碰到上流人士來訪，往往會不惜成本大擺宴席款待他們；博取上流人士歡心其實不是社會底層的主要動機，社會底層這麼做，其實只是機靈地試圖模仿上流人士平日的生活常態，希望前來拜訪的上流人士能夠感到自在。

我提到兩個極端：一個是個人完全投入於自己的表演之中，另一個則是個人對於自己的表演抱持著憤世嫉俗的看法。這兩個極端說穿了不過是同一個連續體的兩端，而且都能提供個人一個安全與防禦的立場，因此個人在不知不覺間總是會向這兩端靠攏。個人一開始在內心總是會對自己扮演的角色缺乏信任，他可能會像帕克（Park）描述的一樣，自然而然地開始朝兩端移動：

> 人（person）這個字最初的意義其實是面具（mask），這或許不是歷史的偶然。應該說我們認識到這個事實，每個人總是而且無論在何處，都或多或少有意識地扮演一個角色……在這些角色中，我們認識彼此；在這些角色中，我們認識自己。[3]

---

2 見 Taxel, *op. cit.*, p. 4. Harry Stack Sullivan 提到制度化表演者有時相當得體圓滑，他們會表現出截然不同的樣子，讓人覺得他們不僅神智清楚而且出身高貴。見 Sullivan, "Socio-Psychiatric Research," *American Journal of Psychiatry*, X, pp. 987-88.

「幾年前，我們的大型精神病院進行了一項『社交恢復』研究，我從中得知，如果病人懂得不再向周遭的人們顯露症狀，換言之，如果病人能充分融入周遭的環境，了解眾人對於他們的妄想帶有偏見，那麼病人往往就能順利出院。彷彿他們變得夠聰明而懂得容忍周遭的人的愚蠢，終於發現周遭的人是愚笨，而不是對他們帶有惡意。他們因此可以從跟他人的接觸中得到滿足，而且能捨棄一部分因為精神錯亂而產生的渴望。」

3 Robert Ezra Park, *Race and Culture* (Glencoe, Ill.: The Free Press, 1950), p. 249.

就某種意義來說，也就是，就反映了我們形成自我概念的面具來說——我們努力合乎角色的要求——面具其實才是更真實的自我，是我們想成為的自我。到頭來，我們的角色概念成了我們的第二天性與我們人格不可或缺的一部分。我們作為個人（individual）來到這個世界，取得性格，然後成為一個人（person）。[4]

這一點可以從昔得蘭島的社群生活得到說明。[5]過去四、五年來，島上的遊客旅館一直由一對出身佃農的夫婦所擁有與經營。從一開始，旅館老闆就被迫放棄自己原本的生活模式，將旅館徹底改造，使其能提供中產階級所需的服務與設施。然而到了最近，管理人員似乎對於自己的表演不再那麼憤世嫉俗；他們自己也逐漸成為中產階級，而且愈來愈能夠接受客人加諸給他們的特質。

另一個例子是剛入伍的新兵，新兵剛開始遵守軍隊的規矩是因為怕受體罰，但逐漸地，他願意遵守規定是為了不讓自己的組織蒙羞，以及讓自己能夠得到上級與同袍的尊敬。

如前所述，從不相信到相信的循環也可以反過來，從原本的相信或欠缺安全感的渴望，到最後變成憤世嫉俗。有些職業能讓民眾產生宗教性的敬畏，這類職業往往會讓僱用的新進人員陷入

4 *Ibid.*, p. 250.

5 昔得蘭島研究。

這樣的循環。這些新進人員經歷這樣的循環不是因為他們逐漸了解自己是在欺騙觀眾——因為就一般社會標準來看，他們提出的各種說法依然是有效的——而是他們發現自己可以運用憤世嫉俗的心態將自己的內在自我與外在觀眾區隔開來。我們甚至發現一些受到信任的典型職業，個人在剛進入這類職業時會完全投入於自己必須進行的表演中，然後他會在真誠與憤世嫉俗之間來回擺盪，最後完成整個循環，並且也會對自身地位的自我信任經歷一番轉折。因此有醫學院學生提到，新生剛進醫學院的時候一開始懷抱著理想主義，但不久就必須先把內心的神聖期許擱在一旁。在入學的前兩年，醫學生發現他們必須先放棄對醫學的興趣，把所有時間都放在學習如何通過考試上；接下來兩年，醫學生忙著學習疾病，並且把心思放在疾病會讓人體呈現出哪些症狀。只有當醫學生完成學業之後，他們才有可能重拾最初對醫療的理想。[6]

我們可以預期在憤世嫉俗與真誠之間會出現反覆移動的自然現象，但我們仍不能排除一種狀況，即有些人會因為些許的自我幻覺而停留在轉折點上靜止不動。我們發現個人可能試圖引誘觀眾對他及情境做出特定的判斷，而他可能會把這種判斷視為最終的判斷，並且儘管如此，個人卻不一定相信自己符合自己所要求的自我評價，也不認為自己在他人面前留下的現實印象是有效的。克羅伯（Kroeber）在討論薩滿教（shamanism）時曾經提到一種混合了憤世嫉俗與相信的狀況：

6 H. S. Becker and Blanche Greer, "The Fate of Idealism in Medical School," *American Sociological Review*, 23, pp. 50-56.

接下來是一個關於欺騙的老問題。世界各地的薩滿或巫醫都會耍一些花招來治病，特別是展示力量。這些花招有時還相當巧妙，許多時候，這些薩滿或許還沒意識到自己是在騙人。這種態度，無論是不是經過壓抑的結果，都帶有一種宗教詐騙的味道。田野民族誌學者普遍相信，就連薩滿自己也知道自己在騙人。然而他們卻又相信自己的力量，特別是相信其他薩滿的力量：當薩滿自己或薩滿的子女生病時，他們也會讓其他薩滿看病。[7]

門面

之前我用「表演」一詞，來表示個人持續出現在一群特定的觀察者面前時的所有行動，而這些行動對於觀察者具有某種影響力。個人表演的某個部分通常會一般而固定地定義觀察者的情境，為了便於說明，接下來我會將個人表演的這個部分稱為「門面」（front）。[8]門面是一種標準的表達工具（expressive equipment），個人在表演時會有意或無意地運用這個工具。門面也具有

7 A. L. Kroeber, *The Nature of Culture* (Chicago: University of Chicago Press, 1952), p. 311.

8 編註：本書有二種對於front的用法，在此處譯為「門面」；在第三章出現的front region則譯為「前臺區域」。「門面」包含了「舞臺布景」的意義與「個人形象」的意義，「前臺區域」則指涉表演進行的場域。此解讀方法係參考國立臺灣大學孫中興教授之開放式課程講義《廿世紀美國社會學理論》。

一些基本目的，根據這些目的，我們可以將門面的標準部分再做區別與分類。

首先是「布景」（setting），涉及家具、裝潢、實際布局與其他背景物品，布景可以提供場景與舞臺道具，讓人類可以在布景的前面、當中或上面行動。從地理的角度來說，布景通常是靜止不動的，因此，以特定布景作為表演一部分的人，必須來到適當的地點之後才能開始表演，而且必須等到表演結束之後才能離開這個地方。只有在例外的狀況下，布景才會跟隨表演者移動，例如送葬隊伍、公民遊行與如夢似幻的擁立國王與女王的行列。大體來說，這些例外會對表演者提供某種額外的保護，因為此時表演者的地位（或者暫時是）極為神聖。當然，這些重要人物與販夫走卒的世俗表演者不能一概而論，後者在表演之間也會移動工作地點，但通常是被迫如此。如果將地點固定在一個布景上，那麼統治者會顯得太神聖，而小販則會顯得太世俗。

在思考門面的場景面向時，我們往往會想到某間屋子裡的客廳與幾個表演者，這些表演者與客廳幾乎焦不離孟、孟不離焦。但我們一直忽略另一種集合了大量符號設備、許多表演者都可以短暫擁有的場所，那有著大量奢華的布景，只要是符合資格、負擔得起的人，都能租用這樣的場地。這是西歐國家特有的制度，對西歐國家而言，這無疑是促成穩定的根源。這方面的例證，我們可以引用一篇與英國高級文官有關的研究：

晉升到文官頂端的人，他們取得的階級「色調」或「色彩」會與自己出身的階級有多大差別，這是個微妙而困難的問題。關於這個問題，唯一明確的資料是大倫敦地區俱樂部的會員數字。我國的高級文官有四分之三擁有一個或多個俱樂部的會員資格，這些俱樂部都是高檔的奢華俱樂部，入會費可能要二十基尼（guineas）或更多，年費則要十二到二十基尼。這些俱樂部無論是經營場所、設備、生活風格與整個的氣氛，都完全屬於上層階級（甚至不能說是上層中產階級）。雖然許多俱樂部成員不會被說成是有錢人，但只有有錢人才有能力讓自己還有自己的家人享受與聯合（Union）、旅行家（Travellers'）或改革（Reform）等俱樂部同等級的空間、食物、飲料、服務與其他生活設施。[9]

另一個例證是近年來醫療專業的發展，我們發現，對於醫生而言，能夠登上大醫院提供的複雜科學舞臺已變得愈來愈重要，因此愈來愈少有醫生覺得自己可以在一人診所的布景下繼續工作下去。[10]

如果我們用「布景」一詞來表示表達工具的場景，那麼我們也許可以用「個人門面」（personal front）來表示表達工具的其他物件，並且將這些物件緊密地與表演者連繫在一起；我

---

9 H. E. Dale, *The Higher Civil Service of Great Britain* (Oxford: Oxford University Press, 1941), p. 50.

10 David Solomon, "Career Contingencies of Chicago Physicians" (unpublished Ph.D. dissertation, Department of Sociology, University of Chicago, 1952), p. 74.

們也會理所當然地認為表演者走到哪裡，這些物件就會跟到哪裡。個人門面包括：顯示官職或等級的佩章；穿著；性別、年齡與種族特徵；身材與外貌；姿勢；說話的方式；臉部表情；身體動作等等。有些手段可以用來傳達符號，例如種族特徵，這種個人形式相對來說是固定的，而且經過一段時間也不會因為地點不同而有任何變化。另一方面，有些符號手段相對來說是變動或短暫的，例如臉部表情，可以因為時間的流逝而在表演時出現變化。

個人門面產生的刺激可以傳達某種訊息，我們可以根據這些訊息產生的效果，將個人門面產生的刺激區分成兩種：「外表」（appearance）與「舉止」（manner）。「外表」造成的刺激可以告訴我們表演者的社會地位，這些刺激也能告訴我們個人暫時的儀式狀態，亦即，他是否正在從事正式的社會行動與工作，或者，他是否正在從事非正式的消遣，例如慶祝他的人生周期邁向了新的階段。而「舉止」帶來的刺激可以提示我們表演者將在接下來的情境中扮演的互動角色。因此，充滿自信且幹勁十足的舉止可能給人一種印象——表演者即將進行言語上的互動，而且將主導整個話題；反之，羞怯且內疚的舉止則會給人一種印象——表演者願意遵從他人的領導，或至少他已經準備好接受他人的領導。

當然，我們通常會預期外表與舉止會是一致的，我們預期互動者之間社會地位的差異會相應地反映在互動角色表徵的差異上。這種個人門面的一致性可以在以下的例子得到說明，這是一段中國官員在城市出巡的描述：

從後頭靠近一看……八名轎夫抬著中國官員的奢華大轎，一下子就把整條街給占住了。他是這座城市的市長，為了治理之便，他掌握了整座城市的生殺大權。他完全符合理想中的官員形象，外型高大魁梧，有著嚴肅而堅定的相貌，這是每一個行政首長必須具備的條件，如此才能讓他的臣民聽命於他。他也有嚴峻而令人生畏的一面，彷彿他正趕赴刑場，準備將某個罪犯梟首示眾。這是中國官員出現在公眾面前時該有的樣子。根據我多年的經驗，上至中央大員，下至地方官，我從未見過任何官員在街上出巡時臉上帶著笑容，或者對民眾露出同情的表情。[11]

當然，外表與舉止也會有彼此矛盾的時候，例如表演者的地位比觀眾來得高，但他的舉止卻表現出平等、平易近人或歉疚的態度，又或者是表演者已經穿上高身分地位的服裝，但在面對觀眾時卻表現出高於自身身分地位的舉止。

除了外表與舉止應該一致，我們當然也預期布景、外表與舉止理應達成某種程度的一致。[12] 這種一致性產生的理想類型使我們更容易注意到例外的存在，並且對此產生強烈的興趣。關於這方面，記者可以提供我們許多例證，布景、外表與舉止之間的不一致提供了許多職業的辛辣內容

11 J. Macgowan, *Sidelights on Chinese Life* (Philadelphia: Lippincott, 1908), p. 187.

12 參見 Kenneth Burke 對 "scene-act-agent ratio," *A Grammar of Motives* (New York: Prentice-Hall, 1945), pp. 6-9 的評論。

與引人入勝之處，而這也成為許多雜誌文章的賣點。舉例來說，《紐約客》（*New Yorker*）一篇關於羅傑・史蒂文斯（Roger Stevens，一位房產經紀人，曾成功促成帝國大廈的交易）的報導，裡面提到令人吃驚的事實：史蒂文斯只有一棟小房子、簡陋的辦公室，他使用的信紙甚至沒有標上他工作的商號與他的姓名。[13]

為了更充分地探討社會門面（social front）的幾個部分，我們必須先思考門面傳達的訊息具有的重要特質，亦即，訊息的抽象性與一般性。

無論例行公事有多麼專門與獨特，例行公事的社會門面通常（儘管有一些例外）在內容都會與他人的例行公事（儘管他人的例行公事會有些許不同）一樣。舉例來說，許多服務業提供給客人的表演，往往戲劇性地表現出乾淨、現代、稱職與童叟無欺。雖然不同行業的表演會對這些抽象標準有不同的側重，但觀察者總能看出其中的類似之處。對觀察者來說，這種類似無疑帶給他們極大的便利，但有時也會釀成災難。觀察者面對每個略有不同的表演者所做的略有不同的表演，不需要維持不同類型的期待與回應方式，只需要將眼前的情境歸類在一個廣泛的類別中，就可以輕鬆運用過去的經驗並沿用最初的思考。觀察者只需要熟悉少許容易運用的門面詞彙與了解如何回應表演者，就可以讓自己在各種情境中找到應對之道。舉例來說，最近倫敦的煙囪清掃

13 E. J. Khan, Jr., "Closings and Opeings," *The New Yorker*, February 13 and 20, 1954.

工[14]與香水銷售員都流行穿著白色的實驗袍，他們藉此讓客人留下印象，讓客人覺得這些人會以標準、科學與值得信任的方式完成他們的工作。

我們有理由相信，大量不同的行動往往會以少量的門面呈現，這是社會組織自然發展的結果。芮克里夫—布朗（Radcliffe-Brown）主張的「描述性」（descriptive）親屬系統也採取這種觀點，他提到，在非常小的社群裡，每個人都擁有獨特的地位，但隨著人數增多，整個氏族不得不進行區隔，讓身分的辨識與對待不會過於複雜。[15]我們可以在工廠、軍營與其他大型社會體制看到這種趨勢。組織這些體制的人無法為組織裡的每個生產線、每個職等設置專有的員工食堂、支付模式、休假權利與盥洗設施，但他們也認為不應該把身分地位不相似的人毫無區別地歸類在一起。最後他們做出妥協，設定幾個關鍵點來區分所有類別的人，被歸在同一種類別的人可以或必須在某種情境下維持相同的社會門面。

不同的例行公事可以使用相同的門面，值得一提的是，既定的社會門面會產生抽象的既定預期，因此很容易制度化（institutionalization），當表演者頂著既定的社會門面進行表演時，他不僅要執行特定的任務，也會從中取得意義與穩定。門面因此成了一種「集體表徵」（collective repre-

---

14 見 Mervyn Jones, "White as a Sweep," *The New Statesman and Nation*, December 6, 1952.

15 A. R. Radcliffe-Brown, "The Social Organization of Australian Tribes," *Oceania*, I, 440.

sentation）與自成一體的事實。

當表演者扮演既定的社會角色，他往往會發現這個角色上面已經覆蓋了一層特定的門面。無論表演者取得這個角色是為了完成這個角色賦予的特定任務，還是為了維持與這個角色相符的門面，表演者都必須同時實現兩者。

此外，如果個人接受一項對他而言屬於全新的任務，而這個任務在社會上也尚未形成既定的看法，又或者如果他試圖改變人們對這項任務的觀感，那麼他會發現社會上其實已經存在幾種既定的門面可供選擇。因此，當一個任務被給予了新的門面，我們很難察覺這個被給予的門面是全新的。

由於門面往往是選擇的而非創造的，我們可以預期，當表演者執行一項既定的任務，並且被迫為自己選擇一個適合的門面，而他能夠選擇的門面卻又與他的任務不相似時，這種狀況必然會造成麻煩。因此，在軍事組織裡，任務總是不斷發展，需要在某個等級的人員維持的門面下動用過多的權威與技術來執行，但若是換成另一個等級的人員維持的門面，卻又會變成動用過少的權威與技術來執行。由於這中間存在著太大的等級跳躍，因此任務的執行要不是「執行的等級太高」，就是執行的等級太低。

從幾個不太適合的門面中選擇一個較適合的，這種進退兩難的局面可以從美國醫療組織執行麻醉任務這個有趣的例子得到說明。[16]在某些醫院，麻醉依然由護士執行，而在這些醫院裡，護士會頂著某種門面來執行所有的任務，這個門面就是護士在等級上屬於醫生的下級，而且領的是相對較低的薪水。為了讓麻醉學成為醫學生畢業必須學習的專科，相關從業人員必須大力主張執行麻醉是一項非常複雜與致命的任務，以此來說明執行麻醉任務的人必須獲得與醫生一樣的禮遇與薪水。護士維持的門面與醫生維持的門面，兩者有很大的差異；護士可以接受的事，對醫生來說是有失身分的。有些醫療人員認為，由護士執行麻醉，「等級不夠」，由醫生執行麻醉，「等級太高」；如果能在護士與醫生之間創立一個等級，那麼執行麻醉的問題就比較容易解決。[17]同樣地，如果加拿大陸軍在中尉與上尉之間還有一個等級，亦即，肩章不是兩個槓也不是三個槓，而是二點五個槓，那麼牙醫部隊的上尉——許多是由少數民族擔任——或許就能授予陸軍眼中較為適合的軍階，而非他們實際取得的上尉地位。

我不是刻意要強調正式組織或社會的觀點；個人擁有的符號工具（sign-equipment）有限，他勢必得做出無法盡如人意的選擇。因此，在我研究的佃農社群中，旅館老闆對於朋友的來訪，他

---

16 關於這個問題的徹底解決，見 Dan C. Lortie, "Doctors without Patients: The Anesthesiologist, a New Medical Specialty" (unpublished Master's thesis, Department of Sociology, University of Chicago, 1950). 也可見 Mark Murphy's three-part Profile of Dr. Rovenstine, "Anesthesiologist," *The New Yorker*, October 25, November 1, and November 8, 1947.

17 某些醫院是由實習醫生與醫學生執行介於醫生與護士之間的任務，大概是因為這類任務不需要大量經驗與實際訓練，而實習醫生這種介於醫生與護士之間的身分也成為醫院裡的常設階層，所有執行這方面業務的人都是暫時性的。

會透過提供的酒水來做出劃分，也許是一小杯烈酒、一杯葡萄酒、一點自釀的啤酒，或一杯茶。訪客的身分或暫時的儀式性地位愈高，就愈可能被款待愈好的酒。這個符號工具的範圍有個問題，有些佃農連一瓶烈酒也沒有，葡萄酒已經是他們可以拿得出來的最好東西。但或許一個更常見的難題是，有些訪客的永久與當下暫時的地位剛好超過某種酒能款待的身分，但又低於另一種酒能款待的身分。此時往往存在著風險，要不是訪客會覺得有點受到冒犯，就是旅館老闆昂貴而有限的符號工具會受到誤用。這種介於兩種地位之間的狀況也會產生另一種類似的情境，旅館老闆娘必須決定是否要使用昂貴的餐具，或決定該穿什麼衣服才適當，是最好的下午茶服裝，還是最樸素的晚禮服。

我提到社會門面可以分成幾個傳統部分，如布景、外表與舉止，而（由於不同的例行公事會以相同的門面呈現）我們可能無法將某個表演的特定性格，與呈現在我們面前的一般社會化偽裝完美地匹配在一起。結合這兩項事實，我們可以發現，不僅特定例行公事的社會門面之中的物件，會出現在所有例行公事的社會門面裡，且兩個不同的符號工具物件，儘管屬於相同的社會門面，卻會各自屬於完全不同的例行公事。因此，一名律師在某個社會布景與客戶談話，他只會把這個社會布景用於與客戶洽談（或者用來研究客戶的案子），但在這個場合穿著的服裝，卻可以穿來與同事共進晚餐，或者與妻子一起上劇院看戲。同樣地，他在辦公室牆上掛的版畫，或地板上鋪的地毯，也可以出現在家中的社會布景中。當然，在高度儀式性的場合裡，布景、舉止與外表可能完全獨特而特定，只能用於單一類型例行公事的表演，然而這種專用的符號工具是例外而非常態。

戲劇性的實現

當個人出現在他人面前時，個人一般都會為自己的行動灌輸符號，戲劇性地強調與描繪那些毫不起眼或模糊的肯定事實。如果個人想要讓他人注意到自己的行動，那麼他必須將自己的行動動員起來，使其「在互動過程中」表達他想傳達的事物。事實上，表演者不僅要在互動過程中表達他所宣稱的能力，而且要在互動的那一剎那做到這一點。例如，如果一名棒球裁判要讓人留下他對自己的判決很有信心的印象，那麼他必須完全不去想要怎麼做才能讓自己對自己的判決很有信心，他必須當下做出判決，這樣觀眾才會相信他認為自己的判決完全正確。[18]

值得一提的是，戲劇化在某些身分不會構成問題，因為有些行動不僅是完成核心任務的必要工具，從溝通的角度來說，也能清楚傳達表演者宣稱的品質與屬性。職業拳擊手、外科醫生、小提琴家與警察均屬此類。這些行動允許大量戲劇性的自我表達，使得一些模範從業人員——無論

18 見 Babe Pinelli，轉述自 Joe King, *Mr. Ump* (Philadelphia: Westminster Press, 1953), p. 75.

是真有其人還是虛構——變得十分知名，甚至在商業推動下成為全國民眾憧憬的對象。

然而，在許多例子裡，工作的戲劇化確實會構成問題。一份醫院研究提出一項例證，裡面提到內科護士面臨一個外科護士不會面臨到的問題：

> 護士在外科病房對手術後的病人進行的護理工作，往往具有明顯的重要性，即使是對醫院活動感到陌生的病人都可以看得出來。舉例來說，病人看到護士換繃帶與掛好矯形外科支架，他可以理解這些都是有目的的行動。即使護士照顧的不是他這張病床，他也會尊敬護士的目的行動。
>
> 內科護士也是一份具有高度技術性的工作……內科醫生的診斷必須仰賴長時間仔細觀察症狀，而外科醫生則大部分仰賴可見的事物。缺乏能見度導致了醫療問題。病人看到護士在隔壁病床停留，並且與病人聊了一會兒，但他不知道護士正在觀察病人呼吸的深淺與皮膚的顏色與色澤。他以為護士只是來探望一下，而他的家人也因此認為這些護士的工作並不出色。如果護士花在隔壁病床的時間比自己病床的時間多，病人還會覺得自己受到怠慢……護士在「浪費時間」，除非護士飛奔過來做一些看得見的事，例如打針。[19]

---

19 Edith Lentz, "A Comparison of Medical and Surgical Floors" (Mimeo: New York State School of Industrial and Labor Relations, Cornell University, 1954), pp. 2-3.

同樣地，服務業的經營者很難把實際上為客人所做的一切戲劇化，因為客人「看不到」為他們服務的經常費用。殯葬業者因此必須在高度可見的產品上收取高昂費用，例如把棺材打造得像個首飾盒，因為執行葬禮的其他成本無法輕易地加以戲劇化。[20]商人必須對一些本身看起來很貴的東西索取很高的價格，這樣才能彌補商人在客人看不見的地方支付的龐大費用，例如保險、淡季等等。

把工作加以戲劇化的問題，涉及的不只是讓不可見的成本可見。必須由具備某種身分的人從事的工作，這種工作本身往往無法充分表達出可取的意義，如果任職的人要讓自己的角色戲劇化，他必須分攤自己寶貴的精力來做這件事。而這種必須另外花費精力進行溝通的工作，需要的特質往往不同於被戲劇化的工作。因此，要裝修一棟房子，使其表現出簡單、寧靜的高貴氣氛，屋主必須先衝到拍賣銷售會場，與古董商討價還價，固執地遊說所有當地店鋪把適合的壁紙與窗簾布料賣給他。要在廣播節目中進行一場非正式、隨興與輕鬆的談話，講者必須費盡心力構思自己的劇本，逐句地檢查測試，讓內容、措詞、韻律與步調都能符合日常談話。[21]同樣地，一名《風尚》（*Vogue*）模特兒可以透過穿著、姿勢與臉部表情，生動地表現她對自己手上拿的書有著

---

20 本書提到殯葬業的部分引自 Robert W. Habenstein, "The American Funeral Director" (unpublished Ph.D. dissertation, Department of Sociology, University of Chicago, 1954). 感謝 Mr. Habenstein 對葬禮作為一種表演的分析。

21 John Hilton, "Calculated Spontaneity," *Oxford Book of English Talk* (Oxford: Clarendon Press, 1953), pp. 399-404.

深厚的理解；然而實際上如此費心於適當表現自己的人，不會有多少時間拿來閱讀。如沙特（Sartre）所言：「專注的學生想要做到專注，他的眼睛緊盯著老師，他努力張大了耳朵，他為了扮演好專注的角色而弄得精疲力盡，結果他什麼也沒聽見。」[22]因此，個人經常陷入表達與行動的兩難局面。擁有時間與天分來執行任務的人，往往沒有時間與天分讓他人看見這項任務被執行得多麼完善。據說有些組織為了解決這個難題，會把戲劇化的工作正式委託給專家，由專家花時間表達任務的意義，但不會實際執行任務。

如果我們暫時改變一下參考架構，從特定的表演轉移到呈現表演的個人，我們便可以從任何群體或階級的個人協助執行的各種例行公事，發現一些有趣的事實。當我們檢視一個群體或階級時，我們會發現有些成員會特別專注於某些例行公事，而忽略其他的例行公事。例如，一個專業人士也許願意在街上、在店鋪裡或在家裡扮演一個不起眼的角色，但在展示他的專業能力的社會層面上，他卻會投入較大心力使他人能看到他的能力。為了動員所有力量來展示自己的能力，他不會關注他所執行的每一項例行公事，而只關心能讓他的職業評價獲得提升的例行公事。針對這個議題，有些學者區別出兩種群體，一種是貴族習慣（與社會地位無關）的群體，另一種是中產階級性格的群體。他們認為，貴族習慣是一種將心力投入於其他階級從事的專門技術以外的生活

22 Sartre, *op. cit.*, p. 60.

小事的習慣，並且在這種生活小事中表現自身的性格、權利與高階層。

什麼重要成就可以指導年輕貴族支持自身階級的尊嚴，使他在祖先美德的庇蔭下有資格比其他民眾來得優越：是知識，勤勉，耐心，自制，還是任何一種美德？由於一言一行都動見觀瞻，因此他養成習慣，重視日常行為的所有細節，他努力學習，以最嚴謹的禮儀來履行所有的微小職責。他知道自己深受矚目，也知道自己的一舉一動都受到關注，因此哪怕是在最不起眼的場合，他也會善用自己擁有的自由，表現出崇高尊貴的態度。他的神態、舉止、風度，無不顯露著高貴，身處萬人之上仍不失優雅，出身下層的人幾乎不可能企及。透過這些技巧，他更能讓民眾順從他的權威，並且根據自己的喜好來決定民眾的意向：在這點上，他很少感到失望。在階級與卓越的推波助瀾下，他仰賴這些技巧，即使是尋常的舉止，仍足以讓他統治這個世界。[23]

如果真的存在這種技藝超群的人，他們將可提供一個適合的群體來研究這些技術，讓行動變成一場展示。

23 Adam Smith, *The Theory of Moral Sentiments* (London: Henry Bohn, 1853), p. 75.

理想化

先前曾經提過，例行公事的表演會透過門面向觀眾提出相當抽象的主張，而不同例行公事的表演，也有可能提出相同的主張。透過這個過程，表演會逐漸被「社會化」、塑造與修改，並且以符合社會理解與期待的樣貌呈現在社會面前。接下來，我想探討社會化過程的另一個重要面向——表演者會提供觀察者某種印象，但表演者傾向於以幾種不同的方式將印象理想化。

當然，表演總是會以理想化的觀點來呈現情境，這種做法並不罕見。庫利（Cooley）對此提供了說明：

> 如果我們從不試著讓自己看起來比現在的自己更好一點，我們如何能改進或「由外而內地訓練自己？」這種向世界展示我們有更好或理想化的一面的想法，可以在各個專業與階級中找到有組織的表達，這些專業與階級在某種程度上都有自己的一套術語與立場，而他們的成員絕大多數也在不知不覺中接受了這些術語與立場。他們試圖說服世人相信他們的理念，如果從陰謀論的角度來說，這麼做也可以擴大他們的影響力。這些術語不僅來自神學與慈善事業，也來自法律、醫學、教學，甚至也來自科學——目前來說，科學的影響或許是最大的，特定學科帶來的好處若是愈能獲得認同與讚美，就愈有可能獲得不相稱的支持。[24]

---

24 Charles H. Cooley, *Human Nature and the Social Order* (New York: Scribner's, 1922), pp. 352-53.

因此，當個人在他人面前呈現自己時，他的表演往往會體現或展示官方認可的社會價值。事實上，他的表演對這些價值的支持與體現，遠比他的整體行為來得徹底。

個人在所處的社會進行表演時，往往會凸顯社會通行的官方價值，根據涂爾幹（Durkheim）與芮克里夫—布朗的說法，我們可以將這種表演視為一種儀式——社群道德價值在表達上重新恢復活力與獲得肯定。此外，表演在表達上的偏誤如果逐漸被認可為現實，那麼當下被認可為現實的事物將會帶有一種頌揚的性質。待在自己的房間裡，遠離舉辦派對的場合，或遠離從業人員接待客戶的地方，猶如遠離了現實表演。事實上，這個世界就像一場婚禮。

關於理想化表演的呈現，最豐富的資料來自關於社會流動的文學作品。絕大多數社會都有一個主要或一般的社會階層體系，而在社會分層最為明顯的社會裡，對於較高的階層一向存在著一種理想化的描述，低階層的民眾通常對高階層充滿了嚮往，希望自己也能晉升到較高的階層。（必須注意的是，這種嚮往不僅是希望自己能獲得更有名望的地位，更是希望自己能更接近社會共同價值的神聖核心。）我們普遍發現，向上流動與適當表演的呈現有關，努力向上流動與努力不讓自己往下沉淪通常表現在為門面做出犧牲。一旦取得適當的符號工具，而且能駕輕就熟地使用這些工具，就能運用這些工具來美化自己的表演，讓自己變得更容光煥發，也讓自己的社會風格更討人喜歡。

在與社會階級息息相關的符號工具中，最重要的或許是身分象徵，因為物質財富往往表現在身分象徵上。關於這點，雖然美國與其他社會無異，卻被單獨挑出來作為財富導向階級結構的極端例子。或許因為在美國，人們可以大肆使用財富象徵而且也有能力這麼做。另一方面，人們有時也會提到印度社會，印度社會的流動性主要表現在種姓群體而非個人上，在印度社會裡，表演通常表現出非物質價值的傾向，而這樣的主張也較受歡迎。最近有一名印度學者就提出以下說法：

> 種姓制度不是一個僵固的制度，每個人的地位並非永遠不變。變動一直都存在，特別是整個階序的中間部分。低種姓如果吃素與完全戒酒，以及在宗教儀式與敬拜神明上接受梵化，那麼一兩代之後就可以上升到較高的種姓。簡言之，低種姓會盡可能接受婆羅門的風俗、儀式與信仰，而低種姓似乎也經常採取婆羅門的生活方式，儘管理論上禁止這麼做……
>
> 低種姓喜歡模仿高種姓，這是印度教儀式與風俗廣為傳布的重要因素，同時某種程度上也促成了文化統一，不僅影響整個種姓制度，也涵蓋了全印度。[25]

當然事實上，有許多印度教信眾更傾向於在日常表演展示自身的財富、奢華與階級地位，他

25 M. N. Srinivas, *Religion and Society Among the Coorgs of South India* (Oxford: Oxford University Press, 1952), p. 30.

們根本很少考慮到禁欲純淨的問題。與此相反，美國一直存在著一些具影響力的團體，他們認為每個表演都應該避免只是單純地展示財富，而應該予人著重出身、文化或道德熱忱標準的印象。

或許因為今日主要社會普遍存在著向上看齊的傾向，所以我們很容易認為個人的表演必然傾向於強調自己來自較高的階級，而非原本的階級。以下的例子將涉及過去蘇格蘭家庭表演的細節，而我們對於這種現象並不感到驚訝：

> 有一件事是確定的：一般地主與家人平日生活都較為簡樸，只有在款待客人時才願意鋪張。他們會大擺宴席，隆重的場面讓人聯想到中世紀貴族的晚宴；但是，在節慶與節慶之間，這些地主也像過去的貴族一樣，「家醜不外揚」，平日只吃最平淡無味的食物。他們的祕密絕不外傳。即使是對高地人無所不知的愛德華．伯特（Edward Burt）也說不清楚蘇格蘭人每天吃的究竟是什麼。他只確定一件事，那就是當他們款待英格蘭人時，總是準備太多食物。他說，「我常聽人家說，蘇格蘭人寧可搶佃農的東西，也不願讓我們覺得他們很吝嗇；不過，我曾聽受僱於蘇格蘭家庭的人提到……雖然這些蘇格蘭地主吃飯時旁邊總是有五、六個僕人服侍，但他們吃的通常是各種燕麥粥、醃漬的鯡魚或看似廉價且一成不變的飲食。」[26]

26 Marjorie Plant, *The Domestic Life of Scotland in the Eighteenth Century* (Edinburgh: Edinburgh University Press, 1952), pp. 96-97.

事實上，各階級的人都有各自的理由讓自己維持低調，避免表現出財富、能力、精神力量或自尊。

美國南方的黑人在與白人互動時，總是會表現出無知、得過且過、隨遇而安的樣子，這說明表演有可能因為過分強調理想價值而貶損表演者應有的地位。關於這種狀況，有一個現代版本：

> 只要提到技術性的工作，求職者都認為那是「白人的工作」，有些黑人因此明明從事的是高階層的工作，卻自願接受低階層的象徵。例如船運公司的職員掛著收發員的職銜與領著收發員的薪水；護士願意被稱為幫傭；足病醫生會在晚上從後門進到白人家裡看診。[27]

美國女大學生在遇到可以約會的男孩時，她們確實而且無疑會假裝自己不聰明、缺乏技術與優柔寡斷，因此，儘管美國女大學生在國際間是出了名的輕浮，實際上她們在這裡卻顯示出頑強的心理紀律。[28]這些表演者會讓她們的男朋友沉悶地解釋她們早已知道的事；她們的數學明明比男友厲害得多，卻裝成數學白癡；她們總是在兩人互動時假裝自己是弱者：

---

27 Charles Johnson, *Patterns of Negro Segregation* (New York: Harper Bros., 1943), p. 273.

28 Mirra Komarovsky, "Cultural Contradictions and Sex Roles," *American Journal of Sociology*, LII, pp. 186-88.

「最好用的招數就是偶爾拼錯一個很長的字。我的男朋友似乎因此感到興奮，他回信說，『親愛的，妳真的不知道該怎麼拼字。』」[29]

透過這些做法，男性的天生優越得到證明，而女性的弱小角色也得到肯定。

同樣地，昔得蘭島民眾告訴我，他們的祖先不會修繕農舍的外觀，以免地主認為他們的收入增加而提高他們的租金。這個傳統也與有時必須在昔得蘭島援助官員面前裝窮有一點關連性。更重要的是，今日島上的男人早已不像過去一樣以務農為生，他們不需要沒日沒夜地辛苦工作、無法休息，飲食也不再只是魚與馬鈴薯。但他們依然在公共場合穿著羊毛襯裡的無袖皮革外套與高筒橡膠鞋，這些都是典型的佃農象徵。他們出現在社群面前時，充分顯示他們不向任何階級「靠攏」，他們忠於島民的社會階級。他們真誠而熱情，說著道地的方言，對於角色扮演得心應手，然而，在自家的廚房裡，在外人看不到的地方，他們卻享受著中產階級的現代設備，而且看起來早已習慣這樣的生活。

當然，負面的理想化也很常見。在美國經濟大恐慌時期，住戶在面對來訪的福利官員時，有時會誇大自己的貧困狀態，充分顯示只要進行收入調查，就免不了有一場貧困展示：

29 *Ibid.*, p. 187.

關於這一點，D.P.C. 調查員曾經回報一個有趣的經驗。她是義大利人，但她的皮膚白皙而且有著一頭金髮，看起來完全不像義大利人。她的主要工作是調查聯邦緊急救援署（F.E.R.A.）列管的義大利家庭。由於她看起來不像義大利人，因此往往能夠聽到對方用義大利語交談，並從中得知義大利家庭對於救助的態度。舉例來說，當她坐在客廳與女主人交談時，女主人會叫孩子過來見調查員，但也提醒孩子要穿上舊鞋過來。或者，她會聽見母親或父親在屋子後面對著某人說，要在調查員進屋之前把酒跟食物藏起來。[30]

最近一份關於回收業的研究也提供了例證，裡面提到一般人對於回收業的印象正是回收業者想要的。

> ……回收業者希望一般大眾不要知道這些「廢棄物」的真正價值。他希望廢棄物是毫無價值的以及從事回收的人是「窮困潦倒」與值得憐憫的迷思，能繼續持續下去。[31]

---

30 E. Wight Bakke, *The Unemployed Worker* (New Haven: Yale University Press, 1940), p. 371.

31 J. B. Ralph, "The Junk Business and the Junk Peddler" (unpublished M.A. Report, Department of Sociology, University of Chicago, 1950), p. 26.

這種印象具有一種理想化的面向，因為如果表演者想獲得成功，他必須提供某種場景讓觀察者對於回收業者貧困無助的極端刻板印象獲得實現。

其他關於理想化例行公事的例證，其中最具社會學魅力的莫過於路邊乞丐的表演。然而，在西方社會，自從進入二十世紀以來，乞丐上演的場景似乎已經大量減少。今日，我們很少聽到所謂的「乾淨家庭伎倆」，也就是一家人穿著破爛但乾淨得不可思議的衣服，而孩子的臉上有一層肥皂，用軟布打磨之後，整張臉變得亮晶晶。我們也看不到半裸男子的表演，他會在嘴裡塞一塊沾了泥土的硬殼麵包，彷彿身體虛弱到連麵包也吞不下；或者是一名衣衫襤褸的男子追逐一隻叼了一小塊麵包的麻雀，男子會慢慢地把外套袖子上的麵包屑揩下來，而當他的身旁圍滿群眾時，他便作勢要吃這些麵包屑。還有一種表演現在也很少見，那就是「難為情的乞丐」，他會用溫順的眼神乞求，彷彿他纖細的情感讓他無法開口乞討。順帶一提，這些乞丐呈現的場景在英文裡有各種說法，如詐騙、詭計、隱匿、騙局、潛伏、叫賣與非法勾當——這些用來描述乞丐表演的詞彙，與其說與技藝有關，不如說都跟違法的行為扯上邊。[32]

如果個人要在表演時表達理想的標準，那麼他就必須放棄或隱藏與這些標準不符的行動。當

32 關於乞丐的詳細討論，見 Henry Mayhew, *London Labour and the London Poor* (4 vols.; London: Griffin, Bohn), I (1861), pp. 415-17, and IV (1862), pp. 404-38.

從事不適當的行為可以令人感到滿足時（這種狀況經常發生），那麼人們就會以祕密的方式從事這些行為；在這種情況下，表演者一方面裝出放棄蛋糕的樣子，另一方面卻又偷偷吃掉了蛋糕。舉例來說，在美國社會，我們發現八歲的孩子宣稱他們對適合五到六歲觀賞的電視節目不感興趣，但有時他們卻會偷偷觀看這些電視節目。[33] 我們也發現中產階級家庭主婦偶爾也會偷偷使用廉價的咖啡、冰淇淋或奶油的替代品；藉由這種方式，她們可以節省金錢、勞力或時間，而仍可以維持自己準備的是高品質食物的印象。[34] 上述的家庭主婦可能會把《星期六晚郵報》（*The Saturday Evening Post*）留在客廳茶几上，卻偷偷將《真實羅曼史》（*True Romance*，「這種刊物大概是清潔婦留下的。」）藏在自己的臥室裡。[35] 我們之前曾經提過，同樣的行為我們可以稱為「祕密消費」，這種行為也常出現在印度教教徒身上。

> 他們在眾人面前會遵守所有的風俗，然而一旦遠離他人的目光，他們就不會如此一絲不苟。[36]

---

33 Unpublished research reports of Social Research, Inc., Chicago. 感謝 Social Research, Inc. 允許我在本書使用這些與其他資料。

34 Unpublished research reports of Scoial Research, Inc.

35 Reported by Professor W. L. Warner of the University of Chicago, in seminar, 1951.

36 Abbé J. A. Dubois, *Character, Manners, and Customs of the People of India* (2 vols.; Philadelphia: M'Carey & Son, 1818), I, p. 235.

有人告訴我一件相當可信的事：有些婆羅門會祕密前往他們信得過的首陀羅家中，毫無顧忌地享用肉類與烈酒。[37]

與食用禁忌食物相比，婆羅門偷偷喝酒的狀況反而沒那麼罕見，主要是因為喝酒比較容易隱藏。然而婆羅門在眾人面前喝酒，這種事可說是聞所未聞。[38]

此外，最近金賽（Kinsey）報告也為祕密消費的研究與分析補充了新的動力。[39]值得一提的是，當個人提供表演時，一般而言除了隱藏不適當的愉悅與節約，他還會隱藏其他事物。以下我們將說明這些被隱藏的事物。

首先，除了祕密的愉悅與節約，表演者還會向觀眾隱藏可獲利的行動形式，因為這類行動與他想讓觀眾留下印象的行動觀點毫不相容。一個明顯到近乎滑稽的典型例子是雪茄店兼營投注站，不過類似的安排在許多地方也能看見。數量驚人的工人振振有詞地認為他們可以任意偷走工

---

37 *Ibid.*, p. 237.

38 *Ibid.*, p. 238.

39 如亞當・斯密（Adam Smith）所言，*op. cit.*, p. 88，美德與邪惡一樣，都會被隱藏起來：

「虛榮的人通常會表現出追求時尚、揮霍無度的樣子，然而他們心裡卻不認同自己的行為，儘管如此，他們也不一定對自己的行為有罪惡感。他們希望自己所做的事能獲得眾人的讚揚，然而他們心裡卻不認為自己做的事值得讚揚，而他們也恥於恪守已經過時的美德。他們有時會祕密地實行這些美德，有時會祕密而真心地尊崇這些美德。」

具、轉賣供應的食物、在上班時間外出蹓躂、散布宣傳品，或者是四處與人接觸與造成影響等等。[40]在這類例子中，工作地點與正式活動都成了一種偽裝，用來隱匿表演者偷偷拐帶的人生。

其次，我們發現過失與錯誤往往會在進行表演前受到更正，而發生錯誤與錯誤受到更正的過程則完全遭到掩蓋。藉由這種方式，表演者可以在他人面前維持毫無過失的印象，這對表演者來說非常重要。我們曾經聽過一種著名的說法，醫生會湮滅犯錯的證據。另一個例子是最近有一篇博士論文提到三個政府機關之間的社會互動，官員不願口授報告給速記員，因為他們想回頭更正報告內容再做口授，而他們當然更不願意讓上級看到有瑕疵的報告。[41]

第三，在個人將成品呈現給他人的互動中，個人往往只會展示最終的成品，而他人只能根據已經完成、修飾與包裝的成品來評價個人。在一些例子裡，如果完成成品的過程並不需要花費太多心力，那麼光看成品其實無法知道這一點。同樣地，成品也掩蓋了個人花費漫長的時間，獨自忍受乏味無聊的製作過程。舉例來說，一些學術作品看起來風格高雅，但實際上作者必須忍受沉悶單調的工作，只為了準時交出索引，或者是與出版社爭吵，希望爭取作品封面上自己姓名的首

40 最近有兩位研究社會服務工作者的學者提出「外部收入」（outside racket）一詞來描述芝加哥公共生活調查工作者能夠取得祕密收入來源。見 Earl Bogdanoff and Arnold Glass, *The Sociology of the Public Case Worker in an Urban Area* (unpublished Master's Report, Department of Sociology, University of Chicago, 1953).

41 Blau, *op. cit.*, p. 184.

位字母能大一號。

外表與現實還有第四項不一致。我們發現，如果一些在其他方面看起來不乾淨、可能合法也可能非法、殘酷與墮落的任務尚未完成，那麼表演就不會進行；但令人不安的是，一旦表演開始進行，上述這些事物很少會被呈現出來。用休斯的話說，我們傾向於向觀眾隱瞞所有的「髒活」（dirty work），無論我們是私底下做這些工作，還是把這些工作交給僕人、與個人無關的市場、正派經營的專家，或者甚至是來路不明的人士。

外表與實際行動的第五項不一致與「髒活」這個觀念有密切關係。如果個人的行動是要體現數個理想標準，而且個人要展示的完全是好的一面，那麼在面對他人時，個人的表演必然要完全合乎這些標準，但私底下個人卻會犧牲某些標準來符合某些標準。表演者通常會犧牲那些即使不符合也很容易隱藏的標準，來符合那些只要運用不當就會被立即發現的標準。舉例來說，在糧食配給時期，如果餐廳老闆、雜貨店老闆或肉舖老闆想維持貨架上的商品種類與維護客人對他的印象，那麼容易隱瞞的非法糧食來源會是個解決辦法。同樣地，如果人們是以速度與品質來判斷服務的好壞，那麼品質總是比速度更容易被犧牲，因為低劣的品質容易掩蓋，但速度卻是一望即知。另外一個例子，如果精神病院的護理人員在維持秩序的同時又要不傷害病人，那麼在兩項標準難以兩全的狀況下，護理人員可能會用濕毛巾「勒住」桀驁不馴的病人，這麼做既能讓病人乖乖聽話而又不會留下虐待的痕跡。[42]未施虐的證據可以造假，但秩序瞞不了人：

規定、規則與命令，無論遵不遵守都很容易留下明顯證據，因此往往最容易獲得執行，例如清潔病房、鎖門、值勤時不得飲酒、對病人進行約束的規定等等。[43]

然而，我們也不能完全以憤世嫉俗的角度解釋這種做法。我們經常發現，組織有時必須暫時繞過其他的理想來實現主要的理想目標，但組織對外仍要維持其他理想仍繼續實行的印象。在這種狀況下，組織往往不是為了最明顯可見的理想而做出犧牲，而是為了追求最具正當性與最重要的理想。一份海軍部門的文件可以提供佐證：

這個特質（群體隱瞞）無論如何不能完全歸因於成員不願讓內部醜聞對外曝光。雖然這種擔憂在防止外界得知機關「內部圖像」（inside picture）上扮演著一定角色，但這種非正式結構的特徵實際上卻有著更重要的意義。非正式結構是正式規定與程序方法的重要「規避管道」（channel

---

42 Robert H. Willoughby, "The Attendant in the State Mental Hospital" (unpublished Master's thesis, Department of Sociology, University of Chicago, 1953), p. 44.

43 *Ibid.*, pp. 45-46.

of circumvention）。沒有任何組織能夠承擔公開這些方法的後果（但這些方法確實能解決某些問題），因為這些方法完全不被官方認可，而且與群體長久以來堅定支持的做法背道而馳。[44]

最後，我們發現表演者經常給人一種印象：他們對於獲得自己要表演的角色懷抱著理想動機、他們合乎表演角色的理想資格、以及他們不認為為了獲得角色，會需要去蒙受輕蔑、侮辱、羞辱，或達成任何不言而喻的「交易」。（儘管這種一般性的、人與工作之間存在著神聖的相容性的印象，最常出現在高度專業的從業人員身上，但類似的元素也存在於專業性較低的工作者。）為了強化這些理想印象，於是出現了一套「訓練的說詞」（rhetoric of training），工會、大學、商會與其他發證組織都仰賴這套說詞，要求從業人員接受一段時間的神祕訓練，部分是為了壟斷，部分是為了塑造一種印象，讓人覺得這些取得證照的從業人員擁有一定的學習經驗，而不同於一般人。因此，有學者在提到藥師時表示，他們覺得接受四年的大學教育才能取得執照，「對這門職業來說是好事」，不過也有人承認，藥師的專業其實只需要幾個月的訓練就已足夠。[45] 值得一提的是，二次大戰時美國陸軍天真地用工具性的角度來看待藥師與錶匠這些行業，

---

44 Charles Hunt Page, "Bureaucracy's Other Face," *Social Forces*, XXV, p. 90.

45 Anthony Weinlein, "Pharmacy as a Profession in Wisconsin" (unpublished Master's thesis, Department of Sociology, University of Chicago, 1943), p. 89.

他們只花了五到六個星期就訓練出有效率的從業人員，把既有的藥師與錶匠給嚇壞了。我們也發現教士給人的印象是他們進入教會是受到天職的感召，然而在美國，教士加入教會的真正原因是為了獲得更高的社會地位，在英國，則是避免淪落到社會底層。此外，教士傾向於給人一種印象，他們之所以待在目前這個教區是因為他們能為這裡的教眾提供靈性的服務，然而事實可能是，這裡的老人會提供較好的住宿環境，還會幫他們支付搬家的所有費用。同樣地，美國醫學院在招收學生時會考慮種族因素，而病人在選擇醫生時也會考慮這個因素；儘管如此，醫生與病人實際互動時還是可以塑造出一種印象——醫生之所以是醫生，單純只是因為他具備特殊的能力與受過特殊的訓練。此外，管理人員通常予人一種幹練與能夠掌握局勢的印象，但管理人員自己與他人都忽略了一件事，那就是他們能夠當上高層，有部分原因是他們看起來像，而不是他們真有才能：

> 很少有管理人員了解外貌對雇主來說有多重要。人員配置專家安・霍夫（Ann Hoff）提到，現在的雇主似乎在尋找一種理想的「好萊塢類型」。某家公司拒絕了一名應徵者，因為他的「牙齒長得太方正」；其他人被刷掉的原因是他們長了一對招風耳，或者是他們在面談時酒喝得太多、菸抽得太凶。雇主通常也會明言他對種族與宗教的要求。[46]

---

46 Perrin Stryker, "How Executives Get Jobs," *Fortune*, August 1953, p. 182.

表演者甚至試圖給人一種印象——他們從以前到現在就是如此泰然自若與駕輕就熟，從未有過跌跌撞撞的摸索學習時期。藉由這種方式，表演者可以獲得他想爭取進入的組織群體的默認與支持。因此，許多學校與機構雖然訂定嚴格的申請資格與考試，但實際上卻很少淘汰申請者。舉例來說，精神病院可能會要求應徵者接受羅夏墨跡測驗（Rorschach examination）與冗長的面談，但實際上卻全員錄取。[47]

有趣的是，當未明言的資格限制逐漸成為醜聞或政治爭議時，此時就會有少數顯然不符合這些潛規則的人被大張旗鼓地錄取，成為公司公平招募人才的顯眼例證。組織體制便藉此對外界建立了行事正當的印象。[48]

我曾經提過，表演者會隱藏或掩蓋與他的個人及成品的理想形象不合的行動、事實與動機。此外，表演者通常會讓他的觀眾產生表演者與「他們」有一種遠較事實來得理想的連結關係。有兩個一般性的例證可以說明這一點。

首先，個人通常會塑造一種印象，讓觀眾以為他現在表演的例行公事就是他唯一或至少是最重要的例行公事。我們之前曾經提過，觀眾通常會把表演者投射在他們面前的性格當成是表演者

47 Willoughby, *op. cit.*, pp. 22-23.

48 例見 William Kornhauser, "The Negro Union Official: A Study of Sponsorship and Control," *American Journal of Sociology*, LVII, pp. 443-52, and Scott Greer, "Situated Pressures and Functional Role of Ethnic Labor Leaders," *Social Forces*, XXXII, pp. 41-45.

唯一的性格。威廉・詹姆士（William James）有一段著名的描述：

> ……我們可以這麼說，他在意每個出現在他面前的特定「群體」的意見，這些特定群體的數量有多少，他的社會自我就有多少。他遇到不同的群體，就會展現出不同的自我。許多年輕人在父母與老師面前總是相當乖巧，但跟他的狐群狗黨在一起時就變得像海盜一樣滿口髒話，一副神氣活現的樣子。我們在自己的子女面前、在我們的俱樂部朋友面前、在我們的客戶面前、在我們的員工面前、在我們的老闆與雇主面前、以及在我們的好友面前，舉止動作會完全不同。[49]

個人面對不同的觀眾而做出不同的表演，使觀眾以為在他們面前的個人就是個人完整的樣貌，這種現象產生了所謂的「觀眾隔離」（audience segregation）；藉由觀眾隔離，個人可以確保他在不同布景表演不同角色時，眼前的觀眾不會是同一群人。觀眾隔離是一種為個人塑造的印象提供保護的機制，我將在後面進行討論。在這裡，我將只討論一個主題，即使表演者試圖打破觀眾隔離以及藉由觀眾隔離建立的幻覺，觀眾依然會阻止表演者這麼做。因為觀眾光從職業外觀來判斷表演者，彷彿表演者身上穿的制服就代表表演者的全部，這樣可以為觀眾省下大量的時間與

---

49 William James, *The Philosophy of William James* (Modern Library ed.; New York: Random House, n. d.), pp. 128-29.

情感精力。[50]如果人與人每次接觸都要分享彼此的艱苦、憂慮與祕密，那麼城市生活將會帶來難以承受的情感負擔。因此，如果一個男人想要悠閒地享用晚餐，他應該尋求女侍的服務，而非自己的妻子。

其次，表演者傾向於塑造一種印象，他們當前的例行公事表演以及他們與當前觀眾的關係，對他們而言是特殊的與獨特的。表演的例行公事性格變得模糊（表演者一般都不會察覺自己的表演有多麼地例行公事），情境的自發性則獲得加強。一名醫療表演者提供了一個明顯的例子。一名作者寫道：

> ……他必須假裝記得。病人意識到這些事對他而言有著獨特的重要性，他記得所有的事，他開心地告訴醫生這些事，卻因為自己的「完整記憶」而苦惱。病人無法相信醫生居然不記得。如果醫生讓病人產生一種印象，原來醫生並不會特別記住上次他來看病開了什麼藥給他，要他吃多少劑量與什麼時候吃，那麼病人的自尊將因此嚴重受損。[51]

同樣地，當前一份針對芝加哥醫生所做的研究顯示，一般科醫生基於專業理由把病人轉介給

---

50 感謝 Warren Peterson 提供的建議。

51 C. E. M. Joad, "On Doctors," *The New Statesman and Nation*, March 7, 1953, pp. 255-56.

專科醫生，並且認為這是最佳的選擇，但實際上，他選擇這名專科醫生可能是基於同學關係，也可能是兩人之間有什麼交換條件。[52] 在商業生活中，這種表演特質在「個人化服務」這類標題下遭到濫用與中傷；而在其他生活領域，我們經常開玩笑說這是「醫生對病人的噓寒問暖」或者是「別有用心的熱情歡迎」。（我們經常忽略了，當我們身為扮演客人的表演者時，我們總會圓滑地支持個人化的效果，我們會試圖給人一種印象，即我們從未「購買過」這種服務，我們也不會考慮在別的地方購買。）或許我們是因為愧疚，才將注意力放在粗俗的「偽共同體」（pseudo-gemeinschaft）上，因為在偽共同體裡，無論什麼生活領域，幾乎不存在任何表演，也不仰賴個人的接觸來渲染表演者與觀眾之間交易的獨特性。舉例來說，某個好朋友熱情地招呼我們，我們以為他只有在跟我們相處時才會如此，但當我們得知他與另一個朋友（特別是我們不認識的人）相談甚歡時，我們會感到有點失望。十九世紀一本美國禮儀指南也對這個主題做了闡述：

> 如果你曾經恭維過某個人，或者曾經對他表現過殷勤的禮節，那麼你絕對不能在他在場的狀況下，對其他人做同樣的事。舉例來說，如果有位先生到你家拜訪，你熱情地招呼他，對他表示「很高興見到他」，他會很開心自己能獲得你的關注，或許還會表示感謝；然而，如果他聽到你

52 Solomon, *op. cit.*, p. 146.

對其他二十個人也說了一樣的話，他不僅會覺得你的禮貌一文不值，甚至可能因此感到不悅。[53]

表達控制的維持

我們曾經提過，表演者可以仰賴觀眾從微小暗示中解讀出表演的重要訊息。這個過程雖然簡單，卻可能產生複雜的結果。同樣的符號接收過程，觀眾一方面可能誤解這些暗示傳達的意義，另一方面也可能把表演者並未賦予任何意義的偶然、無心與附帶的動作與事件當成重要暗示，而解讀出令人困窘的意義。

為了避免溝通發生誤解，表演者普遍會使用借代法，並且確保在表演中出現的大量微小事件——無論這些事件如何無足輕重——要不就是不讓觀眾留下任何印象，要不就是留下的印象必須與表演者的整個情境釋義相容與保持一致。對於原本就對表演者呈現的現實暗自感到懷疑的觀眾，我們可以理解這些人通常喜歡小題大作，光憑一點小瑕疵就想斷定整個表演是假的；然而身為研究社會生活的學者，我們比較無法理解的是，就連具有同情心的觀眾也會因為發現他們產生的印象有些許不一致之處而短暫地感到不安、驚訝與動搖。有時候，這些微小的意外與「無心的

53 *The Canons of Good Breeding: or the Handbook of the Man of Fashion* (Philadelphia: Lee and Blanchard, 1839), p. 87.

姿態」（unmeant gestures）發生得極為湊巧，讓人產生一種印象，彷彿這些矛盾是表演者刻意安排的，這讓與表演者有著適當互動的觀眾也不得不感到吃驚，即使這些觀眾在最後分析時會發現這些不一致的事件實際上根本毫無意義，可以完全忽略。這裡的關鍵點不在於無心的姿態導致情境釋義突然發生變化是否應該予以責備，而在於短暫出現的情境釋義與官方投射的情境釋義出現了「落差」。這個落差使官方投射的情境釋義與現實之間出現令人極為困窘的不一致，因為官方的情境釋義理應是相同條件下唯一可能存在的定義。或許，我們不應該從機械性的標準來分析表演，說龐大的收益彌補微小的損失，或龐大的重量抵銷微小的重量。藝術的描述或許較為精確，因為它能讓我們準備好面對現實：只要一個音符錯了，整個表演的曲調就錯了。

在我們的社會，無心的姿態經常會在各式各樣的表演中出現，而且傳達的印象往往與既有的印象不相容，使得無心的姿態獲得了某種集體象徵地位。這些事件大致上可以分成三類。第一，表演者可能因為一時無法控制自己的肌肉，而意外表現出無能、不適當或不敬。他可能失足、跌倒、摔落；可能打嗝、打呵欠、口誤、搔癢或腸胃脹氣；或可能不小心碰撞到另一個參與者的身體。其次，表演者可能給人一種印象，對於互動的關切過多或過少。他可能說話結巴、忘詞、露出緊張的樣子，或者是愧疚，或自我意識太強；可能會忍不住大笑、憤怒，或陷入某種情緒而無法與人互動；可能過於投入，也可能心不在焉。第三，表演者在呈現時可能會出現與擬劇論不相符的狀況。布景可能沒有安排妥當，不小心弄成另一齣戲的布景，或者是在表演期間被弄得一團亂；出乎意料的突發事件可能導致表演者的入場或出場時間不對，或者是在互動時出現了令人困窘的冷場。[54]

當然，表演會因為每個物件需要的表達程度不同而有所差異。我們可以從一些與我們不同的文化看到表達呈現高度一致的狀況。例如，葛蘭言（Granet）在談到中國的孝道時提到：

> 他們的服裝本身就象徵敬意。他們的儀態可以視為是對父母的尊重。在父母面前，必須舉止莊重：必須留意避免打嗝、打噴嚏、咳嗽、打呵欠、擤鼻涕或吐痰。每次吐痰都有玷汙父親神聖性的風險。露出衣服的襯裡是一種犯罪。為了讓父親知道自己將他視為一家之主，當父親出現在自己面前時，自己必須站立，眼睛直視，身體挺立，重心落在雙腳之間，絕不能倚靠在任何東西上，不能彎腰，不許單腳站立。就連應答，都要低聲下氣，從早到晚都要表示敬意，就跟隨從一

54 有一個方式可以處理不小心造成的表演中斷，那就是互動者對此一笑置之，如此可以讓中斷在表達上的意義獲得理解，但不會被嚴肅看待。從這點來看，柏格森（Bergson）針對笑所做的討論，可以用來說明觀眾期望表演者憑藉自身的能力採取行動，而在觀眾傾向於認為表演者從互動一開始就仰賴自身能力採取行動的狀況下，一旦表演者的行動並非來自於自身的意志時，表演者的有效投射也就隨之中斷。同樣地，佛洛伊德（Freud）討論機智與日常生活精神病理學的論文，就某個層次來說也可以用來說明觀眾預期表演者的機智、節制與美德能達到某種標準，因此表演者的失誤會讓觀眾不把他的有效投射當一回事。但差別在於，在一般觀眾眼中，表演者的失誤只會讓他們覺得好笑，但在精神分析學者眼中，表演者的失誤卻會被當成症狀。

樣。此外還要隨時待命。[55]

我們也可以看到，在我們的文化中，只要涉及大人物的場景與極具象徵性的行動，也少不了對一致性的要求。已故英國宮廷榮譽武官弗雷德里克・龐森比爵士（Sir Frederick Ponsonby）寫道：

> 當我進宮時，樂隊演奏的不適切音樂總是引起我的注意，我決定要改善這個問題。王室成員絕大多數缺乏音樂素養，他們極力要求演奏流行曲調……我認為流行曲調會讓儀式完全喪失莊嚴隆重的精神。初次進宮是名媛淑女一輩子的大事，如果她來到國王與王后面前，此時樂隊突然奏起〈他的鼻子愈來愈紅〉的曲調，整個氣氛都將破壞殆盡。我主張小步舞曲與傳統曲調，以及帶有「神祕色彩」的歌劇樂曲，這才是我們需要的。[56]
>
> 此外，我認為樂儀隊在封爵典禮演奏的音樂也有問題，我將這個問題反映給資深樂隊指揮羅根上尉（Captain Rogan）。我不喜歡看到卓越人士被封爵時，外面的樂團居然開始演奏滑稽的樂

55 Marcel Granet, *Chinese Civilization*, trans. Innes and Brails-ford (London: Kegan paul, 1930), p. 328.

56 Ponsonby, *op. cit.*, pp. 182-83.

曲；另外，當內政大臣宣讀即將獲頒艾伯特勳章（Albert Medal）的人士的英雄事蹟時，外面的樂團居然開始演奏兩步舞曲，讓整個儀式完全失去了莊嚴。我建議演奏具有戲劇性的歌劇樂曲，羅根上尉完全同意……[57]

同樣地，在美國中產階級的葬禮上，一名靈車司機穿著得體的黑色西裝，在舉行葬禮的時候，他識趣地站在墓園外頭，這裡大概可以讓人抽菸。然而如果他抽菸時把菸蒂扔進樹叢，而且讓它在空中劃了一個優雅的拋物線，那麼這樣的舉動很可能引起喪家的震驚與憤怒，所以最好的做法還是謹慎地用腳把菸蒂踩熄。[58]

除了神聖場合需要做到一致之外，我們發現世俗的衝突也必須做到一致，特別是高層的衝突，每個主角都必須仔細注意自己的行為，以免對手有機會抓到把柄批評。因此，戴爾（Dale）在討論高級文官工作的可能意外時表示：

> 官方信件的草稿（比聲明）受到更仔細的檢查：一封信件出現不正確的陳述或不悅的言詞，如果這封信落到某些人手中，對他們而言，政府部門哪怕只是最瑣碎的錯誤，也都能端到公眾面

57 *Ibid.*, p. 183.

58 Habenstein, *op. cit.*

前引起關注，即使這封信的內容完全無害，主題也完全不重要，也足以造成政府部門的混亂。從二十四歲到二十八歲，還是能廣泛吸收新事物的年紀，然而進入公家機關三到四年之後，整天只忙著確定事實正確與否以及推論是否縝密，對於模糊概括的事物已養成了完全不信任的態度。[59]

儘管我們願意了解這幾種情境的表達要件，我們仍傾向於認為這些情境屬於特殊例子；在我們身處的英美社會裡，每天的世俗表演必須通過性向、適任、禮貌與禮儀的嚴格測試，然而我們卻傾向於蒙上眼睛不去接受這樣的現實。我們視而不見，有部分是因為身為表演者，我們往往比較能意識到我們適用於自身行動的標準，而比較少意識到我們在無意間適用的標準。然而無論如何，身為學者，我們必須檢視某個字拼錯所造成的不一致，或者襯裙偶然從裙子內露出的不協調；我們必須了解為什麼一名近視的水電工，為了維護職業必備的粗獷有力形象，在女主人接近時必須轉變表演方式，急忙將臉上的眼鏡收進口袋裡；以及公關人員為什麼要建議電視修理人員，如果發現螺絲忘了鎖進去，那麼應該把這些螺絲收好，不要讓客人發現這些螺絲，以免留下不好的印象。換言之，我們必須了解，表演塑造的現實印象相當纖細脆弱，稍有失誤，就會摔個粉碎。

59 Dale, *op. cit.*, p. 81.

表演時要求的表達一致，顯示在我們太人性的自我與我們社會化的自我之間存在著關鍵不一致。身為人類，我們是擁有各種衝動的生物，我們的心情與精力隨時都在變化。然而，當我們在觀眾面前扮演某種角色時，我們不能隨著自己的心意上下起伏。如涂爾幹所言，我們不允許我們的高級社會活動「跟我們的感官與一般身體意識一樣遵循我們身體狀態的軌跡。」[60]我們應該做到精神上的科層化，如此我們才能在每個指定的時刻進行完全同質的表演。如桑塔亞那所言，社會化過程不只是改觀，也在於固定：

> 但是，無論我們認定的外觀是喜悅還是悲傷，當我們採取與強調這個外觀時，我們便定義了我們的主要情緒。因此，只要我們持續處於這種自我認識的咒語之下，我們就不會只是活著，我們還會行動；我們組合與扮演我們選擇的角色，我們穿上審慎的短筒靴，我們捍衛與理想化我們的熱情，我們用華麗的修辭鼓勵自己成為自己想成為的人，無論是全心投入或輕蔑或輕率或嚴謹；我們（在想像的觀眾面前）自言自語，優雅地將我們不可分割的部分當成披風披在身上。我們擁有完全的自我，我們渴望獲得喝采，並且期望最終能在一片靜默中死去。我們宣稱自己能實踐自己所說的良好情操，就像我們試圖相信我們宣稱的宗教一樣。我們遇到的困難愈大，我們的

60 Emile Durkheim, *The Elementary Forms of the Religious Life*, trans. J. W. Swain (London: Allen & Unwin, 1926), p. 272.

> 熱忱愈強烈。在我們公開的原則與誓言之下，我們必須努力隱藏我們情緒與行為上的不平等，這麼做並非虛偽，因為深思熟慮才是我們的真實自我，變幻莫測的夢境並非我們意志的產物。我們用這種方式描繪與展示的肖像，將宏偉地呈現我們真實的樣貌，伴隨著立柱、布幕、遙遠的風景，及我們指向地球儀或充滿哲學意涵的約里克頭骨（Yorick-skull）的手指；然而如果這樣的風格代表真實的自我，而這樣的藝術不可或缺，那麼這種模式愈是能持續變化，其所表現的藝術就愈加深刻而真實。外貌嚴峻的古代半身像，雖然未能讓石塊散發出人性的溫暖，卻比男人一早起來呆滯的表情或漫不經心的鬼臉更能恰當地表現人的精神。意志堅定，對自己的工作感到自豪，或對自己的職責念念不忘的人，他們多半戴著悲劇的面具。他把這個面具當成自己，把自己所有的虛榮都移轉給面具。當他還活在世上，而且如所有存在的事物一樣，他的身體逐漸衰弱蒼老，他將自己的靈魂昇華成為觀念，將自己的人生奉獻給繆斯（Muses），他感到自豪，而非悲傷。自我認識就像藝術或科學，它會透過新的媒介表現自身的內容，而觀念的新媒介也會使自我認識失去過去的向度與過去的地方。我們的動物習性被良知轉變成忠誠與責任感，我們因此成為「人」或面具。[61]

透過社會規訓，外在的面具也逐漸內化。不過，如西蒙·波娃（Simone de Beauvoir）所言，

61 Santayana, *op. cit.*, pp. 133-34.

夾鉗直接夾住了我們的身體，使我們維持這樣的姿勢，這些夾鉗有的被隱藏起來，有的則直接呈現在大家面前：

即使每個女人的穿著都符合自己的身分地位，但爭奇鬥艷並未因此停止：就像藝術一樣，每個女人都能想像出一套奇妙的方法。不僅束腹、胸罩、染髮、化妝可以掩飾身體與臉孔的外觀，就連最不講究的婦女，一旦「裝扮」起來，也能隱藏自己真正的樣貌。她是自己，但她也如同畫像、雕像或舞臺上的演員，她呈現的是某個不在場的人，也就是某個角色，因此她也不是自己。正是這種與某個不真實、固定、完美如同小說主人翁的人物合而為一的感受，宛如一幅肖像或一具雕像，使她的內心感到滿意；她努力將自己視為這樣的人物，這麼做使她整個人感到沉穩，使她覺得自己可以成為傑出的人。[62]

不實陳述

我們之前曾經提過，觀眾可以在情境中定位自己，他可以對表演者提供的暗示深信不疑，也

62 Simone de Beauvoir, *The Second Sex*, trans. H. M. Parshley (New York: Knopf, 1953), p. 533.

可以把這些符號視為比符號載體本身更重要，或與符號載體完全不同的東西。如果觀眾對符號照單全收的傾向使表演者容易受到誤解，而且迫使表演者在觀眾面前表演時必須對表達更加用心，那麼這種接收符號的傾向也會使觀眾變得容易受騙與遭到誤導，畢竟符號的功用本來就是用來表達某個不在場的事物。而顯然，許多表演者有充分的能力與動機對事實進行不實陳述（misrepresentation）；只有羞恥心、罪惡感或恐懼才能阻止他們這麼做。

身為觀眾，我們自然會覺得表演者試圖留下的印象可能是真的，也可能是假的，可能貨真價實，也可能虛偽假造，可能有效，也可能虛有其表。這種普遍的懷疑使人們特別會去注意一些比較不容易操縱的表演特徵，並以此判斷表演時一些比較容易出現不實陳述的暗示的可靠性。（科學辨案與投射測驗是這類趨勢運用的極端例證。）就算我們勉為其難地接受某些地位象徵，讓表演者有權取得某種待遇，我們依然隨時準備好要從表演者的象徵盔甲上找出漏洞，好揭穿他的謊言。

當我們想到那些呈現虛假門面或「只」呈現門面的人，還有那些掩飾、欺騙與詐騙的人時，我們就想到了塑造的外觀與現實之間的不一致。我們也想到這些表演者的地位其實很不穩定，因為他們表演時，隨時有可能出現錯誤，使他們陷入自相矛盾的窘境，除了當場下不了臺，名聲也有可能就此一蹶不振。我們常認為這些恐怖的後果是因為表演者在進行不實陳述時當場被逮個正著所造成的，並且覺得表演者如果誠實，絕不致淪落到這種地步。然而，這種常識性的觀點對於我們的分析反而造成限制。

有時當我們質疑表演者塑造的印象是否為真時，我們實際上想問的是表演者是否獲得授權來進行這場表演，我們主要關心的反而不是實際的表演內容。當我們得知跟我們有商業往來的人是個冒充者，是個不折不扣的詐欺犯時，我們發現這個人無權扮演他所扮演的角色，也就是說，他不是個合格的現任從業人員。我們認為冒充者的表演除了對他自己的身分做了不實陳述，還會在其他方面造成問題，然而在他的真正身分暴露之前，我們通常無法看出虛偽表演與他冒充的正當表演之間的差異。弔詭的是，冒充者的表演愈是逼真，我們遭受的威脅就愈大，因為冒充者傑出的表演可能會破壞我們內心的道德連結，使我們認為正當授權的表演與出色的表演之間沒有關連性。（技術高超的冒充者總是表示他們並非存心欺騙，而他們似乎也提供了一種能讓我們「化解」這類焦慮的方式。）

然而，冒充的社會定義本身並不一致。舉例來說，我們覺得冒充醫生或教士這類具有神聖地位的人是不可饒恕的罪行，但我們卻不在乎有人冒充遊民或無技術工人這類沒有名望、卑微、處於社會底層的人。當我們揭穿騙局，發現在我們面前的表演者明明有著較高的社會地位，卻讓我們誤信他有著較低的社會地位時，我們的反應非但不是敵視，反而是充滿了驚奇與懊悔，而這點在基督教早有前例。事實上，神話與我們的流行雜誌裡經常出現的浪漫故事，裡面的惡棍與英雄都提出了虛假的主張，而這些虛假的主張最後都被揭穿，差別只在於惡棍的身分地位不像他吹噓得那麼高，而英雄的身分地位不像他偽裝得那麼低。

我們對於一些表演者會採取比較嚴厲的態度，因為這些騙子會故意不實陳述自己人生的所有事實。另一方面，我們卻會同情只犯下一項致命錯誤的表演者，舉例來說，這類表演者試圖隱瞞自己有過前科、失去貞操、罹患癲癇或種族不純，他們不願坦誠面對、勇敢承受一切。此外，我們會對冒充特定而具體的個人與冒充某個類別的成員做出區別，前者我們通常覺得不可原諒，後者我們的厭惡感沒那麼強烈。同樣地，我們對於不同的冒充者會有不同的感受，例如，有些人不實陳述是為了傳達集體的公正主張，有些人是在偶然間或者只是為了好玩而不實陳述，但也有一些人純粹是為了自身的心理或物質利益而不實陳述。

最後，由於「身分」概念無法清楚劃分，因此冒充的概念也無法清楚界定。舉例來說，身分有很多種，要獲得身分不一定需要正式批准。宣稱自己是法律系畢業生，這個主張不是有效就是無效；但宣稱自己是某人的朋友，是真正的信仰者，是音樂愛好者，這些主張只能在一定程度上予以確認或否認。如果不存在客觀的能力標準，如果「真正的」從業人員並未集體組織起來保護自己已經獲得授權的工作，那麼以專家自居的個人就算遭到揭穿，遭受的懲罰頂多只是眾人的訕笑而已。

這些混淆也表現在我們對年齡與性別的態度上，其中的差異或許能給我們一些啟示。十五歲的男孩謊稱自己十八歲，他開車上路而且在酒館喝酒，他的行為應受懲處。另一方面，在大部分社會脈絡下，女性不把自己打扮得年輕一點或更有性吸引力一點，反而是不適當的。當我們說某個女人的身材「實際上」不像看起來那麼苗條，或同樣這名女人看起來像是內科醫生，但「實際上」卻不是，這裡雖然使用的都是「實際上」這個詞，但其實不是相同的概念。此外，個人門面的修改也許在某一年被視為不實陳述，但過了幾年卻被視為是一種裝飾，在任何時候，我們都可以在不同社會的次級團體看到這樣的意見分歧。舉例來說，近年來用染髮劑染掉白髮已經成為普遍接受的事，但仍有一些人無法接受。[63]我們覺得移民模仿美洲原住民的服裝與舉止無傷大雅，但如果連名字[64]或甚至鼻子都弄得跟美洲原住民一樣，就不得不讓人感到疑慮。[65]

接下來讓我們嘗試用另一種取徑來理解不實陳述。「毫不掩飾」、「直接」與公然的謊言可以定義為不實陳述，因為無疑地，說謊者清楚自己在說謊，而且也故意說謊。舉例來說，宣稱自己某個時間在某個地點，但事實上並非如此。（這在某種程度上可以算是冒充，但不是所有的冒充都與這類謊言有關，也不是所有這類謊言都與冒充有關。）公然說謊的人一旦當場遭到拆穿，不僅會在互動過程中顏面盡失，甚至有可能再也抬不起頭來，因為許多觀眾會覺得，說這種謊話的

63 例見 “Tintair,” *Fortune*, November 1951, p. 102.
64 例見 H. L. Mencken, *The American Language* (4th ed.; New York: Knopf, 1936), pp. 474-525.
65 例見 “Plastic Surgery,” *Ebony*, May 1949, and F. C. Macgregor and B. Schaffner, “Screening Patients for Nasal Plastic Operations: Some Sociological and Psychiatric Considerations,” *Psychosomatic Medicine*, XII, pp. 277-91.

人絕對不值得信任。然而，在這類謊言中，也有所謂的「善意謊言」，醫生、潛在的客人或其他人對觀眾說謊，主要是為了不傷害觀眾的感情，而這類虛假的謊言不應該從負面的角度加以解讀。（這類謊言是為了保護他人，而非保護自己，關於這點，我們稍後再做討論。）此外，在日常生活中，表演者可能刻意塑造各種虛假的印象，但他不會讓自己陷入公然說謊這種難以辯解的困境中。嘲諷、戰略模糊與避重就輕這類溝通技巧可以讓提供錯誤訊息的人看似什麼都沒說（實際上確實什麼也沒說），卻能從謊言中獲利。大眾媒體的做法也是如此，他們善於運用攝影角度與剪輯，讓名人獲得的冷淡回應轉變成熱烈回響。[66]

謊言與實話之間存在著細微的變化與令人困窘的難題，而這些都已經獲得正視。有些組織，例如不動產委員會，明確訂定了規章，詳細列出誇大、低估與忽略讓人產生的印象的可疑程度。[67]英國文官體系顯然也有類似的看法：

這裡的規則（關於「打算公開或可能公開的聲明」）很簡單。不能做不真實的陳述；但是，

66 針對一九五二年共和黨全國大會期間麥克阿瑟抵達芝加哥的狀況進行的研究，可以提供絕佳的佐證。見 K. and G. Lang, "The Unique Perspective of Television and its Effect: A Pilot Study," *American Sociological Review*, XVIII, pp 3-12.

67 例見 E. C. Hughes, "Study of a Secular Institution: The Chicago Real Estate Board" (unpublished Ph.D. dissertation, Department of Sociology, University of Chicago, 1928), p. 85.

只做相關且真實的陳述，不僅毫無必要，有時也不可取；即使是事實，也能以某種方便的次序進行排列。人們會讚嘆在這樣的限制下，擬稿人依然有能力展現他的生花妙筆。諷刺的是，我們可以不失真實地這麼說，在下議院面對令人困窘的質詢時，完美的回應必須簡潔明瞭，看似完全回答問題，遭受質疑依然能證明每一個字精確無誤，完全不需要做出不適當的「補充」，而且實際上並未揭露任何內容。[68]

法律横切了許多日常社會的細微區別，並且引進了自身的細微區別。美國法律特別重視故意、過失與嚴格責任；不實陳述被視為故意行為，它可以是言詞或行動，含糊的陳述或誤導的事實，拒絕揭露，或妨礙證據開示。[69] 因拒絕揭露而應受懲罰，這點也必須依生活領域而有所不同，廣告業是一個標準，專業顧問則是另一個標準。此外，法律傾向於主張：

> 因相信內容為真所做的陳述，但在事實判別或表達方式上缺乏合理注意，或欠缺執行業務或專業所需的技術或能力，仍屬過失行為。[70]

---

68 Dale, *op. cit.*, p. 105.

69 見 William L. Prosser, *Handbook of the Law of Torts* (Hornbook Series; St. Paul, Minn.: West Publishing Co., 1941), pp. 701-76.

70 *Ibid.*, p. 733.

> ……被告無利害關係，被告基於最佳動機，且被告自認為基於好意向原告施惠，然而只要被告事實上有誤導故意，便無法免責。[71]

當我們從明顯的冒充與公然的謊言轉移到其他類型的不實陳述時，真實與虛假印象的常識性區別便開始站不住腳。前十年被認定為江湖郎中的醫術，到了後十年卻可能被承認為正規醫療行為。[72] 我們發現，在我們的社會裡，有些觀眾認為正當的行為，在其他社會卻可能被認定是騙局。

更重要的是，我們發現在正當的日常職業或關係中，表演者幾乎都會從事與他們塑造的印象不相容的隱匿行為。雖然特定的表演或甚至特定的角色與例行公事會讓表演者毫無隱藏的空間，但在他進行的所有行動中，總會在某個地方有某些事是他無法公開處理的。角色或關係範圍內的事物與職責愈多，存在的祕密就可能愈多。因此，在調適良好的婚姻裡，我們可以預期夫妻雙方都各自保有祕密，這些祕密可能牽涉到財務、過去的經驗、短暫的風流韻事、沉溺於「糟糕」或

---

71 *Ibid.*, p. 728.

72 見 Harold D. McDowell, *Osteopathy: A Study of a Semi-orthodox Healing Agency and the Recruitment of its Clientele* (unpublished Master's thesis, Department of Sociology, University of Chicago, 1951).

昂貴的習慣中、個人的渴望與憂慮、孩子的活動、對親戚或各自朋友的真實看法等等。[73] 有了這幾個戰略性的沉默點，表演者毋須讓自己的生活領域完全公開透明，也能維持滿意的關係「現狀」（*status quo*）。

最重要的或許是，我們必須留意個人在自己的例行公事中如果留下虛假的印象，那麼將會波及到他整個關係或角色，即使他的例行公事只是整個關係或角色的一小部分。個人行動的某個領域一旦遭到有損信譽的揭露，其他領域也會連帶受到懷疑，儘管這些領域早已公開透明。同樣地，如果個人在表演時只有一件事需要隱匿，那麼即使這件事只有在表演的某個轉折或時點才有被揭露的可能，表演者的焦慮仍有可能擴及整場表演。

本章前面幾節提到表演的幾個一般特質：以執行工作任務為目的的行動，逐漸轉變成以溝通為目的的行動；用來呈現某個例行公事的門面，也可以用來呈現其他的例行公事，但並非每個例行公事都能使用同一個門面；要做到充分的自我控制，才能維持可運作的共識；要凸顯某些事實而隱匿另一些事實，才能塑造理想化的印象；要維持表達的一致，表達者必須更留意防止微小的不和諧，而非仰賴陳述表演的目的來引導觀眾思考。所有表演的一般特質可以視為對互動的限制，這些限制不僅影響了個人，也將個人的行動轉變成表演。個人不只是執行任務與發洩情感，

73 例見 David Dressler, "What Don't They Tell Each Other," *This Week*, September 13, 1953.

個人還要表達自己的所作所為，並且要合宜地傳達情感。一般而言，陳述一項行動或多或少會與行動本身有所差異，因此不可避免會出現不實陳述的狀況，由於個人必須仰賴符號來陳述自身的行動，因此無論個人如何忠實描繪，最終還是會像他塑造的印象一樣出現不一致。

雖然我們依據常識認為，被塑造出來的外表如果與現實有差異，那麼這樣的外表便不可信，但我們也沒有理由主張，事實如果與被塑造出來的印象有差異，那麼這樣的事實就是真正的現實而不是被塑造出來令人困窘的現實。關於日常表演的憤世嫉俗觀點，就像表演者本身的觀點一樣是片面的。對許多社會學議題來說，要判定在被塑造的印象與表演者試圖不讓觀眾產生的印象之間何者較為真實，其實並無必要。我們想知道，什麼樣的現實印象可以粉碎被塑造出來的現實印象，而其他學者看到的現實，究竟又是什麼樣的現實？我們想問，「在什麼狀況下，既定的印象會讓人覺得是假的？」這個問題與以下的問題並不相同，「既定的印象為什麼是假的？」

因此，我們可以重新理解到，雖然冒充者與說謊者提供的表演完全是虛假的，而且從這一點來看完全不同於日常的表演，但兩者的表演其實是類似的，兩種表演者都同樣努力維持他們塑造的印象。因此，舉例來說，我們知道英國文官[74]與美國棒球裁判[75]都有必須遵守的正式規定，他

74 Dale, *op. cit.*, p. 103.
75 Pinelli, *op. cit.*, p. 100.

們不僅不能做出不適當的「交易」，而且也要避免在無意間做出讓人（錯誤地）以為他們正在進行某種交易的印象。無論是誠實的表演者希望傳達真相，還是不誠實的表演者希望傳達虛假，兩者都必須藉由適當的表達讓他們的演出生動；並且在表演時都要避免做出啟人疑竇的表達，而使人們對他們塑造的印象感到懷疑，同時還要留意不要讓觀眾做出意想之外的解讀。[76]由於誠實與虛假的表演都具有戲劇的偶然性，我們因此可以從虛假的表演學習到誠實的表演的一些特質。[77]

神祕化

我曾經提過，個人的表演會強調某些事物與隱匿某些事物。如果我們把感知當成是一種接觸與交流的形式，那麼控制感知的事物就等於控制接觸，而限制與管制顯示的事物就等於限制與管制接觸。這當中存在著一種訊息與儀式的關係。無法對觀眾獲得的訊息進行管制，可能會影響表演者試圖投射的情境釋義；無法管制接觸，可能會玷汙表演者的儀式。

76 兩者雖然類似，但有一個地方迥然不同，而這個例外對誠實的表演者不一定有利。我們先前曾經提過，日常且正當的表演往往會過度強調某個例行公事的演出是獨特的，但虛假的表演反而會強調演出的例行性，使人不會產生疑心。

77 還有一個理由支持我們探討明顯虛假的表演與門面。當我們看到有人把假電視天線賣給沒有電視的人，把國外旅行的包裹寄給從未離家旅行的人，把鋼絲輪圈與輪圈蓋賣給擁有一般車輛的人時，我們可以清楚看到工具物品的印象功能。當我們研究真實事物時，例如擁有真實天線與電視的人，我們往往很難清楚發現所謂的自發性或工具性行動的印象功能。

一般認為，限制接觸與維持社交距離（social distance）可以在觀眾當中產生與維持一種敬畏感——如肯尼斯·伯克（Kenneth Burke）所言，觀眾會將表演者神祕化。庫利的說法也提供了例證：

> 一個人能否藉由他人對他的錯誤想像來利用他人，完全要視情況而定。之前曾經提到，人本身只是一種事物，與人的觀念並不存在明確關係，而人的觀念完全只是想像的產物。乍看之下，這種說法似乎很不合理，但我們可以從領導者從來不與追隨者直接接觸來理解，這部分解釋了權威——特別是權威如果要掩蓋個人弱點時——總是傾向於讓自己的周遭充滿了形式與人為的神祕，這麼做的目的是為了避免產生熟悉的接觸，從而讓想像力有進行理想化的可能……舉例來說，陸軍與海軍紀律明確承認這些形式的必要性，上級與下級截然二分，有助於建立前者的絕對優勢。同樣地，如羅斯教授（Professor Ross）在他的社會控制研究中提到的，人們普遍將禮節當成一種自我隱藏的工具，而這種自我隱藏的一項目的就是對不夠世故之人保有優勢。[78]

龐森比也用同樣的理論來勸告挪威國王：

78 Cooley, *op. cit.*, p. 351.

> 某天夜裡，哈康國王（King Haakon）對我說，他不知如何因應反對勢力的共和傾向，因此他只能小心翼翼地留意自己的一言一行。他表示，他想盡可能地走入人群，他心想，如果他與莫德王后（Queen Maud）不搭汽車，改搭路面電車，也許能贏得民眾的喜愛。
>
> 我坦白告訴國王，這麼做會鑄成大錯，因為熟悉感會帶來輕蔑。身為海軍軍官，他應該知道艦長絕對不與其他軍官一起進餐，而且要維持高高在上的樣子。當然，這麼做就是要防止熟悉感的產生。我建議他，他必須走上高聳的臺座，而且要一直待在上面。他可以偶爾走下來，這麼做完全不會有任何傷害。民眾不會希望國王是眾人皆可親近的人物，而應是某種模糊曖昧的形象，就像德爾菲神諭一樣。君主體制實際上是每個人腦子裡的想像。每個人都會想，如果自己是國王，自己會怎麼做。人民在君主身上注入了各種想像的美德與天賦。如果民眾發現君主就跟路上的行人無異，他們一定會感到失望。[79]

這種理論隱含的邏輯如果推至極端，無論這種邏輯實際上是否正確，都將使觀眾完全看不到表演者，此時如果表演者宣稱自己擁有神聖的特質與權力，似乎就能印證這種理論的邏輯。

當然，從維持社交距離來說，觀眾自己通常會配合，他們面對歸屬於表演者的神聖性時，也會表現出尊敬與敬畏。齊美爾提到：

79 Ponsonby, *op. cit.*, p. 277.

在根據這些決定行事時，你必須了解（在別的地方也一樣）每個人的周圍圍繞著一圈理想領域。雖然這個理想領域的大小會隨著方向與人際關係的變化而有所差異，但無論如何，這個理想領域都是不能逾越的，一旦逾越，個人的人格價值將因此毀滅。這種圍繞在人周遭的理想領域是由「榮譽」構成的。有一句話可以辛辣地指出對一個人名譽的侮辱，那就是「靠太近了」：這個領域的半徑標定的距離，如果有人逾越這個領域，就是侮辱他的名譽。[80]

涂爾幹也有類似的說法：

人的人格是神聖的事物；人不能侵犯人格，也不能侵入人格的領域，然而在此同時，人最大的利益卻是與他人交流。[81]

與庫利的說法矛盾的是，敬畏與距離感不只是針對地位較高的表演者，對於地位相等甚至地位較低的表演者也是如此（也許程度上不如地位較高的表演者）。

---

80 *The Sociology of Georg Simmel*, trans. And ed. Kurt H. Wolff (Glencoe, Ill.: The Free Press, 1950), p. 321.

81 Emile Durkheim, *Sociology and Philosophy*, trans. D. F. Pocock (London: Cohen & West, 1953), p. 37.

無論這些禁令對觀眾的功用是什麼，至少禁令能讓表演者擁有一定的活動空間，使他們能依照自己的選擇塑造印象，讓表演者無論是為了自己還是為了觀眾，都能做出某種保護或威脅。如果沒有禁令，貼近的檢視便會毀了這一切。

最後，我要補充的是，觀眾因為敬畏表演者而避免觸及的事，也有可能是一旦揭露便會讓他們感到羞恥的事。里茨勒（Riezler）提到，我們擁有一枚社交銅板，一面是敬畏，另一面是羞恥。[82] 觀眾感覺到表演的背後隱藏著不可知的神祕與力量，表演者則感覺到自己的重大祕密其實微不足道。如同無數的民間故事與成年儀式顯示的，通常在神祕背後的真正祕密，就是實際上毫無神祕之處；真正的難題是要阻止觀眾知道這件事。

現實與謀劃

我們英美文化存在著兩種常識性的模式，我們會根據這兩種模式來發展我們的行為概念：一種是真實、誠懇或誠實的表演，另一種是虛構者為我們建構的虛假，這種虛假有些不需要嚴肅看待，例如舞臺演員的表演，有些則需要予以正視，例如騙子設下的騙局。我們傾向於認為真實的

82 Kurt Riezler, "Comment of the Social Psychology of Shame," *American Journal of Sociology*, XLVIII, p. 462ff.

表演不是有意為之，而是個人面對情境中的事實時產生的非出於自我意識的無心產物；至於經過謀劃的表演，我們傾向於認為這是一種費盡心力將一個個虛假物件拼湊而成的產物，因為實際上並不存在這些虛假行為直接回應的現實。我們必須了解，這兩種概念都源自於誠實表演者的意識形態，這種意識形態為表演者的表演注入力量，卻缺乏對表演的分析。

首先，確實有許多人打從內心相信，他們長久以來投射的情境釋義就是真正的現實。在本書中，我不打算質疑有多少人真的這麼想，我要探討的是這些人的想法與他們提供的表演之間的結構關係。一場表演要順利成功，就必須讓絕大多數觀眾相信這場表演是真誠的。這是真誠在事件戲劇裡的結構地位。表演者也許真誠——或者就算不真誠，但要真心相信自己是真誠的——但真誠扮演自己的角色並非表演能夠取信於人的必要條件。既是法國廚師又是俄國間諜，這樣的人並不多；既是某人的妻子又是另一個人的情婦，這種女人畢竟是少數。儘管如此，這種兩面人確實存在，而且往往能維持很長一段時間。這表示雖然絕大多數人是表裡如一，但有時外觀仍然是可以偽裝的。因此，在外觀與現實之間存在著統計關係，而非內在或必然關係。事實上，考慮到表演可能產生意料之外的威脅，而且需要（之後再做討論）維繫表演者之間的團結以及維持與觀眾的距離，我們發現如果表演者完全忠實表達內心的現實觀點，有時反而會危及表演本身。有些表演可以在完全不誠實的狀況下圓滿完成，有些則需要完全誠實；但一般表演不一定會出現這兩種極端，而且從擬劇論的角度來說也不適合。

也就是說，誠實、真誠與嚴肅的表演與現實世界的連繫要比我們最初所想的來得薄弱。如果我們重新檢視誠實的表演與經過謀劃的表演之間的差異，我們會更認同這種觀點。舉例來說，一些備受矚目的舞臺表演往往並非來自誠實的表演。要成為一名傑出的舞臺演員，確實需要深刻的技巧、長期的訓練與心理的能力。但這依然無法掩蓋另一項事實：幾乎每個人都能在短時間之內念好劇本，讓容易感動的觀眾對於謀劃的表演產生現實感。之所以如此是因為我們日常的社交活動就像謀劃的表演一樣是一件一件拼湊起來的，包括戲劇性的誇示行為、反制的行為與最終的回應。即使是生嫩的演員，也能將劇本演得活靈活現，因為生活本身就像是一連串戲劇演出。當然整個世界並不是一座舞臺，但為什麼不是，其中的關鍵原因卻不容易說明。

最近，「心理劇」（psychodrama）成了一種治療技術，它可以協助說明為什麼世界不是一座舞臺。在精神錯亂的舞臺場景中，病人不僅可以扮演好自己的角色，而且完全不用劇本。他們以某種形式回顧自己的過去，然後在舞臺上總結自己的人生。顯然，曾經被誠實與認真扮演過的角色，使表演者日後能夠謀劃進行演出。此外，過去重要的他人曾在他的面前扮演過的角色，此時也成為他可以扮演的對象，他可以從扮演過去的自己，轉換成扮演他人曾為自己扮演的角色。這種在必要時轉換角色的能力其實不難理解，每個人顯然都能做到這一點。當我們學習在現實生活扮演自己的角色時，對於即將接觸到的每個人的例行公事，我們不能太有意識地什麼都想去學習熟悉，這麼做對我們的表演並無任何指引的效果。當我們能夠適當處理現實的例行公事時，我們就可以為了「預期的社會化」（anticipatory socialization）[83]而廣泛去熟悉他人的例行公事，在自己即將面臨的現實中接受訓練。

當個人確實在社會上找到新的位子而且獲得要扮演的新角色時，他人不可能詳細告訴他該怎麼行為，而新情境的事實也無法從一開始就給予他充分的刺激。面對每一件事，個人都必須反覆思考後才能採取行動。一般而言，個人只能獲得少許的線索、暗示與舞臺指導，而人們普遍認為，個人此時應該已經擁有大量的表演經驗，使他能在新布景中一展所長。個人應該也已經相當清楚謙虛、服從或義憤的意涵，而且能在必要的時候表現這些態度。個人甚至有能力根據他已經熟悉的活動來扮演「被催眠的人」或犯下「與強迫症有關的犯罪」。[84]

一場戲劇表演或一場舞臺騙局需要把例行公事的口頭內容徹底寫成劇本；然而絕大多數與「表達的營造」有關的部分卻又缺乏適當的舞臺指引。內心充滿想像的表演者按理已經很清楚如何控制自己的聲音、臉部表情與肢體動作，不過，與曾經指導過他的人一樣，表演者會發現這類知識很難以口語的方式詳細加以陳述。從這點來看，我們的情境就像在街上一直往前行進的路人。社會化主要不是學習單一具體事物的各項細節，我們沒有足夠的時間或精力做這種事。個人

83 見 R. K. Merton, *Social Theory and Social Structure* (Glencoe: The Free Press, revised and enlarged edition, 1957), p. 265ff.

84 見 D. R. Cressey, "The Differential Association Theory and Compulsive Crimes," *Journal of Criminal Law, Criminology and Police Science*, 45, pp. 29-40.

需要做到的是學習足夠的表達方式，使自己能夠「填補」與多少能夠掌控可能交付給他的角色。日常生活的正當表演並非「扮演」或「裝出來」的，這是因為表演者已經預先知道自己要做什麼，而表演者之所以進行這樣的表演只是為了表演後可能產生的效果。他所營造的表達，他自己尤其難以「解釋」清楚。[85]但在較不正當的表演者的例子裡，一般人無法預先說明自己的眼睛與身體的活動，不表示他無法透過自己的眼睛與身體來表達自己，因為在此之前個人已經累積了行動的經驗，他可以預先構思這些行動並且予以戲劇化。簡言之，我們所有的人都可以比自己料想的演得更好。

當我們看到電視上摔角選手猛戳與辱罵對手，各種犯規動作都來，儘管場面一團混亂，我們依然清楚知道這名摔角選手（他自己也清楚）只是在扮演「反派」角色。到了下一場，他很可能被指派另一個角色，轉而扮演正派，而他依然會以相同的活力與嫻熟的技巧完成自己的任務。然而，我們難以得知的是，在摔角賽中，雖然擊倒的次數與方式可能賽前都已經約定好，但實際比賽時，臉上的表情與身體的動作等等各種細節卻無法完全依照劇本走，只能依循個人的風格，隨機應變，無法縝密計算，也無法事先規畫。

85　這個概念源自於 T. R. Sarbin, "Role Theory," in Gardner Lindzey, *Handbook of Social Psychology* (Cambridge: Addison-Wesley, 1954), Vol. 1, pp. 235-36.

在西印度群島，有一些人變成了「馬」，也就是說，他成了被巫毒神靈附身的對象，[86]當我們對這個人進行解讀時，可以得到幾個具啟示性的訊息。被附身的人可以正確描繪出進入他的身體的神明的面貌，因為「這個人從未缺席過任何一場儀式聚會，他的腦子裡早已累積了大量關於神明的知識與記憶」；[87]被附身的人與在一旁觀看的人剛好有著明確的社會關係；被附身的人剛好在儀式舉行期間被附身，而且還會跟其他被附身的人一起參與儀式，履行儀式職責。在了解這些現象之後，重點在於即使從整個脈絡分析了馬的角色，依然不妨礙儀式參與者相信附身真有其事，神明會隨機找人附身，人無法自己做出選擇。

當我們看到年輕的美國中產階級女孩為了討好男友而在男友面前裝笨，我們可以輕易發現她的行為中帶有的狡猾與圖謀。但是就像女孩與她的男朋友一樣，我們認為表演者「是」一名年輕的美國中產階級女孩，因此將她的行為認定為非表演的事實。然而在這裡，我們顯然忽略了表演的重要部分。不同的社會群體會依據不同的方式，例如年齡、性別、領域與階級地位等特質來進行表達，而在每個群體中，各種明確的特質又因為特定的複雜文化組成而獲得加強，並且各自形成一套合宜的行為規範。因此，要「成為」既定種類的人，不僅要具備應有的特質，還要遵守社

86 例見 Alfred Métraux, "Dramatic Elements in Ritual Possession," *Diogenes*, 11, pp. 18-36.

87 *Ibid.*, p. 24.

會群體規定的行為與外觀標準。表演者不加思索地持續遵循符合標準的例行公事，不表示這不是表演，只能說表演者並未察覺到自己正在表演。

階級、身分與社會地位不是一種可以擁有與展示的物品，而是一種合宜的行為模式，它必須前後一致、加以美化與完整陳述。無論表演的過程是輕鬆還是笨拙、有意識還是無意識、惡意還是善意，表演都需要演出與描繪，而且必須加以實現。沙特在這裡提供了很好的例證：

讓我們以咖啡廳的服務生為例。他的動作迅速而熱心，有點太精確，也有點太迅速。他來到客人面前，步伐有些急切。他的身子有點過於前傾；他的聲音與眼神似乎過於急著想幫客人點餐。最後，他從客人的桌子返回，他試圖像機器人一樣用毫無彈性的僵硬身體走路，他手上端著托盤，像個大膽走鋼索的人，總是處於不穩定，總是處於平衡被打破的狀態，而他總是藉由手臂與手的輕巧動作重新獲得平衡。在我們眼裡，他的行為就像一場遊戲。他把自己的動作串連起來，彷彿一部機器，每個環節緊緊相扣；他的姿勢，乃至於他的聲音，就像機器一樣，他讓自己像毫無生命的物體一樣快速移動，不帶任何感情地迅速反應。他在扮演，而他也從扮演中獲得樂趣。但他在扮演什麼？我們一下子就能看出來：他在扮演咖啡廳的服務生。我們對此並不感到驚訝。這場遊戲像是在標記與調查。這個孩子藉由扮演來探索自己的身體，並且進行評估；這名咖啡廳服務生在探索自己的身分，目的是為了「實現」自己的身分。這種職責與所有店主擔負的職責沒什麼兩樣。店主的身分完全是儀式性的。民眾對他們提出要求，而店主把這些要求當成儀式並加以實現。雜貨店老闆手舞足蹈，裁縫手舞足蹈，連拍賣商也手舞足蹈，透過舞蹈，這些店主努力說服他們的客人相信，他們是不折不扣的雜貨店老闆、裁縫與拍賣商。會做白日夢的雜貨店老闆對買家來說是一種冒犯，因為這樣的雜貨店老闆就不是完完全全的雜貨店老闆。社會要求雜貨店老闆必須要有雜貨店老闆的樣子，正如立正的士兵讓自己像一名士兵，他的眼睛直視，但對任何事都視若無睹，此時士兵的注視已不能說是注視，因為是規定而非任何風吹草動決定他的目光鎖定的位置（必須直視「前方十步的位置」）。我們的確設下了諸多限制來框架出一個人該有的樣子，我們彷彿一直生活在恐懼中，我們恐懼人會逃避自己該有的樣子，恐懼人可能與自己的境況決裂，並且毫無預警地閃避它。[88]

---

88 Sartre, *op. cit.*, p. 59.

第二章

團隊

我們在思索表演時，很容易以為表演呈現的內容只是表演者性格的表達延伸，並且會以個人的角度來看待表演的功能。這種偏狹的觀點很可能掩蓋了表演功能在整體互動中的重要差異。

首先，表演通常表達的是表演者執行的任務的特性，而非表演者本身的特質。因此我們會發現服務人員，無論是專業人員、公務員、商業人員或手工業者，他們的舉止動作往往表現出熟練與一視同仁，無論他們的舉止動作傳達出什麼意涵，他們的主要目的都是要為他們的服務或產品建立一個適當的定義。此外，我們也經常發現，表演者使用個人門面不是為了讓他呈現出他希望的樣子，而是為了讓他的外表與舉止可以對廣泛的場景產生助益。從這裡我們也可以了解都市生活的篩選與分類，是如何安排打扮整齊與口音正確的女孩擔任接待員的工作，她們不僅能為組織也能為自己呈現門面。

然而，更重要的是，我們普遍發現特定參與者投射的情境釋義，其實與一個以上的參與者彼此緊密合作養成與維持的投射息息相關。舉例來說，在醫院裡，兩名內科醫生可能會要求實習醫生（作為訓練的一環）閱讀病人病歷，聽取他對每一項紀錄的意見。實習醫生可能沒有察覺到，自己之所以顯得相對無知，是因為內科醫生早在前一天晚上就已經細心鑽研過病歷。實習醫生更不可能察覺到的是，醫療團隊一向有病歷由兩名醫生合力撰寫的默契。[1] 這種團隊合作確保內科醫生能做出好的表演——當然，前提是內科醫生必須能在正確的時間回應實習醫生所有的問題。

1 筆者尚未發表的醫療研究。

此外，一般來說，如果團隊要發揮令人滿意的整體效果，那麼團隊裡每個成員就必須以不同的方式出現。如果一個家庭要舉行正式晚宴，那麼工作團隊裡就必須有人穿上僕役的制服。扮演僕役角色的個人必須符合僕役的社會定義，在此同時，扮演女主人的個人也要塑造自己的外表與舉止，並且符合女主人的社會定義，亦即身為女主人理所當然要等待僕役前來服侍。這點已經在筆者研究的昔得蘭遊客旅館（接下來都稱為「昔得蘭旅館」）獲得驗證。這家旅館的管理，整體來說讓人留下了中產階級服務的印象，管理人員當中有人負責扮演中產階級老闆與中產階級老闆娘，雇員則負責扮演僕役——不過從昔得蘭島當地的階級結構來說，扮演女僕的女孩其實身分反而比僱用她們的旅館老闆稍微高一點。當旅館沒有客人的時候，女僕可以不用那麼謹守與女主人的身分界線。另一個例子是中產階級的家庭生活。在我們的社會裡，當丈夫與妻子參加晚間的社交活動，如果他們面對的是新認識的朋友，妻子也許會比平日單獨與丈夫相處或者是面對老朋友時，對丈夫表現出更多的尊重，也更願意順從丈夫的意志與意見。當妻子扮演尊敬丈夫的角色，而丈夫扮演主導的角色，以及當婚姻團隊裡的每個成員各自扮演特定的角色時，婚姻單元就可以維持住新觀眾預期獲得的印象。美國南方的種族禮節提供了另一個例子。查爾斯・強森（Charles Johnson）提到，當沒有其他白人在場時，黑人可以用名字稱呼自己的白人同事，但當其他白人接近時，他必須加上先生二字。[2]商業禮節也提供類似的例子：

2 Charles S. Johnson, *op. cit.*, pp. 137-38.

> 當外人在場時，商業的正式禮節顯得格外重要。平日你可以稱呼你的祕書「瑪麗」，稱呼你的合夥人「喬」，但當外人走進你的辦公室時，你必須以外人的稱呼方式來稱呼你的合夥人，例如某某先生或某某小姐。你也許平日很常跟總機小姐聊天開玩笑，但當你在外人面前打電話時，就不適合這麼做。[3]
>
> 她（你的祕書）希望在外人面前被稱呼為某某小姐或某某太太；如果你稱呼她「瑪麗」，導致其他人也親近地叫她瑪麗，並不會讓她感到高興。[4]

我將以「表演團隊」一詞——或者簡單地說，「團隊」（team）——來指稱任何一群合作演出單一例行公事的個人。

到目前為止，本書已經提到個人表演是一個基本的參考點，我們也提到事實有兩個層次，一個層次是個人與個人所做的表演，另一個層次是完整的參與者群體與整體的互動。如果我們要研究某些種類與某些面向的互動，那麼這個視角似乎已經足夠；此外還有一些不符合這類架構的互動，雖然較為複雜，但仍在可解決的範圍內。因此，兩個表演者之間的合作關係——表面上，兩

3 *Esquire Etiquette* (Philadelphia: Lippincott, 1953), p. 6.

4 *Ibid.*, p. 15.

個表演者各自呈現自己的特殊表演——可以分析成是一種共謀類型，或者是在不改變基本參考架構下形成的「理解」（understanding）。然而，在特定社會體制的個案研究中，有些參與者的合作活動顯示出高度的重要性，因此不能只把他們的合作活動視為上述主題的一種變形。無論團隊成員上演的是彼此類似的個人表演，還是彼此不類似但卻能結合成一個整體的表演，他們留下的印象往往可以很輕易地形成自成一格的事實，亦即，介於個人表演與參與者整體互動之間的第三種層次的事實。我們甚至可以這麼說，如果我們對於印象管理、營造印象時出現的各種偶然以及因應這些偶然的技術特別感興趣，那麼團隊與團隊表演將是作為基礎參考點的最佳單元。[5]根據這個參考點，我們可以透過架構將兩人互動的情境描述成兩個團隊互動的情境，在這種狀況下，每個團隊只有一個成員。（邏輯上而言，我們甚至可以說，一名對特定社會布景留下適切印象的觀眾，而在這個布景中，除了他之外，並沒有其他人在場，那麼這名觀眾目睹的團隊表演，其實一個成員也沒有。）

團隊的概念除了讓我們思考由一個或多個表演者進行的表演，它也涵蓋了其他狀況。先前我們曾經提過，表演者也可能被自己的表演欺騙，把自己營造的現實印象當成唯一存在的現實。在

5 我以團隊（相對於表演者）作為基礎單元，這個想法源自於 Von Neumann, *op. cit.*，特別是 p. 53。Von Neumann 分析橋牌，認為橋牌是兩組玩家進行的遊戲，某方面來說，每一組玩家又各自擁有兩個獨立的個人來進行遊戲。

這種狀況下，表演者成了自己的觀眾；在這場表演中，他既是表演者，也是觀察者。表演者可能自己也接受了自己嘗試在他人面前維持的標準，導致他的良知促使他做出社交上合宜的行為。對於個人來說，身為表演者，他必須不讓同時身為觀眾的自己知道一件丟臉的事，那就是他的表演仍有改善的空間；以日常用語來說，有一些事是他會知道或他已經知道的，而他不願意告訴自己這些事。這種巧妙的自欺持續不斷地發生；精神分析學者提供了大量這方面的一手資料，並將其歸類為壓抑（repression）與解離（dissociation）。[6]或許這便是所謂「自我疏離」（self-distantiation）的根源，亦即，一個人覺得與自己愈來愈疏遠。[7]

當表演者根據已接受的道德標準來指引自身的私人行動時，他可能會將這些標準與某種參考群體連繫在一起，因而為自己的行動創造出不在場的觀眾。這種可能性促使我們進一步思索另一種可能性：個人可能私底下會遵守自己並不十分相信的行為標準，而他之所以遵守這些標準是因為他深信有個看不見的觀眾在場，如果違反這些標準，他將會受到懲罰。換言之，個人可能就是

6 個人主義的思想模式，傾向於把自欺與不誠懇這類過程，視為個人人格深刻退縮所造成的性格弱點。比較好的做法應該是從個人外部著手，由外而內進行探討，而非從個人內部著手，由內而外進行研究。我們可以說，自欺與不誠懇都是因為個別表演者為了在觀眾面前維持情境釋義而產生的。個人為了恪守維持可運作共識的義務、參與不同的例行公事或在不同的觀眾面前表演不同的角色，因此自然而然變得不誠懇。當兩個不同的角色，表演者與觀眾，被壓縮在相同的個人身上時，我們就會看到自欺的現象。

7 見 Karl Mannheim, *Essays on the Sociology of Culture* (London: Routledge & Kegan Paul, 1956), p. 209.

自己的觀眾，又或者個人想像有個觀眾在場。（從這一點我們可以看出團隊與個別表演者兩個概念在分析上的差異。）我們也會進一步看到，團隊為不在場的觀眾表演的情況。例如，在美國一些精神病院裡，無人認領的死去病患，醫院會為他舉行稍微像樣一點的葬禮。無疑地，在落後與社會普遍冷漠可能威脅這些標準的狀況下，這種做法有助於確保最低文明標準的維持。無論如何，當親屬未出現時，醫院的牧師、殯葬人員與一兩位工作人員會自行扮演葬禮的角色，面對死者，在沒有人出席的狀況下，適切表現出文明的關懷。

從這個事實來看，相同團隊的個人彼此之間顯然有著重要關係，而這個關係有兩個基本成分。

首先，當團隊進行表演時，團隊裡的任何成員只要有任何不適當的行為，就會讓表演陷入停頓或完全失敗。每個團隊成員都必須仰賴其他成員的良好行為，而其他成員也必須仰賴他的完美配合。因此，團隊成員之間必然存在著互惠的依存關係。當一個團隊的成員在社會體制中擁有不同的正式身分與地位時，我們會看到，團隊成員建立的相互依存關係很可能貫穿了體制的結構與社會各階層，因此為整個體制提供了凝聚力。事務部門人員的任務劃分雖然可能造成組織內部的區隔，但表演團隊卻能將這個區隔整合起來。

其次，我們可以清楚看到，即使團隊成員必須合作在觀眾面前維持既定的情境釋義，但團隊成員卻很難在彼此面前維持這種既定印象。團隊成員必須合作維持事物的特定外觀，但由於團隊成員對實際的內幕「心知肚明」，導致他們在面對彼此時無法維持既定的門面。因此，團隊成員之間的緊密程度主要是由「熟悉感」形成的權利來決定，而這種權利的強弱又與成員組成團隊的頻率以及共同維護印象的次數成一定的比例關係。熟悉感產生的特權也許能在團隊成員之間建立某種親密關係，但這種親密關係不一定具有溫情，也不一定具備有機性，這裡的有機性指相處的時間愈長，關係愈緊密；相反地，這種親密關係是一種正式關係，一旦有人進入團隊取代前一個人的位子，親密關係就會自動延伸到這個人身上，而這個人也會自動取得親密關係。

當我們提到團隊成員仰賴相互依存與熟悉感來建立緊密關係時，我們必須避免將這種類型的群體與其他類型的群體混為一談，例如非正式的群體或小圈子。人們必須仰賴團隊成員的擬劇論式合作，才能投射出特定的情境釋義；即使團隊成員違反了非正式的約束，堅持不按常規演出或硬是讓表演出錯，這個人依然是團隊的一分子。事實上，正因為這個人是團隊的一分子，他才能惹出這樣的麻煩。例如，工廠裡某個工人因為破壞了生產行情而遭到其他工人孤立，儘管他的生產活動破壞了其他工人試圖營造的整天辛苦工作的印象，他仍是團隊的一分子。其他工人也許忽略他，不願跟他交朋友，但他們卻無法忽視他對團隊情境釋義構成的威脅。同樣地，在派對上，某個特別搶手的女孩可能遭受現場其他女孩的白眼，但在某些事情上，她仍是整個團隊的一分子，她仍有可能威脅到團隊集體建立的定義：女孩子沒那麼好追。因此，當團隊成員非正式地同意以某種方式作為自身行動的指引，並且以此作為自我保護的手段來組成一個非正式群體時，這個非正式協議還不能算是定義團隊概念的標準。

非正式小圈子的成員——這裡的小圈子指的是一小群人為了非正式的消遣而聚集起來——也有可能構成一個團隊，因為他們也有可能彼此合作，巧妙而不動聲色地將一些人拒於門外，藉此凸顯自己的不同之處。然而，團隊與小圈子的概念確實存在著有意義的對比。在大型社會體制裡，處於既定身分層級的個人往往被歸類為一個群體，他們必須對於身分在他們之上與在他們之下的人投射出某種情境釋義。因此，特定的一群個人很可能在一些重要面向上迥然不同，而且彼此之間渴望維持一定的社交距離，但他們卻被迫彼此熟悉與組成團隊，然後進行表演。小圈子的組成往往不是為了追求「個人」與「其他一起表演的人」的利益，而是為了讓「個人」與「個人不願為伍的表演者」區隔開來。小圈子的功能並不是為了區隔「個人」與「階層不同的人」，而是為了區隔「個人」與「階層相同的人」。因此，雖然小圈子的所有成員可能來自相同的身分階層，但重點是，並非所有與個人身分階層相同的人都能進入個人所在的小圈子裡。[8]

最後，我們必須針對團隊不是什麼來做補充。個人可能經由正式或非正式的方式結合成一個行動群體，並且藉由一切可用的手段來追求集體目的。個人透過合作來維持既定印象，並且藉此

8 當然，小圈子的組成往往基於不同的依據。Edward Gross, *Informal Relations and the Social Organization of Work in an Industrial Office* (unpublished Ph.D. dissertation, Department of Sociology, University of Chicago, 1949) 提到，小圈子的成員也可能跨越年齡與種族，這樣可以讓彼此不存在競爭的個人聚集起來。

實現集體目的，從這點來看，我們可以說這些個人組成了團隊。然而必須留意的是，行動群體也可以透過非擬劇論式的合作來實現集體目的。其他實現目的的手段，例如強制力或協商，其力量的強弱往往取決於對印象的策略性操作，然而強制力或協商會讓個人組成的群體無法做出——就擬劇論而言——如團隊一樣的行動。（同樣地，一個握有權力或擔任領袖的個人，他力量的強弱取決於他的外表與舉止是否適當或是否具說服力，然而這不表示他地位的根本基礎必然或普遍源自於他的行動所帶有的擬劇論性質。）

如果我們想以團隊的概念作為基本的參考點，那麼適合的做法就是回溯先前的步驟並且重新定義我們的詞語架構，在進行調整之後，我們才能真正將團隊而非個別表演者當成基本的單元。

我們曾經提過，單一表演者的目標是維持一個特定的情境釋義，而這個情境釋義也反映了他所主張的現實。在團隊只有一人的狀況下，表演者不需要考慮其他團隊成員的看法，而可以迅速就現存的各種立場做出選擇，然後全心投入自己的決定，彷彿他的抉擇是唯一可行的方案。而他選擇的立場也能迅速對他的特定情境與利益做出調適。

當我們從一人團隊轉變成多人團隊時，團隊所主張的現實性格也會跟著改變。此時情境釋義將不再具有豐富的內容，而現實也將化約成讓團隊成員或多或少都能接受的簡略方針。我們可以預期團隊成員會半開玩笑地揶揄團隊方針，儘管如此，他們依然會嚴肅地遵守團隊方針。此外還會出現新的效忠團隊與團隊成員的因素，使團隊方針能獲得支持。

我們經常發現，團隊成員之間的嫌隙不僅會讓團隊無法一致行動，甚至會讓團隊支持的現實陷入困境。為了保護現實印象，團隊成員必須延後表態，直到團隊決定立場為止，而一旦團隊表明立場，所有成員就必須遵循這個立場。（在團隊表明立場之前，可以允許多大程度的「蘇維埃式自我批評」或由誰允許批評，這個問題不在本書的討論之列。）公務體系的運作方式可以作為這方面的佐證：

> 在這類委員會中（內閣委員會會議），公務人員可以在討論時進行分享，自由表達他們的想法，但必須遵守一個條件：他們不能直接反對他們的部長。公開反對部長的狀況極為罕見，而且也不應該發生：部長與陪同部長出席委員會的公務人員，在出席之前，十有八九已經對於發言的內容取得共識，就算只有一個公務人員不同意部長的意見，該人員也必須暫時迴避這次會議。[9]

另一個例證來自最近針對小城市權力結構所做的研究：

> 如果有人曾經從事社區工作，那麼他一定會對所謂的「一致性原則」（principle of unanimity）

---

9 Dale, *op. cit.*, p. 141.

感到印象深刻。當社區領導人對政策做出最終宣示，就會立刻要求他們嚴格保持意見一致。領導人通常不會匆促做出決定。上層的決策者會有充裕的時間對絕大多數計畫進行討論，之後再決定如何行動。社區計畫都是如此進行。經過討論確立方針之後，社區上下就必須完全遵守。他們會對反對者施壓，讓計畫照常進行。[10]

在觀眾面前意見不和，會導致所謂的走調。音樂演奏必須避免走調，其理由與表演時必須避免走調大致相同。兩者都與維持情境釋義息息相關。關於這一點，可以從一本討論音樂會職業伴奏者工作問題的小書裡面得到說明：

若演唱者與鋼琴家想盡可能達成理想演出，就必須完全照著作曲家的指示去做，但有時演唱者會要求伴奏者做出明顯與作曲家的標記矛盾的事。他希望在原本沒有重音的地方加上重音，在不需要延音的地方延音，在原本應該以原速演唱的地方改成逐漸緩慢，原本該弱的地方變強，或是要原本心情該保持高貴的地方改成多愁善感。

演唱者提出一長串的要求，簡直沒完沒了。但演唱者卻將手按在自己的心口，眼眶含淚地發

---

10 Floyd Hunter, *Community Power Structure* (Chapel Hill: University of North Carolina Press, 1953), p. 181. 也可見 p. 118 and p. 212。

誓，他確實而且一直按照作曲家的樂譜演唱。這實在太奇怪了。如果他用一種方式演唱，而伴奏者卻用另一種方式演奏，那麼結果必然會是一團亂。討論顯然無法得出結果。面對這種狀況，伴奏者該怎麼做？

> 在表演時，他必須「聽從演唱者」，但之後，他必須讓自己忘了這件事……[11]

然而，一致性通常不是團隊進行投射的唯一條件。一般認為，世界上最真實與最穩固的事物，源自於個人的獨立同意。我們通常相信，如果單一事件的兩個參與者決定盡可能誠實地描述事件，那麼即使兩人在敘述之前並未進行商議，兩人最後採取的立場也將相當類似。如果兩人都願意說實話，那麼事前就沒有商議的必要。我們也相信，如果兩個參與者想說謊，或者打算扭曲他們提供的事件內容，那麼不僅他們事前必須先做商議，好讓「彼此的故事能前後一貫」，他們也必須隱匿兩人事前曾有進行商議的機會。換言之，為了投射情境釋義，團隊的各個成員除了必須立場一致，還必須對外隱瞞團隊立場並非經由個人獨立同意產生的事實。（附帶一提，如果團隊成員也致力在其他成員面前維持自己的自尊，那麼團隊成員就必須了解整個團隊的方針是什麼，而且必須遵守這個方針。他們不需要向自己或其他成員坦承自己的立場並未獲得自己的獨立

11 Gerald Moore, *The Unashamed Accompanist* (New York: Macmillan, 1944), p. 60.

同意，然而這類問題已經不是作為基本參考點的團隊表演所涵蓋的範圍。）

值得一提的是，正如團隊成員必須等待官方宣布才能採取立場，官方也必須讓團隊成員了解他們的方針，如此才能讓成員在團隊中扮演自己的角色，並且覺得自己屬於團隊的一分子。舉例來說，在評論一些中國商人總是根據顧客的外觀來訂定他們的商品價格時，一名作者寫道：

> 這份消費者研究得出了一個特定的結果，如果有人走進中國商店，在看過幾件物品之後，他詢問這些物品的價錢，被問的店員除非知道客人已經向其他店員詢過價，否則他一定會先向其他店員徵詢，了解他們是否已經告訴這位客人某件物品的價格，而後他才會回應客人的問題。如果——這種狀況非常罕見——這個重要的預防措施被忽略了，那麼每個店員回答的價格幾乎都不會相同，而這就會暴露出店員們對客人的評估並未達成共識。[12]

團隊成員如果不知道團隊的立場，就無法知道自己扮演的角色，團隊成員如果不知道自己的立場，就無法在觀眾面前表現自我。因此，如果一名外科醫生要為病人開刀，而這個病人是另一名醫生轉介給他的，那麼根據一般的禮節，外科醫生應該會把開刀的時間告訴那位轉介病人給他

---

12 Chester Holcombe, *The Real Chinaman* (New York: Dodd, Mead, 1895), p. 293.

的醫生，如果那名醫生在手術時沒有到，那麼外科醫生在手術結束後，也應該會把手術的結果告訴那位醫生。透過「找人替補」的方式，這名轉介病人的醫生，反而能更有效地在病人家屬面前營造出努力救治病患的形象。[13]

關於表演時團隊方針的維持，我要再補充一個一般性的事實。當團隊成員在觀眾面前犯錯時，其他團隊成員必須按捺住想直接對犯錯的人施加懲罰或指導的渴望，就算要做，也要等到觀眾不在場之後再說。畢竟，立刻進行糾正只會破壞互動，而且如前所述，這麼做也會讓團隊內部的事在觀眾面前曝光。因此，在威權組織裡，上級領導人必須維持永遠是對的與對外一致的門面，上級絕不能在下屬面前表現出對其他上級的敵視與不尊重。陸軍軍官在面對入伍士兵時必須展現出共識，父母在子女面前，[14]管理人員在工人面前，護士在病人面前，[15]都必須如此。當然，當下屬不在場時，公然而激烈的批評可能而且確實會發生。舉例來說，最近針對教師職業進行的研究發現，老師們覺得，如果他們要維持專業能力與制度權威的印象，他們必須確保當憤怒

---

13 Solomon, *op. cit.*, p. 75.

14 家庭內部存在著一個耐人尋味的擬劇論式困難，在家庭裡，性與直系的連帶關係剛好與婚姻的連帶關係橫切，使得丈夫與妻子在子女面前展示權威或者與彼此的家族維持距離或表現熟悉時難以「彼此支援」。如前所述，這種橫切的連繫會妨礙垂直結構的擴展。

15 Taxel, *op. cit.*, pp. 53-54.

的家長跑來學校抱怨時，校長會出面維護老師的地位，至少要撐到家長離開為止。[16]同樣地，老師也不希望其他同事在學生面前反對他的說法或與他發生矛盾。「其他老師就算只是挑起眉毛做出古怪的表情，光是這樣，孩子就會發覺有什麼地方不對勁——他們什麼都注意得到——對你的尊重將化為烏有。」[17]此外，我們知道醫療專業有嚴格的行為準則，會診的醫生在病人以及病人的醫生面前不能說出讓病人對於醫生的專業印象產生懷疑的話。如休斯所言，「這些醫療行規雖然不是透過正式的方式產生，卻能在病人面前維持醫療專業的共同門面。」[18]當然，這種在下屬面前維持的連帶關係，當表演者面對的是上級時，情況也是一樣。舉例來說，在最近的一項警察研究裡，兩名警員組成巡邏小組，兩人發現彼此的非法與半非法行為，而且雙方都有足夠的證據在法官面前舉發對方偽裝合法的行徑，但兩人卻表現出強大的連帶關係，他們為各自的故事背書，完全不在意這麼做可能掩蓋了惡行，也不管別人是不是真的相信他們。[19]

顯然，如果表演者在意方針的維持，他們就會選擇他們相信能進行適當表演的人參與團隊。因此，家裡的孩子通常不允許參與在賓客面前進行的家庭表演，因為我們通常不相信孩子能「守

---

16 Howard S. Becker, "The Teacher in the Authority System of the Public School," *Journal of Educational Sociology*, XXVII, p. 134.

17 *Ibid.*, 出自訪談，p. 139.

18 E. C. Hughes, "Institutions," *New Outline of the Principles of Sociology*, ed. Alfred M. Lee (New York: Barnes and Nobles, 1946), p. 273.

19 William Westley, "The Police" (unpublished Ph. D. dissertation, Department of Sociology, University of Chicago, 1952), pp. 187-96.

規矩」，亦即，孩子可能做出與父母試圖營造的印象衝突的行為。[20]同樣地，有些人只要一看到酒就會喝得爛醉如泥，這種人一喝醉就會喋喋不休或「難以相處」，如果讓這些人參與團隊，就會為表演帶來風險。另外一些人，雖然神智清醒，卻行事輕率；還有一些人，不願「配合場合的氣氛」，也不願像其他客人一樣有默契地在主人面前營造印象。

我曾經提過，在許多互動布景中，有些參與者一起合作組成一個團隊，他們仰賴這種合作關係來維持一個特定的情境釋義。現在，當我們研究具體的社會體制時，我們經常發現，剩餘的參與者面對眼前的團隊表演，也會進行表演來加以回應，而這些參與者在很大意義上也會構成一個團隊。由於每個團隊都會例行性地為其他團隊表演，我們因此可以說這是一種戲劇性的互動，而不只是戲劇性的演出，我們也可以把這種互動視為兩個團隊之間的對話與相互影響，而不只是各個參與者聲音的集合。不知為何，在自然布景下，互動總是形成或分解成兩個團隊相互影響的模式，而不是形成數量更多的團隊，不過從經驗上來看，兩個團隊確實是最常見的狀態。

在大型社會體制裡，存在著好幾種不同的身分等級，我們發現，在經過一段時間的互動之後，不同身分的參與者會一如預期地暫時形成兩個團隊群體。舉例來說，在一個陸軍哨站裡，一

20 由於孩子被定義為「非人」（non-persons），他們會做出笨拙的行為是很自然的事，客人也不會認真看待孩子的行為所表達的意涵。然而，無論是否把孩子視為非人，孩子都有可能揭露關鍵的祕密。

名中尉發現，在某個情境下，自己與所有軍官被歸為一類，被徵召來的士兵被歸為另一類；而在其他的情境下，自己與下級軍官被歸為一類，上級軍官則被歸為另一類。此外，當然也存在著一些兩團隊模式顯然無法適用的互動面向。例如，仲裁聽證會的重要元素似乎符合三團隊模式，而有些競爭與「社會」情境面向則讓人聯想到多團隊模式。必須說明的是，無論團隊的數量有多少，團隊之間的互動，必須從所有參與者合作維持可運作共識的程度來進行分析。

如果我們把互動當成兩個團隊之間的對話，那麼有時候為了方便，我們可以把其中一個團隊稱為表演者，把另一個團隊稱為觀眾或觀察者，並且暫時忽略觀眾也可以呈現團隊表演的事實。在一些例子裡，例如當兩個一人團隊在公共場合或在共同朋友的家中進行互動時，要從中決定誰是表演者而誰是觀眾，往往會帶有武斷的成分。然而，在許多重要的社會情境中，進行互動的社會布景僅由其中一個團隊建立與經營，因此負責建立與經營社會布景的團隊，他們進行的表演，往往與社會布景有著較密切的關係；相較之下，觀看表演的團隊所做的回應，則與社會布景的關係較為疏遠。商店裡的顧客、辦公室裡的客戶、主人家中的一群客人——這些人從事表演與維持門面，但他們從事表演的布景卻不在他們的直接掌控之下，這些布景是為觀看表演的人所呈現的。在這幾個例子裡，我們其實可以把控制布景的團隊稱為表演的團隊，把另一個團隊稱為觀眾。同樣地，我們有時也可以把投入更多行動在互動上的團隊，或者是在互動中扮演更戲劇性與更突出的角色的團隊，或者是在互動對話中決定步調與方向供雙方遵循的團隊，稱之為表演者。

必須說明的是，如果團隊要維持它所營造的印象，那麼就必須確保沒有任何個人會同時加入團隊與觀眾。因此，舉例來說，如果一家小型女性成衣店老闆要特價出售一件衣服，他對顧客說，這件衣服之所以減價是因為弄髒了，或到了季末，或存貨出清等等，但其實真正的原因是這件衣服賣不出去，或顏色、風格不好看；如果老闆想讓客人印象深刻，他想謊稱自己在紐約有承購處，或將店裡的售貨員吹噓成修改師傅，那麼他必須確定，如果自己必須在星期六額外僱用一名打工的女孩，那麼他絕不能僱用住在附近曾經來他的店裡消費而且很快就會再來消費的客人。[21]

我們往往覺得控制布景就能在互動時掌握優勢。狹義而言，控制布景可以讓團隊擁有戰略機制來決定觀眾可以取得的資訊。因此，如果醫生不想讓癌症病人得知自己罹患癌症，比較有用的做法是將癌症病人分散到醫院各處，這樣他們就無法依據病房來判斷自己的病症。（附帶一提，醫院人員可能因為這種做法而必須花更多的時間穿梭於各個病房與費力地移動醫療設備。）同樣地，頂尖的理髮師準備了一個預約的本子公開讓客人預約，但他為了讓自己有充分的休息時間，於是故意在某些時段填上假名。想要預約的客人在本子上預約時，就不可能預約理髮師已經填上

21 這些例子來自 George Rosenbaum, "An Analysis of Personalization in Neighborhood Apparel Retailing" (unpublished M.A. thesis, Department of Sociology, University of Chicago, 1953), pp. 86-87.

假名的時段。另一個運用布景與道具的有趣例子，出自一篇討論美國姊妹會的文章，文中提到姊妹會成員如何在端茶給新成員時對成員的優劣做出鑑別，卻又不會讓屋裡的客人留下差別待遇的印象：

> 卡蘿坦承，「即使都是經過推薦而來，但要在短短幾分鐘的列隊歡迎時間記住九百六十七個女孩實在是不可能的事。所以我們想了一個辦法來區別好的成員與乏味的成員。我們準備三個托盤讓新成員擺放她們的名片——一個給受歡迎的女孩，一個給一般女孩，最後一個給無聊的女孩。」
>
> 卡蘿又說，「在派對上負責與新人聊天的人，必須巧妙地引導新人走到適當的托盤前面，讓她把名片留在托盤上。我們在做什麼，新人完全蒙在鼓裡！」[22]

另一個例子出自飯店管理的技巧。如果飯店人員認為前來投宿的夫婦的意圖或性格相當可疑，那麼他會向行李服務員打個暗號，要他「按下門閂」。

---

22 Joan Beck, "What's Wrong with Sorority Rushing?" *Chicago Tribune Magazine*, January 10, 1954, pp. 20-21.

這是個簡單的裝置，可以讓飯店人員輕易地留意可疑住客的一舉一動。

在提供這對夫妻房間之後，行李服務員在關上房門之前會在房內的球形門把按下一個小按鈕。這會啟動門鎖內的小制動栓，讓門外的圓形門栓中心出現一條黑線。這個裝置並不顯眼，客人幾乎不會注意到，但清潔人員、巡邏人員、侍者與行李服務員都受過訓練，他們會留意這個裝置……門後頭任何吵雜的對話或不尋常的動靜，他們都會一一回報。[23]

一般而言，控制布景可以讓控制的團隊產生安全感。一名學者提到藥師與醫師的關係時表示：

> 藥局是另一項因素。醫生經常到藥局拿藥，也許尋求一些意見，或者進行交談。在對話中，櫃臺後的藥師擁有的優勢，大概就跟站立的說話者面對坐下的聆聽者一樣。[24]
>
> 藥局本身可以加強藥師執業的獨立性。某種意義來說，藥局是藥師的一部分。正如畫裡的海神從海中冉冉升起，而海神又是大海本身一樣；在藥局的氣氛下，藥師昂然挺立在放置各種藥罐

---

23 Dev Collans, with Stewart Sterling, *I Was A House Detective* (New York: Dutton, 1954), p. 56. 刪節號為作者所加。

24 Weinlein, *op. cit.*, p. 105.

的櫃架與設備當中，而在此同時，藥師卻也是這些藥品本質的一部分。[25]

有個文學例子生動描述了一個人被剝奪對布景的控制權之後會有什麼影響，在卡夫卡（Franz Kafka）的《審判》（*The Trial*）裡，K與有關單位人員在他自己的公寓裡見面：

> K全身西裝革履，他必須走過隔壁房間，威倫（Willem）跟在他後面，隔壁房間現在已經空了，K繼續走到下一個房間，房間的雙開門是開著的。K記得很清楚，布斯特納小姐（Fraulein Bürstner）最近才剛搬進這個房間，她是個打字員，一大早就去上班，很晚回家，他跟布斯特納小姐幾乎沒說過幾句話。現在，她床邊的床頭櫃被推到房間中央充當辦公桌，而督察員就坐在床頭櫃後方。他翹著二郎腿，一隻手臂放在椅背上。
>
> ……「約瑟夫．K？」督察員問道，或許只是要讓K的目光集中在他身上。K點點頭。「你應該會對今天早上發生的事感到非常驚訝吧？」督察員一邊問話，雙手一邊重新排列著床頭櫃上少數的幾件物品，一根蠟燭與一個火柴盒，一本書與一個針墊，彷彿這是他訊問時需要的物品。「當然，」K說道，他很高興終於遇到一個腦袋清楚的人，他可以跟他講點道理。「當然，我很

25 *Ibid.*, pp. 105-6.

驚訝，但還不至於到非常驚訝。」「你沒有感到非常驚訝？」督察員問道，他把蠟燭移到床頭櫃中間，然後把其他物品排列在蠟燭周圍。「或許你對我有所誤解，」K趕緊補上一句。「我的意思是」——此時K停下來，他環顧四周，尋找椅子。「我在想我能不能坐下？」他問道。「一般來說是不行的，」監察員回道。[26]

當然，能在自己的地盤表演，必然要付出一點代價；一個人固然能透過布景來傳達自身的訊息，卻也因為布景本身也會傳達訊息而無法隱瞞一些事實。一個潛在的表演者為了防止出現有損形象的表演，而不得不閃避自己的舞臺與自己控制的布景，這裡牽涉的可是比因為新家具還沒送到而必須讓派對延期還要更嚴重的問題。因此，在倫敦的貧民窟，我們發現：

> ……這個地區的母親比其他地區的母親更希望孩子在醫院出生。主要原因是在家生孩子的費用太高，因為要購置適當的設備，例如毛巾、澡盆與助產士要求的所有符合標準的用品。且在家生孩子也意謂著會有陌生女子到家裡來，那麼這就表示家裡還要大掃除。[27]

---

26 Franz Kafka, *The Trial* (New York: Knopf, 1948), pp. 14-15.

27 B. M. Spinley, *The Deprived and the Privileged* (London: Routledge and Kegan Paul, 1953), p. 45.

當我們檢視團隊表演時，總是會發現某人被賦予了指揮與控制整個戲劇行動流程的權利。宮廷裡的侍從武官就是一個例子。有時候，主導整個表演，而且就某種意義來說幾乎等同於導演（director）的人，也會在自己主導的表演中扮演角色。曾經有小說家描述牧師在結婚典禮上的功能：

> 牧師讓門微啟，這樣他們〔新郎羅伯特與伴郎萊恩諾〕才能聽到他下的指示，在第一時間入內。他們站在門邊，看起來就像偷聽的人。萊恩諾摸摸自己的口袋，確定自己碰到了環狀的戒指，然後又把手放在羅伯特的手肘上。當牧師的指示來了，萊恩諾開門，然後依照指示推著羅伯特向前走。
>
> 牧師除了以口頭下達嚴格的指令，還不時用眼神督促表演者。在他堅定而老練的引導下，婚禮進行得十分順暢。賓客並未發現羅伯特花了一番工夫才順利將戒指套在新娘的手指上；他們倒是注意到新娘的父親痛哭流涕，而母親則神情自若。但這些都是小事，很快大家就會忘記。[28]

一般而言，團隊成員主導表演的方式與程度不盡相同。但值得一提的是，雖然例行性的表演

---

28 Warren Miller, *The Sleep of Reason* (Boston: Little, Brown and Company, 1958), p. 254.

呈現出明顯的多樣性，但表演的結構卻都很類似，從這點可以看出不同團隊的導演都有類似的心態。無論葬禮、婚禮、橋牌聚會、一日大特賣、絞刑還是野餐，導演都希望表演能夠「順利」、「有效」與「不要拖泥帶水」，而且會預先對可能出現的意外做好準備。

無論什麼表演，都必須滿足兩項重要功能，如果團隊擁有導演，那麼導演就必須擔負起滿足這兩項功能的特殊職責。

導演的第一項特殊職責是，如果有團隊成員表演得不適當，那麼導演必須負責讓這名成員回歸正軌。鼓勵與懲罰是常見的兩種矯正方式，舉例來說，棒球裁判必須為球迷維持特定的現實。

所有裁判都堅持球員必須接受控制，不許對裁判的判決做出輕蔑的動作。[29]

我自己在當球員時，當然也有多餘的精力想要宣洩，因此我知道必須要有安全閥來釋放極度的緊張。身為裁判，我了解球員的感受。但身為裁判，我必須判斷能給予球員多大的空間，才不至於影響球賽進行。我不允許球員侮辱、攻擊或揶揄我與貶低這場賽事。處理球場上的麻煩與人員，與做出正確判決一樣重要，而且更難。

裁判要讓某個人離場是很容易的事，真正困難的是讓人繼續進行比賽——要了解與預期球員

29 Pinelli, *op. cit.*, p. 141.

的怨言，這樣才能避免衝突繼續擴大。[30]

我不會容忍有人在球場上耍猴戲，其他裁判也一樣不會容忍。喜劇演員屬於舞臺或電視，不是棒球場。比賽時任何滑稽或諷刺的模仿只會讓比賽變得廉價，任何裁判如果縱容這樣的小丑出現在賽場上，那麼這樣的裁判將會受到鄙視。這是為什麼你會看到，只要那些丑角與自以為聰明的人開始搗亂，他們馬上就會被驅逐出場。[31]

當然，一般而言，導演的任務主要不是扼殺不適當的行為，而是激勵適當而有效的表演；「激勵演出」一詞有時會被扶輪社用來鼓舞他們的社員。

導演的第二項特殊職責，是分配表演的角色與這些角色所使用的個人門面。因為每個體制就像是一個場所，你可以分配角色讓他們在上面表演；體制也像是一個裝置藝術，你可以分配符號設備或儀式器材然後進行組裝。

顯然，如果導演糾正不適當的外表並分配重要與次要的特權，那麼團隊裡的其他成員（這些

30 *Ibid.*, p. 131.
31 *Ibid.*, p. 139.

人不僅在意他們集體在觀眾面前進行的表演，也在意自己在其他演員面前進行的表演）對導演的態度，將完全不同於對其他團隊成員的態度。此外，如果觀眾察覺到這場表演有導演，那麼他們更有可能將表演的成功歸功於導演而非其他表演者。導演為了回應這樣的責任，會要求表演者從事原本並不打算進行的擬劇論式表演。這會加深表演者與導演之間既存的疏離感。導演原本是團隊成員，此時卻發現自己逐漸在觀眾與表演者之間扮演著邊緣角色，他在兩個陣營之間載浮載沉，像是一個中間人，卻無法得到中間人該有的保障。最近討論的例子就是工廠裡的領班。[32]

當我們研究例行公事時，例行公事往往需要幾個表演者來呈現，我們有時會發現，團隊裡的某個成員會異軍突起，成為明星、領袖或眾人注目的焦點。我們可以在傳統宮廷生活中看到極端的例子：當參與宮廷盛會的貴賓齊聚一堂，整個場景會安排成一幅生動的畫作，從房間任何一個地方看過去，目光都會聚集到皇室成員身上。表演中的皇室明星，不僅穿著最華麗的服飾，也坐在比任何出席者都要高的地方。更讓人集中目光的是大型音樂喜劇的舞蹈安排，四十到五十名舞者眾星拱月般簇擁著女主角進場。

皇室表演雖然奢華鋪張，但我們必須注意到宮廷概念的用途：事實上，宮廷現象普遍發生在

---

32 例見 Donald E. Wray, "Marginal Men of Industry: The Foreman," *American Journal of Sociology*, LIV, pp. 298-301, and Fritz Roethlisberger, "The Foreman: Master and Victim of Double Talk," *Harvard Business Review*, XXIII, pp. 285-94. 中間人的角色稍後討論。

皇宮以外的地方，其中一個例子就是好萊塢製片廠的販賣部。大致來說，個人總是與出身相同的人相處愉快，而且傾向於與相同社會階級的人建立非正式的緊密關係。然而，如果仔細檢視社會階級，會發現即使同一個社會階級裡也包含不同的社會集合，每個社會集合又包含一整群不同地位的表演者。社會集合經常圍繞著一名主導人物組織起來，這名主導人物總是居於舞臺的中心，成為眾人矚目的焦點。伊夫林．沃（Evelyn Waugh）在討論英國上層階級時提到這個主題：

> 二十五年前，當時仍存在相當穩固的貴族結構，而國家仍區分成幾個世襲貴族的勢力範圍。我記得這些顯貴們，除非關係緊密，否則平日都會彼此迴避。他們只有在國家慶典或在賽馬場上才會碰面。他們不常到對方的家中拜訪。你也許可以在公爵的城堡裡看到各色各樣的人——生病休養、窮困潦倒的遠房親戚，專家顧問，食客，小白臉與敲詐者——你唯一看不到的就是其他公爵。在我看來，英國社會是眾多部族的結合體，每個部族各有自己的酋長、長老、巫醫與勇士，每個部族都有自己的方言與神祇，每個部族都非常仇外。[33]

我們大學的教職人員，與其他知識分子官僚的非正式社交生活，似乎也可以區分成類似的小

---

33 Evelyn Waugh, "An Open Letter," in Nancy Mitford, editor, *Noblesse Oblige* (London: Hamish Hamilton, 1956), p. 78.

團體：小圈子與派系構成行政體系的一小群核心，像宮廷一樣過著愉快的生活，在這裡，地方上的傑出人士可以安穩地發揮他們的聰明才智、優秀能力與思想深度。

一般而言，我們發現協助呈現團隊表演的人，會因為擁有的戲劇主導程度不同而有所差異，而團隊的例行公事也會因為每個成員主導程度的不同而有所差異。

在表演中，戲劇主導（dramatic dominance）與導演主導（directive dominance）的概念是兩種截然不同的權力類型，這兩種類型可以適用或準用於整體互動之中，藉此指出兩個團隊中，哪一個團隊比較傾向於哪一種類型，而哪一個表演者——以兩個團隊整體的參與者來說——在這兩種類型中居於領導地位。

當然，通常來說，擁有其中一種主導類型的表演者或團隊，也會擁有另一種主導類型，但當中也有例外。舉例來說，在殯儀館瞻仰遺容時，通常會對社會布景與所有參與者進行安排，包括喪家團隊與機構團隊，好讓他們能對死者致意並顯示他們與死者的連結；死者是表演的中心，也是戲劇主導的參與者。然而，由於喪家沒有經驗與哀慟逾恆，再加上表演的明星已經沉睡，因此必須由殯葬業者主導整個表演。儘管如此，殯葬業者在面對遺體時，總是盡可能讓自己不受注意，或者是待在機構的另一個房間裡，隨時準備進行另一場表演。

必須說明的是，戲劇主導與導演主導是擬劇論的用語，擁有這類主導地位的表演者不一定擁有其他類型的權力與權威。眾所皆知，看起來居於領袖地位的表演者，通常只是名義上的領袖，他可能是妥協下的結果，可能是為了化解潛在的威脅性處境，也可能是策略性地隱藏門面之後的權力，或者以此類推，隱藏門面之後的權力之後的權力。因此，每當沒有經驗或臨時上任的上級被賦予正式的權威，使其可以指揮有經驗的下屬時，我們經常發現獲得正式授權的人往往會被收買去扮演一個擁有戲劇主導地位的角色，而由下屬來實際主導表演。[34]人們經常提到第一次世界大戰的英國步兵，有經驗的工人階級中士巧妙地私下說服剛上任的中尉，要站在排的前頭，扮演戲劇性的表現角色，並且在顯眼的戲劇地位上迅速戰死，這樣才符合念公學的人的死法。中士自己則跟在排的後頭，扮演不顯眼的角色，然後繼續活下來訓練下一個上任的中尉。

戲劇主導與導演主導被認為屬於兩種向度，這兩種向度在團隊裡有著不同的地位。如果我們稍微改變一下參考點，我們還可以看到第三種變化的模式。

一般而言，在社會體制下參與行動的人，如果他們根據某種觀點一起合作來呈現自己的行動，他們就成為一個團隊的成員。然而，即使成為表演者，個人仍需要將部分精力投入於非擬劇論的關切上，也就是說，他們仍必須採取某些行動，使表演賦予這些行動一定程度的戲劇性。因此，我們可以預期，在特定團隊表演的個人，這些人會各自投入不同比例的時間在單純的行動與

34 見 David Riesman, in collaboration with Reuel Denny and Nathan Glazer, *the Lonely Crowd* (New Haven: Yale University Press, 1950), "The Avocational Counselors," pp. 363-67.

單純的表演上。在某些極端的狀況下，有些個人甚至很少出現在觀眾面前，而且也對外表毫不在意。另一種極端，有時我們稱之為「純儀式性的角色」，表演者只關切自己的外表，對於其他的事毫不在意。舉例來說，全國工會主席與研究主任平日都待在工會總部裡，他們的穿著與談吐得體，藉此讓人們對工會留下體面的印象。然而人們發現，主席必須忙於做出許多重要決策，而研究主任卻無事可做，只是在主席身邊充當跟班。工會官員認為這類純儀式性的角色是一種「窗飾」。[35]家庭也有類似的分工，而其內容並不局限於任務性質。以炫耀性消費這個眾人熟悉的主題來說，在現代社會，丈夫的工作是取得社經地位，而妻子的工作是展示丈夫取得的社經地位。而如果時間再提早一點，則是由男僕提供更清楚的專門化例證：

但是，男僕的主要價值就在於這些〔家庭〕服務上。男僕能有效率地宣揚主人的財富。所有僕人都是為了這個目的而存在，因為男僕出現在家中，就證明主人有能力支付他們薪水，他維持一堆僕人，而這些人從事的卻是一些幾乎沒有生產力的工作。但每個僕人展示主人財富的效果不盡相同，擁有罕見技能與專門訓練的僕人可以獲得較高的薪水，顯示這類僕人比其他薪水較低的

35 見 Harold L. Wilensky, "The Staff 'Expert:' A Study of the Intelligence Function in American Trade Unions" (unpublished Ph.D. dissertation, Department of Sociology, University of Chicago, 1953), chap. Iv. 除了論文資料，我還要感謝 Mr. Wilensky 的許多建議。

僕人更能獲得主人的讚賞與信賴；有些僕人的職責使他們更加顯眼，這些僕人比其他沒什麼機會露臉的僕人更能彰顯主人的富有。與馬車有關的僕役，從馬車伕到小僕，是最能炫耀主人財富的僕役。他們的例行工作使他們擁有最高的能見度。此外，馬車僕役本身也最能凸顯出他們與生產工作毫無關連。馬車僕役因此是男僕中最有價值的，因為與其他僕役相比，他們的工作使他們持續暴露在公眾的目光下。馬車僕役因此成為主人對外展示最重要的部分。[36]

我們可以說，擁有純儀式性角色的個人，不需要戲劇主導的地位。

團隊可以定義為一群個人，這群個人如果要維持與投射既定的情境釋義，就必須建立密切的合作關係。團隊是一個群體，但卻是個與社會結構或社會組織無關的群體，團隊關連的是互動或一連串互動，在互動中維持相關的情境釋義。

我們已經看到，而且之後還會繼續看到，如果表演要有效，那麼讓表演得以進行的合作，其程度與性格都必須加以隱藏，不能讓外界得知。因此，團隊某方面來說帶有一點祕密社會的性格。當然，觀眾也許會察覺到，團隊的所有成員都被某種紐帶關係緊密地結合在一起，而這種紐

36 J. J. Hecht, *The Domestic Servant Class in Eighteenth-Century England* (London: Routledge, Kegan Paul, 1956), pp. 53-54.

帶關係是觀眾未能分享的。因此，舉例來說，當顧客進入服務場所，他們顯然會發現所有的僱員因為扮演了某種官方角色，因此與顧客完全不同。然而，在某個體制裡擔任職員的個人，光憑職員的身分還不足以使他成為團隊的成員，唯有透過合作來維持一個既定的情境釋義，才能算是團隊的成員。在許多例子裡，沒有人會隱藏自己的職員身分；但就他們彼此間保有祕密，不讓外界知道他們如何合作維持一個特定的情境釋義來看，他們確實組成了一個祕密社會，也就是一個團隊。個人組成團隊也許是為了支援他們組成的群體，但他們以擬劇論的方式來支援自己與自己的群體，他們的行動就構成了一個團隊，而不是一個群體。因此，我們在這裡提到的團隊，是一種祕密社會，祕密社會以外的成員也許知道祕密社會的成員建立了一個社會，甚至知道這是一個特定人士才能加入的社會，但這些個人建立的為一般人所知的社會，並非他們透過團隊行動所建立的社會。

我們所有的人都參與了團隊，因此我們的內心都帶有一點，從不為人知的勾當中獲得愉悅的共謀者心態。每個團隊都致力維持情境釋義的穩定，並且為此而隱瞞或掩蓋某些事實，我們可以預料表演者為了避免自己的陰謀事業曝光，而會採取一些偷偷摸摸的舉動。

第三章

區域與區域行為

區域（region）可以定義為在某種程度上受到知覺障礙限制的地方。當然，區域會隨著限制程度與溝通媒介的不同而有所差異，溝通媒介不同，知覺障礙也隨之不同。舉例來說，裝在播音室的厚玻璃板可以從聽覺上隔絕一個房間，卻無法隔離視覺；與此相反，用纖維板隔間的辦公室，可以隔絕視覺，卻無法隔離聽覺。

在英美社會裡——一個相對強調室內的社會——表演通常是在一個界線分明的區域內進行，此外還會加上時間限制。表演讓人留下的印象與理解，會滲透到整個區域與時間，任何人只要身處於這個時空區塊裡，就不得不受到表演的影響，而且接受表演產生的情境釋義的指引。[1]

對表演者與觀眾來說，表演通常只涉及一個視覺焦點，舉例來說，在大廳裡進行的政治演說，或者病人在診療室裡對醫生描述病情。然而，許多表演會涉及到幾個彼此區隔的口語互動群體，而這些群體構成了表演的組成部分。例如，雞尾酒會往往會區分成幾個次群體各自進行對話，這些次群體的人數與成員會持續變動。同樣地，在商店裡進行的表演也會牽涉到幾個各自獨立的口語互動焦點，每個焦點都由成雙成對的店員與顧客組成。

如果我們把特定的表演當成參考點，那麼我們有時可以把進行表演的地方稱為「前臺區域」

1　Wright 與 Barker 在一份研究方法論的報告中指出，「行為設定」（behavioral setting）一詞清楚陳述了人們期待行為能與特定地方產生連繫的意涵。見 Herbert F. Wright and Roger G. Barker, *Methods in Psychological Ecology* (Topeka, Kansas: Ray's Printing Service, 1950).

（front region）。在這種地方，我們會把固定的符號工具稱為「布景」，布景也是前臺的一部分。我們必須了解，表演的某些面向並不是為了供觀眾觀看，而是為了充當前臺區域。

個人在前臺區域進行的表演，主要是為了讓人看到他在這個區域的行動維持而且體現了某種標準。這些標準又可粗分成兩種類型。一種類型與表演者對待觀眾的方式有關，表演者可能與觀眾對話，也可能不進行對話，而以手勢動作與觀眾進行交流。這種標準類型有時可稱之為禮貌（politeness）。另一種類型則是表演者在觀眾的視覺與聽覺範圍內獨自行動，但表演者不一定要與觀眾交談互動。我用「禮儀」（decorum）一詞來表示第二種標準類型，不過，為了說明我為什麼使用「禮儀」這個詞彙，我會另外提供理由並且做出解釋。

當我們觀察某個區域的禮儀要求時——在不與他人交流對話下產生的要求——我們傾向於將這些要求進一步細分成兩個次類型：道德要求與工具要求。道德要求本身即是目的，而且多半與不干涉他人以及不騷擾他人的規定有關，這些規定除了涉及性的合宜得體，也與對神聖場所的尊重等諸如此類的事物有關。而工具要求本身不是目的，且多半與責任有關，例如雇主可以對雇員提出各種要求——好好管理財產、維持一定的工作水準等等。不過也有人認為，禮儀要求只涵蓋道德標準，主張工具標準屬於另一種範疇。儘管如此，當我們檢視既定區域的秩序時，我們會發現道德與工具這兩種要求對於個人有著同等重要的影響，而個人也必須回應這兩種要求。此外，絕大多數標準賴以維持的根據或理由，也來自於道德與工具要求。倘若這些標準完全是透過制裁與制裁者來加以維持，那麼對表演者來說，標準是基於道德還是工具理由，抑或表演者是否必須合乎這個標準，也就沒那麼重要了。

值得一提的是，個人門面的一部分，我稱之為「舉止」，這部分與禮貌有著重要關係，個人門面的另一個部分，我稱之為「外表」，這部分則與禮儀有著重要連繫。此外，要合乎禮儀，就必須對區域與個人身處的布景表現出尊重的態度，這種尊重顯然出自於想讓觀眾留下好印象的渴望，或者避免遭受制裁等等。最後，禮儀的要求比禮貌的要求更容易充斥在整個環境之中。觀眾會持續地檢視整個前臺區域，看它是否達到禮儀的要求，而當觀眾投入其中時，表演者幾乎不會與觀眾對話，因此也就沒有表現禮貌的需要。表演者雖然並未「給予」表達，卻不可避免地「營造」了表達。

研究社會體制的重點在於描述主流的禮儀標準。要描述這類標準並不容易，因為資訊提供者與學者往往將許多這類標準視為理所當然，除非發生意外、危機或特殊狀況，否則不容易感受到這些標準的存在。舉例來說，每一家公司對於員工之間的非正式談話可能會有各自不同的標準，然而只有當一家公司剛好僱用了相當數量的外籍難民時，人們才會發現，允許員工進行非正式談話是一回事，允許員工使用外語進行非正式談話則是另一回事。[2]

2 見 Gorss, *op. cit.*, p. 186.

我們習以為常地認為，在神聖場所（如教堂）普遍存在的禮儀規定，與存在於日常工作場所的禮儀規定會有很大的不同。然而我們不應該因此認為神聖場所的標準會比工作場所的標準數量更多且更嚴格。在教堂裡，女性可以坐下、做白日夢與打瞌睡，但服飾店裡的女售貨員必須站著、隨時留意、不能嚼口香糖，即使跟人說話臉上也必須帶著微笑，而且要穿上自己買不起的衣服。

在社會體制中，有一種禮儀形式一直受到人們的研究，這種禮儀形式稱為「裝忙」（make-work）。眾所周知，在許多體制中，工人不僅必須在進行一段時間的工作之後還必須從事一定份量的工作，他們還必須隨傳隨到，以表現出他們隨時都在努力工作的樣子。在造船廠中，我們知道存在著以下的情況：

> 每當有人通風報信，說領班已經來到船上或進到工廠，或經理正朝這裡走來，我們會驚訝地發現整個場景突然起了變化。工頭與副工頭會趕緊要求底下的工人開始做事。總之記著一句話，「不要讓他們看到你閒著沒事」，即使工作已經做完，你也要忙著扳彎與打通管子，或者即使螺栓已經旋緊，你也要繼續做出旋緊的動作，儘管毫無必要。這是長官巡視時固定向長官表達正式敬意的方式，無論是長官還是部屬，對此都已經習以為常，即使是五星上將前來巡視也是一樣。如果這場虛假而空泛的表演有任何細節受到忽略，都會被解讀為對長官不敬。[3]

3 Katherine Archibald, *Wartime Shipyard* (Berkeley and Los Angeles: University of California Press, 1947), p. 159.

同樣地，我們也在醫院病房看到類似的情況：

> 新人第一天到病房上班時被其他護理人員明確告知，毆打病人時「不要被人發現」；主管查房時要表現出忙碌的樣子，除非主管問你，否則絕不要主動開口。有些護理人員在主管抵達前會預先警告其他護理人員，這樣的話所有不可取的行為就不會被發現。有些護理人員會把工作保留下來，等到主管出現時，她們就有事可做，如此便不需要額外負擔其他的工作。在絕大多數狀況下，護理人員工作態度的轉變不會那麼劇烈，然而一切還是要取決於個別的護理人員、主管與病房的狀況。不過，只要官員或主管出現，幾乎所有護理人員的態度都會出現前後不同的狀況。沒有人會公然藐視這樣的陳規……[4]

能夠遵守「找事做」的原則之後，就可以進一步地遵守用來維持外表的其他工作活動標準，例如步調、個人關注的簡潔、精確性等等。[5]能夠遵守一般工作標準之後，則能進一步地在工作場所遵守禮儀的其他主要面向，包括道德與工具要求，例如：服裝風格；可允許的音量；禁止的

---

4 Willoughby, *op. cit.*, p. 43.

5 對於一些重要工作標準的分析，見 Gross, *op. cit.*, 上述這類標準的例子都是引用自 Gross 的作品。

消遣、愛好與情感表達。

「找事做」與工作場合禮儀的其他面向，通常被視為是基層人員特有的負擔。然而從擬劇論的取向出發，我們除了要思考「找事做」，還要思考「假裝無所事事」可能引發的問題。因此，從一本描述十九世紀初附庸風雅之人的生活的回憶錄，我們可以看到：

人們對於拜訪這件事極為嚴謹，這讓人想起《弗洛斯河上的磨坊》（*Mill on the Floss*）中的拜訪。每次拜訪間隔的時間都是固定的，因此無論是拜訪還是回訪的日子都必須牢牢記住。拜訪是一種禮儀，包含了大量的儀式與假裝。因此，舉例來說，如果有人到了別人家裡，看到對方正在從事某種工作，並不會感到驚訝。人們通常有一種迷思，以為在上流社會的家庭裡，女主人在晚餐後絕不會從事任何嚴肅或有用的工作；下午應該是用來散步的時間，或者是到別人家中拜訪，或者優雅地待在家中無事可做。因此，有人上門時，如果女孩們正從事某種有用的工作，她們會趕緊把工作塞進沙發裡，假裝正在閱讀書籍、畫畫或編織衣物，或進行輕鬆而時尚的談話。為什麼她們要刻意做出這種偽裝，我完全無法理解，因為每個人心裡都清楚，這些女孩在家裡其實整天都在編織、縫補、剪裁、假縫、加上襯料、修剪，反覆翻看衣物，思索接下來該怎麼做。如果事務律師的女兒們不善於掩飾，一下子就被人看穿她們平日在家裡做的事，你要如何解釋她們這麼做的背後理由？當然，每個人都知道她們平日並非無所事事，既然如此，她們為什麼不坦率承

> 認，解開大家的疑惑？或許，她們這麼做是因為內心存在著一點不確定，或者微小的希望，或者是偉大的夢想，希望自己假裝的無所事事的形象能在外人面前博得淑女的名聲，使她們不再局限於鄉間的舞會，能夠跟全國知名的上流人士接觸。[6]

我們很輕易地就可以看出，必須「找事做」與必須「假裝無所事事」的人，兩者之間處於社會階級的兩端，但兩種人的表演方式並無二致。

我們之前曾經提過，當個人在他人面前進行某種行動時，他會明顯加強行動的某些面向，並且對於他想在行動中營造的印象裡面，那些可能會造成破壞的面向，予以壓抑。顯然，這些受到強調的事實使個人的外表構成我所說的前臺區域；同樣地，個人也存在另一個區域——「後臺區域」（back region）或「後臺」（backstage）——在這裡，被壓抑的事實構成個人另一個外表。

後臺區域或後臺，可以定義為一個與既定表演相關的地方，在這裡出現的事實都會有意且理所當然地與表演營造的印象相反。後臺區域也有許多特定的功能，除了必須努力發展出能表達自身以外事物的表演能力，在這裡也能公然地營造幻覺與印象。在後臺區域，舞臺道具與個人門面

6 Sir Walter Besant, "Fifty Years Ago," *The Graphic Jubilee Number*, 1887, 引自James Laver, *Victorian Vista* (Boston: Houghton Mifflin, 1955), p. 147.

的物件可以儲藏在小箱子裡，箱內層層疊疊放著介紹劇目與角色的節目單。[7] 在這裡，各種等級的儀式設備，例如各種類型的酒或衣服，都可以隱藏起來，這樣觀眾就無法比較自己實際被招待的酒與隱藏起來的酒有什麼差別。在這裡，電話這類設備都會被隱藏起來，這樣電話就只能供「私人」使用。在這裡，戲服與個人門面的其他部分都會進行調整與檢查以避免出現瑕疵。在這裡，團隊可以排練表演，在沒有觀眾在場下，檢視任何可能造成冒犯的表達，以免對觀眾構成侮辱；團隊裡表達能力不足的成員，要不是必須接受訓練，就是必須退出表演。在這裡，表演者可以放鬆：他可以卸下門面，捨棄臺詞，從角色中脫離。西蒙・波娃為後臺活動提供了一段生動的描述，她提到在沒有男性觀眾的情境下：

女人之間的關係之所以珍貴，在於彼此之間的信任。在男人面前，女人總是在作戲；女人在男人面前說謊，因為她假裝接受自己身為非本質的他者的地位，女人在男人面前說謊，因為她藉由模仿、裝扮、審酌言詞在男人面前呈現一個想像的角色。這些演員需要持續的緊張關係：每個

7 如 Métraux (*op. cit.*, p. 24) 所言，即使是巫毒教儀式也需要這類設施：

即使是附身也有戲劇的面向，就像偽裝一樣。聖殿的房間與劇院的側廳沒有什麼不同，被附身的人可以在這裡找到他要的配件。歇斯底里的人會透過症狀反應自身的焦慮與欲望，這是他們個人的表達手段，被附身的人則不同，附身的儀式必須與古典的神話人物形象吻合。

> 女人與自己的丈夫或愛人在一起時，她總是抱持這樣的想法：「我不能做自己。」男人的世界是嚴酷而尖刻的，它的聲音太吵雜，光線太刺眼，人與人之間的接觸也太粗魯。與其他女人相處時，女人如同身處後臺：她會擦亮她的配備，但不是為了打仗；她會穿上她的戲服，準備化妝，構思戰術；她在上臺之前，會穿著浴袍與拖鞋在劇院的側廳來回徘徊；她喜歡這種溫暖、隨和、輕鬆的氣氛……
>
> 對一些女性來說，這種溫暖而微不足道的親密關係，要比跟男性在一起時的嚴肅隆重來得珍貴。[8]

一般而言，後臺區域位於與表演場所相反的一端，兩者之間存在著區隔與控制的通道。透過這種方式將前臺區域與後臺區域連繫起來，離開前臺區域的表演者就能獲得後臺的支持，即使表演仍在進行，表演者也能暫時退下來稍做休息。當然，一般而言，表演者可以放心地預期這個地方不會有任何觀眾會闖入。

由於一場表演最重要的祕密就在於可見的後臺，而且表演者在後臺會表現出與角色完全不同

8 De Bearvoir, *op. cit.*, p. 543.

的行為，我們理所當然地預期連接前臺區域與後臺區域的通道會禁止觀眾進入或整個後臺區域是隱藏起來的。這是相當常見的印象管理技術，而關於這點需要進一步的討論。

顯然，後臺控制在「工作控制」（work control）的過程中扮演著舉足輕重的角色，透過工作控制，個人才能避免受到周遭緊迫盯人的需求影響。如果一名工廠工人想要成功呈現整天努力工作的外表，那麼他必須擁有一個安全的地方來隱藏自己的工具，因為他就是靠著這些工具，不需要辛勞一整天，也能讓人留下整天努力工作的印象。[9] 如果想讓喪親者產生一種幻覺，覺得死者只是陷入深度而寧靜的沉睡之中，那麼殯葬業者就必須讓喪親者遠離工作室，因為殯葬業者會在工作室裡對遺體進行脫水、填充與化妝，好讓死者順利完成最後一場表演。[10] 在精神病院裡，護理人員要讓前來訪視病患的家屬對醫院留下良好的印象，那麼重要的是絕不能讓訪客進到病房裡，特別是長期病房，外面的人只能進到特別的會客室，這裡的陳設相對理想，可以確保會客的病患服裝整齊、梳洗清潔、受到較好的對待，且表現相對良好。同樣地，在服務業，顧客必須把需要服務的事項完全交給服務人員，然後必須離開，由服務人員在不公開的狀況下進行處理。當

---

9 見 Orvis Collins, Melville Dalton, and Donald Roy, "Restriction of Output and Social Cleavage in Industry," *Applied Anthropology* (now *Human Organization*), IV, pp. 1-14, esp. p. 9.

10 Habenstein 在研討會中提到，在一些國家，殯葬業者在法律上有權拒絕死者親屬進入整理遺體的工作室，也許是因為為遺體化妝美容的景象對於非專業人士，特別是死者的親屬來說太過於震撼。Habenstein 也提到，親屬可能也希望有人阻止他們進入殯葬業者的工作室裡，因為他們也對自己病態的好奇心感到不安。

顧客回到店裡領取他的汽車、手錶、褲子或收音機時，這些物品會以良好的狀態呈現在顧客面前，而這也順帶掩蓋了服務人員必須從事的工作量與工作種類，以及工作失誤的次數與修復的過程。顧客不了解這些工作的詳細內容，也就無從判斷服務人員向他索取的費用是否合理。

服務人員總是理所當然地認為他們有權讓觀眾遠離後臺區域，儘管如此，還是有一些例子與這種普遍想法背道而馳。舉例來說，美國加油站的管理人員在這方面就遇到不少麻煩。[11] 如果車子需要修理，顧客會考慮把車子留在汽車修理廠，卻不會考慮把車子放在加油站附設的修理站過夜或甚至留置一整天。此外，當加油站的技工修理與調整車子時，車主經常覺得自己有權在一旁觀看他們工作。車主為了避免自己被不實的服務欺騙或被索取不當的費用，往往堅持技工必須在他的面前進行修理與維護工作。事實上，很多車主不僅無視只有加油站員工才能進入後臺區域的規定，甚至還把整座加油站當成男性可以隨意進出的不設防城市，他們忽略了加油站員工之所以能忍受自己的衣服沾染髒污，是因為他們擁有獨占整個後臺的權利。男性車主會任意閒逛、推高自己的帽子、吐痰、罵髒話，並且要求免費的服務或免費的旅行建議。他們問也不問就逕自走進

11 以下的陳述取材自 Social Research, Inc. 針對兩百家小企業管理人員進行的研究。

廁所，使用加油站的工具、辦公室的電話，或在倉庫裡尋找自己要的東西。[12]有時為了躲避紅燈，有些車主還會直接把車開進加油站的車道，完全無視加油站的土地權利。

在這個問題上，昔得蘭旅館也提供了旅館人員無法完全掌控後臺的例證。旅館的廚房是準備客人餐點的地方，也是旅館人員吃飯與度過一天的地方，在這裡可以充分反映出佃農的文化。接下來我們將對佃農文化的一些細節稍做介紹。

在廚房裡，呈現的主要是佃農雇主與雇員的關係。雖然洗碗的男孩只有十四歲，而旅館老闆已經三十歲，但兩人還是以名字互稱。老闆、老闆娘與員工一起吃飯，用餐時可以輕鬆聊天，地位相對平等。當老闆邀請朋友與親戚在旅館廚房舉行非正式的派對時，旅館員工也可以參加。然而，管理人員與雇員之間的親密與平等關係，與他們在客人在場時表現的樣子，會完全不同；客

---

12 在一家跑車修理廠，經理告訴我，曾經有一名車主自行走進庫房拿了一個墊圈，並且將這個墊圈拿到正站在庫房櫃臺後方的經理面前：

車主：「多少錢？」

經理：「先生，如果你走到銀行櫃臺後方，拿了一捲鎳幣，然後拿到行員面前，會發生什麼事？」

車主：「但這裡不是銀行？」

經理：「對我來說，這就是我的鎳幣。那麼，先生，你需要什麼？」

車主：「如果你是這麼想的，那麼好吧，那是你的權利。我需要一九五一年安格利亞（Anglia）的墊圈。」

經理：「你拿的墊圈是一九五四年的。」

雖然經理說的故事不一定忠實反映他與顧客實際交流時的對話與行為，但確實貼切地讓我們理解當時他的處境與感覺。

人可以感覺到幫他們辦理住宿事宜的人員，與幫他們提行李上樓的行李員以及每晚幫他們擦皮鞋與清理夜壺的女服務生之間存在著社交距離。

同樣地，在旅館廚房裡，吃的東西也是島上常見的料理。如果能取得肉類的話，那麼通常是用水煮。最常吃的是魚類，通常是用水煮或用鹽醃漬。馬鈴薯是一天中最重要的一餐，幾乎是連皮一起煮，然後以島上特有的方式食用：每個人自行從擺在桌子中央的大碗挑選自己要吃的馬鈴薯，然後用叉子叉著，用刀削去外皮，並且將皮整齊地堆放在自己的前方，等到用餐完畢，就用刀子一刀鏟起所有的馬鈴薯皮。餐桌上鋪著油布。島民幾乎每頓飯一開始都要先喝湯，喝完之後，湯碗就用來盛放接下來要吃的菜餚，而不是使用盤子。（由於絕大多數食物都是水煮，因此使用湯碗反而比較方便。）島民會用握拳的方式使用刀叉，喝茶時使用茶杯，但沒有茶托。島上的飲食從各方面來看似乎都很適切，島民雖然十分注重餐桌禮儀，但他們很清楚自己的飲食方式不同於英國中產階級，甚至某方面來說是牴觸的。其中最明顯的差異，或許表現在端給客人的食物與廚房員工的伙食其實是相同的。（這種狀況雖然不至於罕見，但也不能說常見，因為相較於提供給客人的食物，旅館員工其實更喜歡島上的食物。）廚房在準備員工伙食時，幾乎不會分成一人一份，而是裝成一大碗讓眾人分食，而且通常使用的會是一大塊肉的邊角部分與烤碎的塔（tart）——這種食物跟平常供應給客人的食物是一樣的，只是外表有些不同。以島上的烹飪標準來說，這樣的食物完全沒有問題。旅館也會用放了一段時間的麵包與糕點製作布丁提供給客人，但如果品質不合格，旅館就會留著作為員工伙食。

佃農的服裝與動作也經常出現在旅館廚房裡，因此，經理有時會遵循當地的習慣，在廚房裡也繼續戴著帽子；負責洗碗的男孩會精準地把痰吐到煤罐裡，而女性雇員休息時腳會抬得高高的，沒有一點女性端莊的樣子。

除了這些文化差異之外，旅館的廚房人員與接待人員的行事方式也有所不同，旅館在客人面前呈現或執行的服務標準，在廚房裡不一定完全遵守。旅館的側廳是用來準備食物的地方，旅館的廚房就位於此處，在這裡，存放的湯汁表面有時會長了一層黴菌。廚房的火爐上，員工會把濕襪子放在冒著蒸汽的爐子上方晾乾——這也是島上的標準做法。客人要求新鮮泡好的茶，但廚房提供的茶卻是在茶壺裡持續地烹煮，茶壺裡茶葉往往已經浸泡了幾個星期，早已在茶壺底部結了一層外殼；新鮮的鯡魚剖開後，用報紙把裡面的內臟清理乾淨；旅館餐廳的奶油，在客人使用過後變軟、形狀變得不佳，廚房會重新壓製這些奶油，讓它看起來新鮮，然後再端到客人面前；濃郁的布丁理應優先提供客人享用，然而實際上在端給客人之前，早已先被廚房人員大口品嘗。在忙碌的用餐時間，為了加快速度，用過的酒杯有時只是清空擦乾，而沒有重新洗淨。[13]

廚房的各種活動，與旅館試圖在接待客人的區域營造的印象，兩者之間充滿了矛盾，我們因

13 這些用來說明現實與外表的標準存在差異的例子其實並不極端。只要仔細觀察西方城市任何一個中產階級之家的後臺，都會發現現實與外表之間存在著同樣巨大的差異。只要存在著一定程度的商業化，這種差異無疑地總是會持續擴大。

此可以了解從廚房通往飯店其他區域的門為什麼是旅館工作組織上持續存在的痛點。女服務生希望門能夠維持開啟，這樣她們可以更輕鬆地端著托盤來回穿梭於廚房與餐廳之間，了解客人的狀況以決定是否可以端出下一道菜，以及更快地接收資深人員的指示。由於女服務生扮演著在客人面前進行服務的角色，因此她們不覺得自己進出廚房門時讓客人一瞥廚房內部的景象會對她們造成傷害。另一方面，經理則希望廚房門能夠關閉，這樣客人賦予他們的中產階級角色才不會因為看到他們的廚房習慣而破滅。每天，這些門幾乎都會不斷地被憤怒地敲擊與憤怒地推開。現代餐廳使用的那種可以一腳踢開的門，也許可以部分解決這個舞臺轉換的問題。門上可以裝設小玻璃窗作為窺視孔——許多小企業都會使用這種舞臺設備——也有所幫助。

另一個關於後臺遭遇的困難的有趣例子，出現在廣播與電視播放工作上。廣播與電視的後臺區域通常是指攝影機不會拍攝的地方，或「實況」麥克風不會收音的地方。因此，一名電視播音員可能一手拿著贊助廠商的產品，然後把手伸到攝影機面前供其拍攝，而在攝影機未拍攝到的地方，他的另一隻手卻捏著鼻子，藉此來向其他的工作人員開玩笑。當然，專業人員總會提到許多典型的例子，有些人以為自己處於後臺，但實際上他們的一言一行全在廣播與電視上被播送出去，這些後臺行為足以破壞廣播與電視苦心維持的情境釋義。而從技術上來說，用來隱蔽播音員的牆壁其實相當不牢靠，攝影機只要稍微換個角度，播音員便無所遁形。廣播與電視的播音員都必須與這種舞臺上的意外共處。

另一個與特殊的後臺困難稍微有點相關的例子是當前的住房計畫建案。用來隔間的牆壁非常薄，雖然可以構成視覺上的隔絕，但整個住房單位的後臺與前臺發出的聲響卻可以讓隔壁的住房單位聽得一清二楚。英國研究人員因此使用了「隔牆」（party wall）一詞，並且描述隔牆造成的結果：

> 居民可以聽見許多「鄰接」的聲音，從慶生的吵鬧聲到日常生活的聲響都能聽見。民眾提到收音機、夜裡嬰兒的哭聲、咳嗽聲、上床睡覺時鞋子掉到地上的聲音、孩子在臥室樓梯爬上爬下奔跑的聲音、隨意彈奏鋼琴的聲音以及笑聲與大聲說話的聲音。在夫妻的臥房裡，也能聽到鄰居的聲響，這令他們感到吃驚：「你甚至可以聽到他們使用夜壺；這真是糟糕透頂，太可怕了」；還有一些令人煩躁的聲音：「我聽到他們在床上爭吵。一個人要看書，另一個人想睡覺。聽到床上的聲響實在令人困窘，於是我把我的床掉頭」……「我喜歡在床上看書，而且我對聲音比較敏感，所以聽到他們的說話聲讓我感到煩躁」；或是一些不該聽到的聲音：「有時會聽到他們說一些私事，例如，丈夫對他的妻子說，她的腳太冰了。這讓我意識到，在自己家裡也必須小聲地說自己的私事」；「這也讓我覺得在自己家裡做什麼事都綁手綁腳，彷彿在夜裡也必須墊起腳尖在自己的臥房行走。」[14]

14 Leo Kuper, "Blueprint for Living Together," in Leo Kuper and others, *Living in Towns* (London: The Cresset Press, 1953), pp. 14-15.

在這裡，明明不熟的鄰居，卻又知道對方很多事，彼此之間陷入了一種尷尬狀態。

最後，我們可以以地位崇高的人為例，來說明後臺遭遇的困難。有些人的地位如此神聖，以至於唯一符合他們地位的外表，就是站在隨員的中央或者位於典禮的核心；人們會認為這樣的人在其他場合出現在眾人面前是不恰當的，因為這類非正式的外表可能會使他們在人們心中留下的神聖印象破滅。因此，必須禁止觀眾進入地位崇高者休息的地方，如果地位崇高者休息的地方十分廣大，例如十九世紀中國皇帝居住的紫禁城，又或者如果地位崇高者並沒有固定休息的地方，那麼就很可能出現觀眾闖入地位崇高者私人空間的問題。維多利亞女王就曾下令，當她在皇宮裡駕著自己的小馬車時，任何人看到她接近，都必須別過頭去或者朝其他的方向移動。因此，有時當女王出其不意地出現時，一些大政治家甚至必須放下尊嚴，慌張地跳到灌木叢後頭去。[15]

雖然後臺區域遭遇困難的例子有時相當極端，但後臺控制如果從未出現過問題，那麼我們也難以對社會體制進行研究。

工作與消遣區域代表了後臺控制的兩個區域。我們的社會普遍存在著一種趨勢，認為應該給予表演者另一個區域，好讓他們在這個區域滿足生物需求。在我們的社會裡，排便這種個人活動，完全悖逆了許多表演表達的乾淨與純淨標準。這類活動也導致個人服裝的凌亂與「在表演中

---

15 Ponsonby, *op. cit.*, p. 32.

缺席」，也就是說，個人把面對面互動時臉上戴著的表達面具給卸了下來。此時，如果個人突然需要與人互動，那麼他將難以重建他的個人門面。或許這是為什麼，在我們的社會裡，我們的廁所門總是可以上鎖。當個人在床上睡著時，個人無法進行表達，也無法適當地與人互動，除非他甦醒過來，否則他的臉上不可能出現能夠進行社交的表情，這是為什麼我們總是認為在一棟房子裡，臥室不屬於可以進行活動的空間。臥室通常是發生性行為的地方，這點更加強了臥室與其他地方隔絕的功能，性行為這種互動形式也讓表演者無法立即進行其他形式的互動。

最能清楚觀察印象管理的時刻，是表演者離開後臺區域，來到可以看到觀眾的地方的時候，以及表演者離開前臺，返回後臺的時候，因為在這兩個時點，我們可以完美地看到表演者融入角色與卸下角色。歐威爾（Orwell）以後臺洗碗工的視角，觀察侍者的一舉一動，為我們提供了佐證：

看著侍者走進旅館餐廳，我們可以領悟不少事。當他穿過那扇門，他突然變了一個人。他的肩膀鬆弛下來，所有的髒汙、忙碌與憤怒在一瞬間消失無蹤。他在地毯上輕快地行走，像個神聖的僧侶。我記得我們的助理領班，一個憤怒的義大利人，他在進入用餐區之前停下腳步，對著一名剛打破紅酒的學徒揮舞拳頭並且痛罵（慶幸的是，餐廳門或多或少有隔音的效果）。

「你簡直是找罵，你這樣還敢自稱是侍者？你這個乳臭未乾的混蛋，你是侍者，你連在你媽待的妓院裡擦地板都擦不好，你這個拉皮條的！」話一說完，他便轉身面向餐廳門，他在開門的同時，最後又罵了一句，口氣就像《湯姆・瓊斯》（*Tom Jones*）裡的鄉紳魏斯頓（Squire Western）。然後他走進餐廳，手裡端著菜餚的他，如天鵝般優雅地穿梭在客人之間。十秒後，他恭敬地向客人鞠躬。看著他面帶微笑哈腰行禮，你不禁會想，如此訓練有素的侍者，臉上笑容可掬，客人想必會覺得勞煩這樣的貴族來服侍自己，實在很不好意思。[16]

另一名親身參與社會底層的英國觀察者也提供了例子：

之前提到的女侍者，我發現她名叫艾蒂（Addie），她跟另外兩名女服務生就像演員一樣。她們迅速進到廚房，彷彿剛下舞臺進到後臺似地，她們高舉托盤，臉上仍帶著緊繃而驕傲的神色；在休息片刻之後，她們馬上又忙著讓新盤子裝滿菜餚，迅速離開廚房，臉上已經擺好重新上場的表情。廚師與我就跟舞臺工作人員一樣處於零亂的道具之中，門開啟的一瞬間，我們彷彿瞥見另

16 George Orwell, *Down and Out in Paris and London* (London: Secker and Warburg, 1951), pp. 68-69.

一個世界，而且幾乎能聽到看不見的觀眾的掌聲。[17]

愈來愈少人在家裡僱用僕役，歐威爾描述的中產階級家庭主婦形象也出現劇烈變化。邀請朋友來家中晚餐時，她必須忙著處理廚房的髒活，無法迅速在家庭主婦與女主人兩種角色之間快速轉換；當她在餐廳與廚房來回穿梭時，她無法改變自己的行為、舉止與脾氣。禮儀專書對於如何快速轉換提供了有用的指引，書中建議如果女主人必須退回到後臺區域一段時間，例如鋪床，那麼此時男主人應該領著賓客到花園裡散步，如此便能維護女主人的外表。

我們的社會隨處可見劃分前臺區域與後臺區域的界線。我們之前提過，除非是下層階級的屋子，否則浴室與臥室都應該是樓下觀眾不許進入的地方。人們在浴室與臥室清潔自己的身體、穿上衣服、化妝，然後才能到別的房間見自己的朋友。廚房也是如此，人們在廚房烹飪食物，就像人們在浴室與臥室整理自己的儀容一樣。事實上，正是舞臺設備區別了中產階級與下層階級的不同。不過，在社會上無論哪個階級，都會對住宅的外部區別出前臺與後臺的部分。前臺往往做了較多的裝飾，維護較為完善，而且較為整齊；後臺的部分則往往不被看重。因此，從事社交活動的成人會從前臺區域進屋，而不從事社交活動的人，如僕役、送貨員與孩子，則可以從後臺區域

17 Monica Dickens, *One Pair of Hands* (London: Michael Joseph, Mermaids Books, 1952), p. 13.

進屋。

我們對於居住地方的內部與周邊的舞臺安排相當熟悉，卻不見得了解其他地方的舞臺安排。在美國的住宅區，八歲到十四歲的男孩以及一些清潔人員都很清楚鄰里間的後街與暗巷通往何處，而他們也會使用這些小徑；但等到孩子年紀漸長，他們就會對於這些小徑存有鮮明的看法，並且不會再去使用。同樣地，門房與女清潔工很清楚哪裡有小門可以通往辦公大樓的後臺區域，他們也很熟悉清運廢棄物的系統，透過這個系統可以在沒人看到的狀況下將清掃工具、大型舞臺道具與清潔人員送進大樓內部。商店也有類似的安排，像「櫃臺後方」與庫房就可以充當後臺區域。

根據每個社會的特定價值，一個地方的後臺往往會以有形的方式加以區隔，與相鄰的地區相比，人們不難看出哪些地方屬於後臺區域。在我們的社會裡，裝飾藝術通常反映了我們的價值，而大樓供清潔與維修人員出入的部分則往往漆成黑色或者使用開放式的磚造結構，至於前臺區域則使用白色灰泥；固定設備也會安裝在前臺區域，強化這個區域的永久性。雇員的選擇也必須符合這種價值，才能前後一貫，因此外表不出眾的人會被分配到後臺區域工作，「可以讓人留下好印象」的人則在前臺區域工作。此外還會儲備一些外表平庸的雇員，這些人不僅可以用來從事一些不能讓觀眾看見的工作，就連一些可以隱藏但還不需要隱藏的工作也可以交由他們來處理。如埃弗雷特．休斯（Everett Hughes）所言，[18] 美國的工廠就像藥局一樣，如果工廠有一塊區域可以

18 芝加哥大學研討會。

隔離出來不影響工廠主要地區的運作，那麼雇主就會優先僱用黑人。（這種生態分類早已為眾人所知，但很少有人對此進行研究。）人們通常會預期，在後臺工作的人擁有一定的技術水準，而在前臺區域工作的人則擁有一定的表達水準。

進行特定表演的地方的裝飾與永久設備，就跟在這裡演出的表演者與表演內容一樣，往往會持續存在一段時間；即使以往的表演已不再進行，這個地方仍會繼續保有一定程度的前臺區域性格。因此，主教座堂與教室即使只有負責修繕的人員在場，依然能保有一定的神聖與崇高性質，就算這些工人因為忙於修繕的關係而未能表現出莊重的態度，他們的不敬也不會影響主教座堂與教室的性質，人們反而會認為他們理應表現出尊敬，只是他們沒有做到。同樣地，某個地方經常被當成躲藏的地方，在這裡不需要遵守某些標準，那這個地方就很容易被視為是一個後臺區域。在運動的社交場合裡，狩獵小屋與更衣室可以作為這方面的例證。同樣地，避暑勝地也可以作為放寬門面標準的例子，它允許平日行事拘謹的人當著陌生人的面穿著戲服在大街上閒逛。更有甚者，犯罪者的住處，乃至於犯罪橫行的鄰里，在這裡，完全不需要維持「合法」的外表。我們在巴黎可以找到這類有趣的例子：

> 在十七世紀，想要精通街頭黑話，你不僅要像乞丐一樣乞討，也要像小偷扒手一樣手法精湛。這些技巧必須要在這些社會渣滓固定聚集的地方才能學到，而這樣的地方一般稱為「奇蹟

巷」（Cours des Miracles）。如果我們相信十七世紀初作家的說法，那麼這些位於奇蹟巷的房子，在當時就被稱為度假勝地。「因為這些惡棍……與其他宵小，他們整天裝成跛子、殘廢、水腫與染上重病的樣子，到了夜裡才能返家，他們腋下夾著後腰脊牛肉、小牛肉或羊腿，腰帶上也沒忘了繫一瓶紅酒。一走進奇蹟巷，他們就把支在腋下的枴杖扔到一旁，重新恢復健康而精力充沛的外表，他們模仿古代酒神的歡慶盛宴，手中拿著戰利品，開心地手舞足蹈，此時旅館主人也忙著為他們準備晚餐。你能在其他地方看到比這裡更加不可思議的奇蹟嗎？連殘廢都能站起來走路。」[19]

在這類後臺區域裡，不刻意追求重要效果，便成為人們互動的基調，這使得來到後臺的人彷彿彼此都能相處熱絡。

雖然每個區域總是存在著某種傾向，使其固定成表演的前臺區域或後臺區域，但還有許多區域的傾向沒那麼明確，它們可能在某個時候因為某種原因成為前臺區域，卻也可能在另一個時候因為另一個原因而成為後臺區域。例如，主管的私人辦公室顯然是前臺區域，因為從辦公室的裝

19 Paul LaCroix, *Manners, Custom, and Dress during the Middle Ages and during the Renaissance Period* (London: Chapman and Hall, 1876), p. 471.

潢與家具可以明顯表達他在組織中的地位。但在這裡，他也可以脫掉外套，鬆開領帶，放一瓶酒，與其他同級主管和樂而喧鬧地談笑。[20]同樣地，商業組織使用別緻的印有公司名稱的信紙與公司外部連繫時，也要遵循以下建議：

> 公司內各部門相互連繫時使用的信紙務必以經濟而非禮節為原則。便宜的紙、彩色的紙、油印的紙或印刷的紙——什麼紙都好，「反正都是自家人用的」。[21]

然而，這類建議放在後臺的情境釋義上也有所限制：

> 標示個人姓名的便箋通常在辦公室裡用來簡要地註記事情，這種東西相當實用，使用方式也不受約束。但要注意：無論便箋再怎麼便利，資淺的員工都不可以訂製標示著個人姓名的便箋。就像鋪在地上的地毯以及在門上標示的名稱一樣，在一些辦公室裡，這種標示個人姓名的便箋其

20　當小型私人辦公室只有一個人使用時，便很容易轉變成後臺區域，這也是為什麼速記員有時比較喜歡私人辦公室更甚於大型辦公室樓層。在大型開放式的辦公室裡，員工總是要時時維持勤奮的印象；但在小辦公室裡，只要主管離開辦公室，員工就不用再裝出努力工作與恭敬有禮的樣子。見 Richard Rencke, "The Status Characteristics of Jobs in a Factory" (unpublished Mater's thesis, Department of Sociology, University of Chicago, 1953), p. 53.

21　*Esquire Etiquette*, p. 65.

實是一種身分表徵。[22]

同樣地，在星期天早上，每個家庭可以在屋子外牆的阻隔下，隱藏自己放鬆且邋遢的外表與行為，而原本局限於廚房與臥室的非正式狀態也能擴展到屋子裡的每個房間。在美國中產階級社區，每天下午，兒童遊戲場與住家之間的界線都會被每個媽媽定義為後臺，她們穿著牛仔褲，腳下踩著便鞋，臉上只塗抹最低限度的妝容，就這樣跨越界線，嘴上叼著菸，一邊推著嬰兒車，一邊與其他媽媽話家常。一大清早，在巴黎的工人階級社區，婦女認為自己有權利將後臺延伸到她們的社區商店，她們快步前去採買牛奶與剛出爐的麵包，腳上還穿著臥室拖鞋，身上穿著浴袍，頭上戴著髮網，臉上全未化妝。人們發現，在美國大城市裡，穿著時裝接受拍攝的模特兒，小心翼翼地快速走過最正式的街道，幾乎沒注意到身旁的一切；她手裡拿著帽盒，頭上罩著髮網保護她的髮型，她們這麼做不是為了製造效果，而是為了避免在抵達真正進行拍攝表演的布景之前弄亂了一身的打扮。當然，一個被徹底建造成前臺區域，固定進行演出的地方，通常在表演前後也會暫時充當後臺區域，在這段期間，前臺區域的固定設備會進行修繕、維護與重新整理，表演者也會在此時進行彩排。類似的例子也出現在餐廳、商店或殯儀館，這些地方在開張前幾分鐘，往

22 *Ibid.*, p. 65.

往會出現前臺區域與後臺區域交錯重疊的情況。一般而言，我們必須牢記的是，在談到前臺與後臺區域時，我們是以特定表演作為參考點，我們在提到某個地方的功能時，是指該地方在某個特定時點為某個特定表演進行服務。

之前曾經提到，團隊成員在合作進行相同的團隊表演時，彼此之間往往能建立起熟悉關係。這種熟悉感通常只能在沒有觀眾的時候才表現出來，因為熟悉感傳達的自我及團隊成員印象，往往與自我及團隊成員想在觀眾面前維持的印象不一致。由於後臺區域通常不是觀眾可以進出的場所，因此我們可以預期在後臺，相互的熟悉感決定了社會交流的基調。同理，在前臺區域，我們可以預期主導的基調將會是正式的關係。

整個西方社會存在著兩套行為語言，一套是非正式或後臺的行為語言，另一套則是表演時使用的行為語言。後臺語言包括以名字互稱、共同決策、講粗話、公開談論性話題、抱怨、抽菸、輕便而非正式的服裝、「邋遢」的坐姿與站姿、使用方言或不標準的口音、說話含糊、喊叫、假裝嚇唬對方、「開玩笑」、不計較對方微小但具象徵性的行為、在他人面前自顧自地做出一些小動作，如哼歌、吹口哨、咀嚼、啃東西、打嗝與脹氣。而前臺的行為語言完全沒有這些特徵，有時甚至完全相反。因此一般來說，後臺允許一些微不足道的行為，這些行為一方面象徵著親密，另一方面也顯示對他人與後臺的缺乏敬意；相反地，前臺則不允許這種可能的冒犯行為。值得一提的是，後臺行為可能具有心理學家所說的「退化」性格。當然，這裡的問題在於，究竟是後臺讓個人有機會做出退化行為，還是從臨床意義上來說，退化本身就是一種在不適當的場合，被社會不允許的動機所引發的後臺行為。

透過後臺風格，個人可以將任何區域轉變成後臺。因此我們發現，在許多社會體制裡，表演者會使用一部分前臺區域，並且以具有熟悉感的方式在這個部分的前臺區域進行表演，藉此象徵性地將這個區域與其他前臺區域劃分開來。舉例來說，一些美國餐廳，特別是那些「快餐店」，店員會在離餐廳座位最遠，離廚房最近的地方跟人聊天說話，他們在那裡的行為，至少就某方面來說，已經是把那裡當成了後臺。同樣地，旅客較少的夜間航班，空服員在結束一開始的各項工作後，便可以到最後面的座位休息，她們脫下規定穿著的鞋子，換上便鞋，她們會抽菸，雖然不能聊天，但可以暫時卸下工作放鬆一段時間。有時這種後臺氣氛甚至會擴散到離她們最近的一兩名旅客。

更重要的是，雖然情境釋義確實存在著兩種發展方向，但人們不應該預期現實中可以具體劃分出兩種純粹的情境：一種是非正式的行為標準，另一種是正式的行為標準。我們不可能找到純粹的例子。因為表演的團隊成員在某種程度上也會是另一場表演的表演者與觀眾，而某個表演的表演者與觀眾，無論可能性如何微乎其微，也會是另一場表演的團隊成員。因此，在具體的情境中，我們預期某種風格會居於主導地位，而當同時存在著兩種風格或兩種風格彼此保持平衡時，我們會感到內疚或懷疑。

我想強調的是，在具體情境中，行動總是會在正式與非正式風格之間尋求妥協。後臺的非正式性因此面臨著三種常見的限制。首先，當觀眾不在場時，團隊的每個成員會想維持一種印象：他是可以保守團隊祕密的人，如果觀眾在場，他的演出絕不會砸鍋。每個團隊成員都希望觀眾認為自己是個稱職的演員，因此，每個團隊成員也希望其他團隊成員能認為自己是個忠誠且有紀律的表演者。其次，即使在後臺，有時也會遇到表演者必須維持彼此士氣的時刻，表演者會致力維持一種印象，即將開始的表演將會順利進行，或者是剛剛結束的表演表現得並不差。第三，如果團隊內部存在著基礎的社會區分，例如不同的年齡層、不同的種族等等，那麼後臺活動就不可能無限度地完全自由。在這裡，最重要的區分無疑就是性，因為一個社會的兩性關係再怎麼密切，人們無論如何一定會在異性面前維持自己的外表。關於這點，我們可以在美國西岸的造船廠找到相關的例子：

絕大多數男性工人都禮貌地對待女性工人，甚至保有騎士的風度。當女性工人深入船身與造船廠更內部的小間時，男性工人也相當友善地把牆上貼的一大堆裸女與色情圖片撕下，收進他們陰暗的工具箱中。為了表達對「女性」的尊重，男性工人改善了他們的舉止，他們更常刮鬍子，說話的口氣也收斂不少。有時對於粗魯言語的限制太過於極端，反而造成可笑的狀況，特別是當女性自己也講粗話時，充分顯示粗魯的言語對她們而言並不陌生，也不構成困擾。不過，我經常發現有些男性想說重話，而且也有充分的理由，然而一旦他們發現有女性在場，原本大聲說話的人，會變得十分羞赧，馬上壓低音量。男性與女性工人共進午餐，或者是在休息時間隨意聊天，或者是一般常見的社交接觸，即使身處的環境是在造船廠裡，男性員工幾乎都會保持他們在家中的行為模式：尊重端莊的妻子與好母親，體貼友愛自己的姊妹，甚至像對待家中缺乏經驗的女兒一樣細心呵護。[23]

切斯特菲爾德（Chesterfield）針對另一個階層的社會也提出類似的說法：

在一群地位相當的男女中（在一群男女中，所有人的地位就某方面來說彼此相當），人們可以表現得更為輕鬆與自由，但還是必須遵守禮儀。社交上的尊重是必要的，你可以適切地開啟話題，但切記絕不要提起讓人不愉快的事。你雖然在言語、動作與態度上有更大的自由，但不表示你可以為所欲為。只要你喜歡，你可以把手插在口袋裡、吸鼻菸、坐著、站著或偶爾四處走動；但我想你不會認為吹口哨、在室內戴帽子、解掉襪帶或鈕扣、躺在長椅上或整個人窩在安樂椅上會是符合禮儀的表現。一個人只有在獨自一人時才能不修邊幅與自由，否則的話，將對長輩造成

---

23 Archibald, *op. cit.*, pp. 16-17.

傷害，對平輩造成驚嚇與冒犯，對晚輩則是一種粗暴與侮辱。[24]

金賽針對夫妻之間的裸體禁忌，特別是針對老一輩美國工人階級做的研究，也顯示出相同的狀況。[25]當然，莊重不是唯一的影響因素。昔得蘭島兩名女性居民提到，她們在婚後總是穿著睡袍上床——不只是基於莊重，也因為她們的身材實在與現代都市理想身材相差太遠。她們提到有一兩個女性朋友不需要像她們一樣遮遮掩掩；她們要是能瘦下來，也許就不需要穿睡袍了。

我們提到，表演者在後臺時相對而言較為非正式、較有熟悉感與較為輕鬆，而在實際表演時則戰戰兢兢，但這不表示舒適的人際關係——禮貌客氣、體貼、慷慨與因為他人的陪伴而感到愉快——只會在後臺出現，而懷疑、勢利與展現權威則是前臺區域專屬的行為。通常來說，無論我們懷抱著什麼樣的熱情與強烈的興趣，我們都會保留在觀眾面前展現，而後臺的連帶感（solidarity）往往清楚表現在，我們覺得在這裡可以不用理會他人，可以擺一張臭臉，可以一個人生悶氣。

有趣的是，每個團隊都很清楚自己在後臺會做出一些難看的「非表演」行為，但他們卻未能

24 *Letters of Lord Chesterfield to His Son* (Eveyman's ed.; New York: Dutton, 19296), p,. 239.

25 Alfred C. Kinsey, Wardell B. Pomeroy, and Clyde E. Martin, *Sexual Behavior in the Human Male* (Philadelphia: Saunders, 1948), p. 366-67.

體察與他們互動的團隊也會做出類似的事。當學生下課離開教室，到外面的操場隨意遊玩時，他們往往未察覺到，他們的老師也會回到「教師休息室」，做出一邊罵髒話一邊抽菸的後臺行為。當然，我們知道在團隊只有一個人的狀況下，這名團隊成員往往會對自己的後臺行為有著非常負面的看法，因此才有許多心理治療師接受聘請，負責讓這些人減輕罪惡感，而這些心理治療師的謀生之道就是跟這些人講述其他人的後臺生活，讓他們心裡好過一點。在這種了解自己的後臺行為卻對他人的後臺行為存有幻想的心態背後，存在著一種社會流動的重要動力與失望，無論這種社會流動是往上、往下還是橫向流動。為了擺脫前臺區域與後臺區域的兩面世界，個人也許覺得一旦自己取得新的地位，就能在新的地位上完整投射自己的性格，而毋須成為一名表演者。然而，一旦個人真的取得新的地位，他將意外地發現，新情境依然與舊情境十分類似——同樣還是要在觀眾面前表演，在上臺之前同樣還是要待在凌亂、眾人聊著是非的後臺進行準備。

人們有時認為後臺粗俗的熟悉感其實只是一種文化事物，是一種工人階級特質，身分地位較高的人不會有這種表現。當然，這當中的差異在於身分地位較高的人組成的團隊人數較少，而且一天之中絕大部分時間都在進行口頭的表演，對比之下，工人階級組成的團隊人數較多，而且一天之中絕大多數時間都待在後臺或進行非口頭的表演。因此，一個人在身分金字塔的位置愈高，他熟悉的人數就愈少，他花在後臺的時間也愈短，他就愈有可能必須表現得客氣有禮。然而，只要時機恰當，旁邊也圍繞著熟悉的朋友，那麼再怎麼神聖的表演者都會而且必須表現得粗俗。然而，由於數量與行為模式的差異，我們很容易了解勞工使用後臺的行為舉止，卻難以得知貴族也會這麼做。關於這種情境的有趣且有限的例子只能在國家元首身上找到，因為國家元首沒有隊友。有時，國家元首在休閒娛樂時會禮貌性地給予和他一起玩樂的夥伴隊友榮銜，此時這些夥伴便帶有先前提到的「親近」功能。宮廷的侍從武官通常扮演這種角色，龐森比曾經描述一九〇四年英王愛德華到丹麥訪問的事：

> 晚宴有好幾道菜，搭配著好幾種葡萄酒，而且通常持續一個半小時。然後，我們所有人臂挽著臂魚貫而出，進到了會客廳，同樣地，丹麥國王與丹麥王室成員早已圍成一圈，環繞著整個房間。八點，我們回到自己的房間抽菸，然而丹麥隨扈仍形影不離地跟在我們身旁，因此我們的談話只局限於禮貌性地探詢兩國的風俗。九點，我們回到會客廳，並且玩起了盧牌（Loo），但沒有賭注。
>
> 十點，我們如釋重負地離開會客廳，回到自己房間。連續幾個晚上下來，每個人都感到吃不消，但國王卻毫無怨言，他玩一種已經過時的惠斯特牌（whist），但心裡並不開心。一個星期之後，國王決定改打橋牌，但必須等到丹麥國王就寢之後才能玩。十點之前，我們還是按照例行的安排行事，十點之後，俄國公使德米朵夫親王（Prince Demidoff）來到國王的房間，與國王、西摩．福特斯庫（Seymour Fortescue）還有我一起玩牌，大家玩得非常盡興。我們每天打牌，一直

到出訪的最後一天，這個活動使我們得以從死氣沉沉的丹麥宮廷得到解脫。[26]

關於後臺關係，最後還有一點需要提出來討論。我們認為，一起合作進行表演的人會在觀眾不在場的時候表現出熟悉感，但我們也必須承認，一旦人們愈來愈習慣於前臺區域的行動（與前臺區域的角色），我們就有必要把人們離開前臺區域進入後臺區域的行為也視為是一種表演。當人們在後臺時，可能也必須以一種熟悉的方式扮演角色，而這種扮演與其說是為了放鬆而做的表演，不如說更像是一種裝腔作勢。

前面曾經提到控制後臺的用處，也提到一旦無法控制後臺，會引發擬劇論式的麻煩。接下來我想討論控制前臺區域的問題，而要做到這點，我們必須稍微擴大原有的參考架構。

我們提出兩種有著明確範圍的區域：前臺區域，也就是進行特定表演的地方；後臺區域，這裡的活動與表演相關，但與表演營造的外表不一致。我們可以合理地額外增添第三個區域，殘餘區域，也就是前臺區域與後臺區域以外的區域。這種區域可以稱為「外面」（the outside）。外面區域的觀念既非表演的前臺區域，也非表演的後臺區域，外面區域符合我們對社會體制的常識觀點。我們觀察絕大多數的建築物，發現建築物裡的房間會固定或暫時地被區隔成後臺區域與前臺

26 Ponsonby, *op. cit.*, p. 269.

區域，至於建築物的外牆則是將後臺區域與前臺區域的房間與建築物以外的世界區隔開來。位於體制外面的個人，我們可以稱為「外人」（outsider）。

除非有人刻意誤導與混淆我們，否則外面區域的觀念一般來說相當清晰易懂，這是因為當我們從考量前臺或後臺區域轉變成考量外面區域時，我們也會轉換我們考量表演的參考點。每一個正在演出的特定表演都是一個參考點，對於外人來說，他們知道有表演者正在表演或可能正在表演，（我們將會發現）這些外人感受到的表演與正在進行的表演並不相同，頂多只能說是相似。當外人出乎意料地進入正在演出的特定表演的前臺或後臺區域時，想要衡量他們不適時的出現所造成的結果，最好的方式不是去觀察他們的出現對於正在進行的表演產生了什麼影響，而是觀察他們的出現對於不同的表演產生了什麼影響，也就是說，去觀察表演者與觀眾在外人出現之前就已經預期外人會成為觀眾的情況下，所呈現的那場表演。

我們也需要留意其他種類的概念。建築物外牆將前臺和後臺區域與建築物的外部隔開，對於在前臺與後臺區域進行的表演來說，外牆顯然具有功能；不過外牆的裝飾有部分必須視為是另一場表演的其中一個面向，而且有時候後者的貢獻更為重要。因此，我們可以從英格蘭村落的房子得知：

> 我們在絕大多數村舍窗戶看到的窗簾材質，其變化往往與每個窗戶的可見度呈比例關係。

「最好的」窗簾往往出現在最能看清楚窗簾的窗戶上，而且遠優於人們無法看到的窗戶所掛的窗簾。此外，最常見的窗簾材質是單面印有圖案的材質，使用時通常是讓有圖案的那一面朝外。而最「時尚」與最昂貴的窗簾材質都是用在最能讓人家清楚看見的窗戶上，這樣才最能吸引人們的目光。[27]

我們在第一章提到，表演者想讓觀眾留下印象，而且還要盡可能不違背這樣的印象，表演者在表演中扮演的角色就是他們最重要的角色，而他們在表演中表現或被賦予的特質就是他們最本質與最獨特的特質。當個人看到一場不是為他演出的表演時，個人不僅會對這場表演感到幻滅，連帶地也會對為他演出的表演產生排斥。在這種狀況下，表演者會感到困惑。肯尼斯・伯克表示：

> 我們做出區隔回應時，就像一個在公司是暴君，在家裡是弱者的男人，又像是在藝術上十分自信，在人際關係上卻很謙遜的音樂家。當我們想把一個人在各方面的表現整合起來時，往往難以克服這種南轅北轍的差異（如果這名在辦公室是暴君，在家裡是弱者的男人，僱用自己的妻子

27 W. M. Williams, *The Sociology of an English Village* (London: Routledge and Kegan Paul, 1956), p. 112.

或孩子擔任員工，他這種區隔回應的態度恐怕就會出問題，他很可能陷入兩難而且感到痛苦）。[28]

在這種狀況下，如果個人的表演仰賴舞臺布景的精心安排，那麼問題將更加明顯。赫爾曼·梅爾維爾（Herman Melville）提到自己在船上時，船長總是對他「視而不見」，然而當他退伍下船之後，有一次在華府的派對上與船長巧遇，船長居然對他十分親切，這讓他感到幻滅：

> 在巡防艦上，准將從未跟我說過話——我也從未跟他說過話——但在部長的社交場合上，我們卻相談甚歡；派對上冠蓋雲集，擠滿了外國政要與美國各地的達官顯貴，相形之下，我可敬的朋友完全沒有了他在永不沉沒號的後甲板上，獨自一人斜倚著黃銅欄杆睥睨一切的模樣。就像其他紳士，他只有在自己的根據地，在他的巡防艦上，才能如魚得水，獲得最高的尊敬。[29]

對表演者而言，這個問題的解決方式就是區隔觀眾，讓看過表演者演出某個角色的觀眾，不會看到表演者演出另一個角色。因此，一些法裔加拿大教士雖然不想過著嚴謹到連跟朋友到海邊

---

28 Kenneth Burke, *Permanence and Change* (New York: New Republic, Inc., 1953), fn. P. 309.

29 Herman Melville, *White Jacket* (New York: Grove Press, n.d.), p. 277.

游泳都不被允許的生活，但他們也覺得，自己如果要游泳，那麼游泳的地方最好不會出現自己教區裡的民眾，因為在沙灘上的熟悉感會跟他們在教區裡維持的距離感與尊敬有所衝突。前臺區域的控制是區隔觀眾的方法之一。無法控制前臺區域會讓表演者在節目轉換時不知道自己該扮演什麼角色，使表演者無法在節目中達成擬劇論的目的。我們很難接受藥劑師在面對手持處方的顧客時，表現得像是一個售貨員或全身髒汙的牧場工人，而另一方面，如果有人只是想買個三分錢的郵票或巧克力軟糖聖代，而藥劑師卻擺出威嚴、公正、嚴守醫療規範與無懈可擊的專業模樣，我們也會覺得怪怪的。[30]

為了避免這種狀況，正如表演者可以排除掉打算觀看他另一場表演（而且該表演與他目前的表演有衝突）的觀眾，表演者也可以排除掉曾經看過他另一場表演（而且該表演與他目前的表演有衝突）的觀眾。社會地位大幅向上或向下流動的人，會徹底與自己的出身地斷絕關係。而正如個人可以在不同的觀眾面前從事不同的例行公事，個人也可以對觀眾進行區隔，並且在他們面前從事相同的例行公事。因為唯有這麼做才能讓每個觀眾覺得，雖然還有其他觀眾跟他一樣觀賞著相同的例行公事，但其他觀眾無法像他一樣如此滿意這場表演。前臺區域的控制因此再次發揮了重要功能。

30 見 Weinlein, *op. cit.*, pp. 147-48.

透過適當安排表演時程，不僅能區隔觀眾（讓觀眾出現在不同的前臺區域，或者讓觀眾先後出現在相同的前臺區域），也能讓表演與表演之間留下一點時間，讓表演者在心理與生理上都能有喘息的空間，好讓自己的個人門面能進行轉換。然而，在這些社會體制裡，團隊裡相同或不同的成員，必須在相同的時間裡面對不同的觀眾，有時不免會發生問題。如果不同的觀眾彼此的距離太近，甚至可以聽見對方說話，那麼表演者就很難讓每個觀眾覺得自己獲得了特殊而獨特的服務。因此，如果女主人希望能親切地招呼每個客人或為每個客人送行——事實上這是一種特殊的表演——那麼她必須刻意安排在前廳做這件事，因為前廳可以與其他房間的客人隔絕開來。同樣地，如果殯葬業者必須在同一天舉辦兩場喪禮，那麼在安排行程時必須盡可能讓兩場喪禮的親友錯開，以免讓喪家覺得殯儀館並不是一個能讓人安心送走親人的地方。又或者在家具行，店員帶著顧客從一套家具組「轉換」到另一套更昂貴的家具組，他必須小心翼翼地讓他的顧客與其他店員保持距離，盡可能不讓他們聽到對方說話的聲音，也許其他的店員此時正領著其他顧客從較便宜的家具組轉換到他先前試圖將顧客帶離的那套家具組，搞不好他剛才批評得一無是處的家具組，其他的店員正努力推銷試圖讓其他顧客買下。[31]當然，如果牆壁區隔出兩組觀眾，那麼表演者就能藉由迅速在兩個區域之間來回穿梭來維持他想營造的印象。這種舞臺設備，也許還搭配了

31 見 Louise Conant, "The Borax House," *The American Mercury*, XVII, p. 172.

兩個檢查室，逐漸成為美國牙醫與醫生的標準配備。

如果無法成功區隔觀眾，使外人在偶然間觀看了一場不是為他演出的表演，那麼印象管理將會出現嚴重的問題。要處理這些問題，我們需要兩種調適的技術。首先，原有的觀眾被突然地賦予與接受暫時的後臺地位，並且與表演者合作將表演迅速調整成適合闖入者觀看的內容。因此，丈夫與妻子跟平日一樣爭吵起來，此時一名相識不久的客人來訪，他們會馬上停止爭吵，然後兩個人開始維持一種疏遠但友善的態度，就跟他們對待這名突然來訪的客人一樣。人際關係如同各種類型的對話，凡是三人無法共享的都必須捨棄。因此，一般而言，如果要以新來者習慣的方式對待新來者，表演者必須從目前正在進行的表演迅速轉換成新來者覺得適切的表演。這種轉換很少能一蹴而幾，因此新來者往往還是能看出目前進行的表演有某種突兀之處。而即使表演者就算真能瞞過新來者，讓他以為轉換過的表演就是原本演出的內容，已經在場的觀眾也會覺得，在原先的表演中，他們以為可以象徵表演者本質的事物，應該不是表演者真正的本質。

要處理外人闖入的問題，我們可以改變情境釋義，使其能涵蓋闖入者，並且讓在場民眾轉換到新的情境釋義之中。解決這個問題還有第二種方式，那就是明白表示歡迎闖入者，並且認為闖入者早該進入這個區域。原有的表演或多或少仍繼續維持，並且將新來者涵蓋在內。因此，當個人沒有事先約定就前去拜訪朋友，並且發現朋友家正在舉行派對時，個人通常會受到熱烈歡迎，並且被百般勸說，希望他留下來。如果朋友的歡迎不夠熱烈，他會感到自己遭到排擠，這種感覺會使他懷疑兩人在其他場合養成的友誼與情感門面。

然而，這兩種技術通常都不是很有效。當闖入者進入前臺區域時，表演者通常已經做好準備，開始進行他們過去在某個時間與某個地點為闖入者所做的表演，而這種突如其來的轉換，會讓已經在表演的表演者至少會有一段短暫的時間陷入混亂。表演者會發現自己被兩種可能的現實撕裂，除非有人給信號，否則團隊的既有成員會手足無措，不知如何是好。接下來顯然會陷入尷尬的情境。在這種狀況下，不難理解闖入者幾乎不會受到前面所說的調適對待，而是會遭到無視，或者被無禮地要求離開。

第四章

不一致的角色

每個團隊的整體目標都是設法維持團隊表演營造的情境釋義。為了達成這個目標，團隊不免對一些事實的傳達有輕重之分。團隊透過表演所營造的現實，必然帶有脆弱的部分，而且必須在表達上維持一貫，如果觀眾仔細觀察，往往會發現一些讓他們對於表演營造的印象產生懷疑的事實，這些事實有時會讓印象崩潰或完全失去作用。我們可以說，這些事實提供了「破壞性資訊」（destructive information）。因此，許多表演面臨的基本問題是資訊控制，即不能讓觀眾取得已經為他們定義好的情境的破壞性資訊。換言之，團隊必須保守祕密，不讓祕密外洩。

在繼續下一個主題之前，為了便於討論，我要對祕密的類型做一點補充說明，因為不同祕密類型的揭露會以不同的方式對表演構成威脅。祕密的分類主要是依據祕密的功能，以及他人對祕密擁有者的看法與祕密的關係來決定。我認為任何特定的祕密都能代表一個以上的類型。

首先，有些祕密有時被稱為「黑暗」祕密。這些祕密與團隊的事實有關，團隊知道而且隱匿這些事實，因為這些事實與團隊試圖在觀眾面前維持的自我形象有衝突。當然，黑暗祕密同時也是雙重祕密：其中一個祕密是關鍵事實必須加以隱藏，另一個祕密則是關鍵事實尚未被公開承認。黑暗祕密曾在本書第一章不實陳述一節做過討論。

其次，有些祕密被稱為「策略」祕密。這些祕密與團隊的意圖與能力有關，團隊會隱匿這些祕密不讓觀眾知道，以免觀眾可以對團隊計畫引起的事態做出有效的調適。商界與軍方為了擊敗對手，也會使用策略祕密來設計未來的行動。只要團隊不對外佯裝自己沒有策略祕密，那麼策略祕密就不會成為黑暗祕密。然而，值得一提的是，即使團隊的策略祕密不是黑暗祕密，策略祕密的揭露與發現還是會破壞團隊表演。一旦如此，團隊將會突然而意外地發現，在祕密暴露之前，大家一直兢兢業業、守口如瓶、小心翼翼的那些努力，如今看來全是白費力氣，就像傻子一樣。此外，以祕密準備為基礎而採取的行動一旦完成，僅僅屬於策略的祕密最後必定會被團隊公開，但黑暗祕密仍將屬於祕密，永遠不對外揭曉。最後，資訊通常也不公開，不是因為資訊具有策略的重要性，而是因為人們覺得未來有一天，這些資訊也會取得策略重要性。

第三，有些祕密被稱為「內部」祕密。擁有這些祕密的個人會覺得自己屬於群體的一分子，這些祕密也使群體區隔且不同於那些「不知道」祕密的人。[1]內部祕密可以為主觀感受的社交距離注入客觀的思想內容。社會體制內的所有資訊，幾乎或多或少都具有這種排他功能，可以藉此排除他人的干涉。

內部祕密幾乎不具有策略重要性，也不是非常黑暗。因此，內部祕密的發現或意外揭露，不至於嚴重破壞團隊表演；表演者只需要把他們的祕密樂趣轉移到別的事情上。當然，策略與／或黑暗祕密也非常適合充當內部祕密，事實上正因如此，我們發現祕密的策略與黑暗性質經常遭到誇大。有趣的是，社會群體的領袖面對重要的策略祕密，有時也會陷入兩難。一旦揭祕，群體內

1 參見 Riesman's discussion of the "inside dopester," *op. cit.*, pp. 199-209.

部被瞞在鼓裡的成員會覺得自己遭到排斥與羞辱;另一方面,知道祕密的人愈多,祕密就愈有可能在有意無意之間洩漏出去。

一個團隊可以擁有另一個團隊的祕密,我們可以將這種祕密分成兩種類型。第一種類型稱為「委託」祕密。擁有「委託」祕密的人必須謹守祕密,因為他與這個祕密相關的團隊建立了某種關係。如果個人被委託了祕密,那麼這名有資格擁有委託祕密的人則必須保守祕密,儘管這個祕密並非他個人的祕密。舉例來說,當律師洩露客戶的不當行為時,有兩個相當不同的表演會受到威脅:客戶在法庭上顯示自己無罪,與律師在客戶面前顯示自己值得信任。還有一點也很重要,團隊的策略祕密,無論這個祕密是否黑暗,通常會是團隊裡個人成員的委託祕密,因為團隊裡的每個成員會在其他團隊成員面前表現出忠於團隊的樣子。

第二種關於他人祕密的資訊稱為「自由」祕密。知道他人的祕密並予以揭露,卻不至於破壞他人對外展現的形象,這種祕密就是自由祕密。自由祕密可以透過發現、無意間揭露、輕率坦承、傳聞等方式得知。一般而言,團隊擁有的自由祕密或委託祕密很可能是其他團隊的黑暗祕密或策略祕密,因此重要祕密被其他團隊得知的團隊必定會試圖讓其他團隊承擔守密義務,也就是讓祕密變成委託祕密而非自由祕密。

本章要介紹幾種人物,這些人物都知道團隊祕密,知道團隊祕密一方面構成這些人物的特權基礎,一方面也對他們的特權地位構成威脅。在進行主題之前,我們必須先釐清一件事,破壞性資訊並非存在於祕密之中，而資訊控制也不只是守密而已。舉例來說，幾乎所有的表演都存在與表演試圖營造的印象不相容的事實，只是這些事實尚未被收集與組織成有用的形式。舉例來說，如果某個工會報紙的讀者很少，主編擔心自己將因此丟了飯碗，因此反對讓專業調查機構調查讀者人數，這樣就不會有任何人（包括他自己）有證據證明他的工作不力。[2]這些是潛伏的祕密，要讓潛伏的祕密繼續潛伏，做法完全與守密不同。還有一個例子可以說明破壞性資訊不存在於祕密之中，那就是我們之前提過的在無意間做出的動作。無意間的動作造成的事件，其引進的資訊，也就是情境釋義，與表演者想要投射的主張不相容，而這些出乎意料的事件並不是祕密。避免這些表達不適當的事件也是一種資訊控制，但這部分的問題不在本章的討論範圍之內。

以特定表演作為參考點，我們可以根據功能區分出三種關鍵角色：表演者，觀眾，以及既不從事表演也不觀看表演的外人。我們也可以從負責扮演關鍵角色的人物平日取得的資訊，來對這些關鍵角色進行區分。表演者清楚自己營造的印象，表演者平日也知道與表演有關的破壞性資訊。觀眾知道自己可以觀看，但只能非正式地仔細觀察收集細微的資訊。基本上，觀眾知道表演營造的情境釋義，但他們無法得知與表演有關的破壞性資訊。外人不知道表演的祕密，也看不到表演營造的現實表象。最後，我們也可以根據這些角色扮演者進入的區域來描述這三種關鍵角

---

2 Reported in Wilensky, *op. cit.*, Ch. VII.

色：表演者出現在前臺與後臺區域；觀眾只會出現在前臺區域；外人被排除於前臺與後臺區域之外。因此，在表演期間，我們可以預期在功能、可得的資訊與可進入的區域之間存在著相關性，如果我們知道個人可以進入哪些區域，我們就可以知道他扮演的角色與他掌握的表演資訊。

然而，實際上，功能、被掌握的資訊與可進入的區域之間很少能完全一致。在表演過程中衍生出來的額外優越地位，使功能、資訊與區域之間的單純關係變得複雜。一些特定的優越地位經常遭到運用，而且這些優越地位對表演的影響也顯而易見，因此我們便把這些地位也當成一種角色，不過，相對於先前的三種關鍵角色，我們最好把這種角色稱為不一致的角色。接下來我們將討論其中幾個較為明顯的例子。

最引人注目的不一致角色，或許是那些藉由偽裝進入社會體制的人。以下說明其中幾種類型。

首先是「告密者」（informer）。告密者佯裝成表演者的團隊成員，因此得以進入後臺獲取破壞性資訊，然後再公開或祕密地將這些資訊展示給觀眾。告密者也經常出現在政治、軍事、產業與犯罪領域。如果告密者一開始加入團隊確實是出於真誠，而且並未預謀揭露祕密，我們有時會把這種人稱為叛徒或變節者，如果這個人還曾經是相當稱職的隊友，我們還會稱他是半途而廢。如果告密者從頭到尾一直想揭露團隊的祕密，甚至最初就是為了洩密而加入團隊，我們有時會把這種人稱為間諜。當然，我們還經常看到，告密者無論是叛徒還是間諜，通常都有絕佳的機會可以兩頭獲利，他們把團隊的祕密賣給買家之後，一轉身馬上就把買家給出賣了。告密者當然也可以以其他方式分類：漢斯．史拜爾（Hans Speier）提到，有些告密者接受過專業的祕密獲取訓練，有時則是業餘的；他們有些是社會上層，有些是社會底層；有些是為錢工作，有些是為理念工作。[3]

其次是「暗樁」（shill）。暗樁看起來像是一般觀眾，但其實與表演者沆瀣一氣。一般來說，暗樁會為觀眾提供一個可見的模範，做出表演者需要的反應，另一方面，暗樁也可能在表演當下提供表演發展所需的觀眾反應。娛樂事業有兩個專有詞彙，「暗樁」與「鼓掌部隊」（claque），這兩個詞彙現在已經成為普遍用語。我們對暗樁的認識無疑來自於露天市集，以下的定義可以看出這個概念的起源：

> 「呆頭呆腦的人」（Stick），名詞。小賭場（set-joint）的經營者僱用的個人，這些人有時是地方上傻裡傻氣的人。僱主會讓這些人一下子就贏得一大筆賭金，引誘圍觀的群眾也下場賭博。當許多人紛紛開始下注賭博時，「呆頭呆腦的人」就可以離場，把贏來的賭金交給場外看起來跟

---

3 Hans Speier, *Social Order and the Risks of War* (Glencoe: The Free Press, 1952), p. 264.

賭場毫無關係的人。[4]

「暗樁」(Shillaber),名詞。馬戲團僱用的人。當大聲招徠顧客的人結束吆喝,一旁看熱鬧的民眾還舉棋不定時,這些暗樁會突然衝到兒童秀的票亭前急著買票,然後當著鎮民的面穿過人群進入表演場地,此時一旁圍觀的民眾也會跟著趕緊買票進場。[5]

我們不應該以為暗樁只會在不體面的表演中出現(然而,只有不體面的暗樁才會有系統地扮演自己的角色,而且對於自己扮演的角色不抱個人幻想)。舉例來說,在非正式的談話聚會上,我們經常可以看到妻子興致勃勃地聆聽丈夫講述一段趣聞,而且還會適時給予呼應與提示,儘管實際上這則故事她已經聽過無數次。而當她的丈夫向大家表示,這是他第一次講這個故事時,妻子也知道這是表演的一部分。暗樁看起來就像一個不引人注目的觀眾,卻能在不經意間巧妙地進行有利於表演團隊的行動。

接下來,我們要討論另一種混入觀眾群裡的冒充者,但這一次,冒充者在不引人注目下運用的巧妙手段,不是為了幫助表演者,而是基於觀眾的利益。這類型的人受僱前來檢視表演者是否

4 David Maurer, "Carnival Cant," *American Speech*, VI, p. 336.

5 P. W. White, "A Circus List," *American Speech*, I, p. 283.

合乎他們必須維持的標準，以確保表演者營造的外表不會過度脫離現實。這些冒充者無論正式或非正式，都扮演著保護毫無戒心的民眾的角色，他們實際上以民眾的身分出現，但他們比一般受僱的觀察者更加敏銳，在倫理上也更加嚴格。

有時候，這些冒充者不會隱藏自己的行蹤，他們會先給予表演者初步的警告，讓他們知道接下來的表演會受到檢視。因此，首場表演的人與被盯上的表演者獲得了公平的警告，他們知道所自己說的一切將成為判斷的證據。參與觀察的人從一開始就吐露自己的目標，這種做法跟上述狀況一樣，也是給自己觀察的表演者類似的機會。

然而有時候，冒充者會隱匿行蹤，他們會假扮成容易受騙的一般觀眾，然後守株待兔，讓表演者自投羅網。冒充者平日執行任務時，如果從不預先提出警告，這樣的人有時會被稱為「打探者」（spotter），這些人陰魂不散，招人討厭不是沒有原因。業務員可能發現，他一直用易怒與不禮貌的態度對待客戶，結果眼前這位客戶居然是公司派來的，目的是為了了解業務員實際上如何對待客戶。雜貨店老闆可能發現，自己一直用違法的價格賣東西給客人，結果有客人是物價專家，而且來自相關的主管單位。鐵路人員也遇到相同的問題：

列車長理應得到旅客的尊敬。但現在，「打探者」卻能找出各種理由「告發他」，例如，進入有女性乘坐的車廂時，未脫帽行禮；面對日益增加的階級意識、歐洲與旅館業服務態度的傳布以及其他運輸形式帶來的競爭，卻未對旅客顯露出恭敬的態度。[6]

同樣地，一名妓女在觀眾的鼓吹下開始她的例行公事，結果發現這其實是「警察」設下的陷阱。[7]這個經驗使她開始提防一些奇怪的觀眾，深怕他們破壞了她的演出。

附帶一提，我們必須仔細區別真正的打探者與自命的打探者，後者通常稱為「找碴者」（knockers）或「自以為聰明的人」（wiseguys），這些人宣稱他們知道後臺的運作，但其實他們不知道。他們也未獲得法律或慣例的授權來代表觀眾。

今日我們已經習慣認為，這些打探者是公務單位派來檢查表演標準與表演者的人員（無論他們是否事先提出警告），尤其認為他們是政府組織為了維護消費者與納稅人權益而派來的社會控制人員。然而，這種工作其實也出現在廣泛的社交領域。紋章局與禮賓處就是明顯的例子，這些單位負責維護貴族與政府高級官員的地位，並且對於偽造自己身分地位的人進行調查。

觀眾當中還有一個特殊人物。他在觀眾中並不起眼，當觀眾離開前臺區域時，他也跟著離開前臺區域，只不過他離開之後會去找他的雇主，也就是他觀看的表演團隊的競爭者，他要向雇主

---

6 W. Fred Cottrell, *The Railroader* (Sanford: Stanford University Press, 1940), p. 87.

7 J. M. Murtagh and Sara Harris, *Cast the First Stone* (New York: Pocket Books, Cardinal Edition, 1958), p. 100; pp. 225-30.

報告自己看到了什麼。他是專業的採購者（shopper）——金貝爾百貨公司（Gimbel's）僱用他到梅西百貨公司（Macy's）採購，而梅西百貨公司又僱用他到金貝爾百貨公司採購；他是時尚界的間諜與國家飛行競賽（National Air Meets）的外國人。採購者理論上有權觀看表演，但有時人們會覺得，採購者必須待在自己的後臺區域才算合宜，這是因為採購者總是站在競爭方的視角來觀看表演，與完全具正當性的旁觀者相比，採購者更能看出表演有趣的地方，也更能看出表演無趣的地方。

另一個不一致的角色，我們通常稱之為中間人（go-between）或中介人。中間人知道每一方的祕密，而且讓每一方對他產生真實的印象，相信他能保守祕密；但中間人也讓每一方對他產生錯誤的印象，以為他對己方比對他方更忠實。有時候，中間人就像勞資爭議的仲裁者，利益對立的雙方可以透過中間人達成互利的協議。有時候，中間人就像劇院仲介，在雙方面前說好話，好拉近雙方的距離。有時候，中間人就像媒婆，他在兩方之間傳話時，總不會把話說死，以避免還沒開始就破局。

當兩個團隊實際面對面，而中間人是其中一個團隊的成員時，我們將看到一場精采的演出，彷彿有個人正拚命地試圖跟自己對打網球。同樣，我們必然會發現，我們思考問題時的基本單元不是個人，而是團隊與團隊成員。身為個人，中間人的行動是古怪、站不住腳且毫無尊嚴的，他會從扮演與忠於其中一方，擺盪到扮演與忠於另一方。身為兩個團隊的構成部分，中間人的擺盪相當難以理解。我們可以把中間人想成是雙重暗樁。

近來關於工頭功能的研究，也可說明中間人的角色。工頭不僅必須負起主管的責任，代表管理層的觀眾指導廠房內的表演，他還必須把自己所知與觀眾看到的一切轉譯成他的良知與觀眾都能接受的臺詞。[8] 正式會議上，負責主持會議的主席，也可以作為中間人角色的例證。當主席一開口要場內的人安靜坐好，並且請嘉賓上臺演說，主席的一舉一動就成了其他聽眾矚目的範例。他會誇大地要求聽者參與或欣賞演說，或是預先給予提示，讓聽者了解在聽到特定陳述時，是否應該表情嚴肅、大笑或者會心一笑。講者相信主席會「照顧他們」，因此接受了演說的邀請，而主席也確實樹立起聽眾的典型，全力支持講者，並且徹底證實演說具有真正重要的觀念。主席的表演之所以具有影響力，部分是因為聽眾對他負有義務，他們必須肯定主席所支持的任何情境釋義，簡言之，聽眾必須遵從主席採取的聆聽方針。要完成擬劇論的任務，確保講者獲得欣賞而聽者受到吸引，當然不是一件容易的事，而且往往會讓主席沒有心思去思考自己究竟聽到了什麼。

中間人的角色似乎在非正式的友好互動中特別重要，而且再次顯示出兩組團隊取向的功效。在一個對話圈裡，當個人的行動或話語獲得在場的他人一致的注意時，個人便定義了情境，個人也可以用觀眾沒那麼容易接受的方式來定義情境。而在場的他人當中，總會有人覺得自己比他人

8 見 Roethlisberger, *op. cit.*

更應該對定義情境的個人負責，我們於是可以預期這個人應該是跟他最親近的人，因此他努力消弭說話者與聆聽者之間的歧異，使其產生出一個比原先的投射更能讓人接受的集體觀點。過了一段時間，當化解歧異的人到舞池跳舞，另一個人便接替他扮演中間人與中介人的角色。陸續出現的非正式談話，事實上可以視為團隊的形成與再形成，以及中間人的扮演與再扮演。

我們已經介紹過幾個不一致的角色：告密者、暗樁、打探者、採購者與中間人。在每個例子裡，我們都可以發現，在虛構的角色、獲取的資訊與進入的地區之間存在著令人意外且隱而不顯的關係。在每個例子裡，我們都看到有人參與了表演者與觀眾之間的實際互動。我們還可以再提一個不一致的角色，那就是「非人」（non-person）：扮演這個角色的人也出現在互動中，但從某方面來說，這個角色並非表演者，也非觀眾，而且也不會（如同告密者、暗樁及打探者）假扮不是自己的角色。[9]

在我們的社會裡，非人的經典例子就是僕役。僕役應該出現在前臺區域，主人則對進入宅邸的賓客進行殷勤待客的表演。雖然就某種意義來說，僕役是主人團隊的一員（我先前已經提過這一點），但從另一方面來看，表演者與觀眾卻又把僕役定義成不在場的人。在一些群體裡，僕役可以自由進入後臺區域，因為理論上沒有人需要在他面前維持一定印象。特洛勒普太太（Mrs.

9 關於這個角色的完整討論，見 Goffman, *op. cit.*, chap. xvi.

Trollope）提供了幾個例子：

> 其實，我經常看到人們習慣對在場的奴隸視而不見。他們談論奴隸、談論他們的狀況，談論他們的能力，談論他們的行為，彷彿奴隸聽不見他們說話。我曾經看過一名年輕小姐，她坐在桌旁，夾在一男一女之間，這位端莊的小姐為了避免碰到隔壁男子的手肘，顯得自己沒有教養，只好稍稍往隔壁女子的椅子挪移。然而，同樣是這名年輕小姐，我也曾看過她若無其事地在一名黑人男僕役面前繫上胸衣。一名維吉尼亞州的紳士告訴我，自從他結婚之後，他已經習慣晚上有一名黑人女孩跟他們夫婦一起睡在同一個房間。我問他，有什麼必要的理由要讓黑人女孩跟他們睡在同一間房裡？他回道，「天哪！如果夜裡我想喝水，誰來幫我倒水呢？」[10]

這是一個極端的例子。僕役只有在主人「要求」他們做事時，才會被召喚。當僕役出現在某個區域時，還是會對在場眾人的行為產生限制，顯然，當僕役與被服侍的人的社交距離愈短，這種限制愈多。在我們社會其他類似僕役的角色裡，例如電梯操作員與計程車司機，關係兩端要維持多少距離似乎仍難以拿捏，人們不確定當非人在場時，可以容許對方與自己有多親近。

10 Mrs. Trollope, *Domestic Manners of the Americans* (2 vols.; London: Whitaker, Treacher, 1832), II, pp. 56-57.

除了類似僕役的角色之外，還有一些屬於標準類別的人物，他們出現時，有時也會被當成不在場；常見的例子如年幼者、年邁者與病人。此外，我們發現時至今日，技術人員的數量愈來愈多——如速記員、廣播技術員、攝影師、祕密警察等等——他們在重要典禮期間扮演技術角色，而非劇本角色。

非人的角色似乎總是伴隨著從屬與不受尊重，但我們不能低估被給予與取得非人角色的人運用這種角色來進行防衛的程度。我們必須說，這種狀況確實可能發生——下屬發現唯一能擺平上級的可行方法，就是假裝上級不在場。在昔得蘭島，當英國公學醫生到貧困的佃農家裡診療病人時，居民有時為了解決自己難以與醫生交流的問題，索性盡可能把醫生當成空氣。此外，團隊可以對個人視若無睹；他們這麼做，不是因為這是理所當然或唯一可行的辦法，而是因為個人做出不適當的行為，因此團隊決定以明顯的方式表達對個人的敵視。在這種狀況下，重點是要向被放逐的人顯示他遭到忽視，至於為了展示這點而採取的行動則屬次要。

我們已經討論了不能歸類於（從簡單的意義來說）表演者、觀眾或外人，卻又出乎意料地可以獲取資訊與進入區域的人物類型。接下來，我們還要再討論四種不一致的角色，這些人整體來說在表演期間並不在場，但卻令人意外地能夠取得表演的資訊。

第一個重要角色，我們可以稱之為「服務專家」（service specialist）。這些專家所服務的客戶，必須在他人面前維持表演進行，因此表演的建立、修繕與維護工作便由服務專家一肩扛起。

有些工作人員，如建築師與家具銷售員，專精於布景；有些如牙醫、美髮師與皮膚科醫生，專門處理個人門面；其他的人，如經濟幕僚、會計師、律師與研究人員，則有系統地整理出客戶口頭表達中的事實元素，亦即，確立團隊的論證方針或思想立場。

從具體的研究可以得知，這些服務專家必須取得個人表演中某些面向的破壞性資訊，而且資訊的內容至少要跟個人自己擁有的一樣，或甚至更多，如此才能真正滿足個人表演者的要求。服務專家就像團隊成員一樣，他們不僅知道表演的祕密，也了解表演的後臺。然而，與團隊成員不同的是，儘管服務專家為表演貢獻心力，但他們並未承擔在觀眾面前表演的風險、罪惡感，也未分享在觀眾面前表演的滿足感。還有一點也與團隊成員不同，服務專家知道他人的祕密，但他人卻不知道服務專家的祕密。在這種情況下，我們可以了解為什麼職業倫理要求專家必須「謹慎」（discretion），亦即他不可以把因職務之便取得的表演祕密洩漏出去。心理治療師聆聽了許多家暴細節，而除了自己的上級，他們必須對於自己所知的一切保持緘默。

當服務專家的一般社會地位高於他所服務的個人時，服務專家會以服務時從個人身上得知的特定事物，來確認他對個人的一般社會評價。在某些情境下，這會成為維持「現狀」的重要因素。因此，在美國城鎮裡，上層中產階級銀行家發現某些小企業主基於稅務考量呈現出某種門面，但這個門面顯然與他們在銀行的資金往來不相當。還有一些企業主在公眾面前自信滿滿地呈現出資金雄厚的門面，但私底下向銀行貸款時卻支支吾吾地說不出話來。中產階級醫生加入義診，他必須在令人羞恥的環境裡診療令人羞恥的疾病，他們遭遇的狀況與前述的例子類似，這些下層階級民眾無法遮掩，他們的私密完全暴露在醫生面前。地主發現底下的佃戶在外頭表現出他們都按時交租的樣子，但事實上有些佃戶根本交不出來。（有些人不是服務專家，但他們有時也會看到同樣讓他們感到幻滅的景象。舉例來說，在許多組織裡，主管人員看著底下的人員表現出幹勁十足的樣子，但他心裡很清楚哪些員工辦事不力。）

當然，有時我們也會看到客戶的一般社會地位高於服務專家，而服務專家必須設法照顧客戶的門面。在這類例子裡，會出現有趣的地位兩難的局面，一方處於高社會地位卻擁有低資訊控制，另一方則是處於低社會地位卻擁有高資訊控制。服務專家會對上層階級表演時顯露的弱點感到吃驚，但同時間卻忘記自己的表演也有同樣的弱點。服務專家因此有時會產生一種特殊的矛盾心態，一方面嘲弄「上層階級」世界跟下層沒什麼兩樣，但另一方面卻發現，正因自己身處下層，所以才特別感同身受。因此，公寓管理員因職務之便，知道公寓的住戶喝什麼酒，吃什麼食物，收到什麼信，什麼帳單沒付，甚至知道門面一塵不染的女士是否生理期到了，房客的廚房、浴室與其他後臺區域是否乾淨。[11]同樣地，加油站經理也因職務之便看到開凱迪拉克新車的男子

11 見 Ray Gold, "The Chicago Flat Janitor" (unpublished Master's thesis, Department of Sociology, University of Chicago, 1950), especially Chap. IV, "The Garbage."

只加了一美元的汽油，買了折價品，還希望加油站員工提供免費服務。他也知道，有些男性想表現出男子氣概，裝出很懂車的樣子，但實際上他們根本搞不懂自己的車哪裡故障，雖然宣稱自己開車技術一流，卻連順暢開到加油機旁邊加油都做不到。女裝店老闆有時會意想不到地發現女客穿著骯髒的內衣褲，而女客穿上尺寸不合的衣服時，還會厚著臉皮批評衣服不好。男裝店老闆知道，講話喜歡使喚吆喝的男客通常不在意自己的外表，他們只是裝個樣子，相反地，沉默但表情堅定的客人則會一件件地試穿衣服與試戴帽子，直到他們對鏡子裡的自己滿意為止。警察從一些有身分地位的商人提出的要求看出，這些社會棟樑其實專走偏門。[12]旅館女服務生發現，男客人在樓下看起來彬彬有禮，一上樓就開始勾引她們。[13]旅館的安全人員或保安發現垃圾桶藏著一張自殺紙條，上面寫了兩份草稿：

親愛的——

當你看到這張紙條的時候，我已經在你無法傷害我的地方——

當你讀到這個的時候，你做什麼都無法傷害我了[14]

---

12 Westley, *op. cit.*, p. 131.

13 作者的昔得蘭旅館研究。

14 Collans, *op. cit.*, p. 156.

從草稿可以看出，這名狀似死意甚堅的人持續演練死前的情緒，然而無論如何，這個人最終並未選擇一死。還有一個明顯的例子，名聲可疑的服務專家把辦公室設在城市的後臺區域，這樣可以讓客戶前來尋求幫助而不至於引起注意。休斯先生提到：

> 小說經常描述這樣的場景，一名上層社會的女士，蒙著面紗，隻身一人在城市偏僻的街角尋找算命師或無照的接生婆。人們可以在城市一些不知名的地區尋找專門服務，這些服務往往令人難以啟齒，即使是正當行業，前來尋找的人也會如同從事不正當的事情，一般都不願讓自己的社交圈成員知道。[15]

服務專家都會避免張揚，就像除蟲專家一樣，他們在宣傳時表示，他們會開著廂型車到客戶家，外表完全看不出是來除蟲。這種隱密的保證反而明白顯示出，客戶需要這樣的服務，也願意使用這樣的服務。

服務專家的工作必須進入他人表演的後臺才能進行，而這顯然會令他人感到困窘。一旦作為參考點的表演出現變化，結果也會隨之改變。我們經常發現，客戶持續尋求專家，不只是為了讓

15 E. C. Hughes and Helen M. Hughes, *Where People Meet* (Glencoe, Ill.: The Free Press, 1952), p. 171.

專家協助他們在他人面前進行表演，也為了專家協助他們的行為本身。許多女性到美容院獲得貼心的服務而且被稱為夫人，目的不只是為了做頭髮。有些人提到，在印度，婦女為了迎接重要宗教慶典，會找來合適的服務專家，目的是為了顯示自身的種性地位，而這件事的意義十分重大。[16]在這類例子裡，表演者比較感興趣的反而是希望服務他的專家能知道他是誰，表演者反而不是特別在意服務專家是否有助於他接下來的表演。一般狀況下，客人尋求專家服務是很平常的事，但有時客戶會出現特殊需求，甚至面對專家都感到困窘，此時便需要特殊的服務專家。因此，本該看醫生的病患，有時不得不直接去藥房購買墮胎藥、避孕藥與治療性病的藥物。[17]同樣地，在美國，個人發生桃色糾紛時，很可能尋求黑人律師的協助，因為他在面對白人律師時會感到羞恥。[18]

取得表演者委託祕密的服務專家顯然可以利用自己得到的資訊，從表演者身上取得利益。法律、職業倫理與利他的自利心，這些都能遏止服務專家的敲詐勒索，然而基於社會控制形式的性質，牟取小利的狀況依然防不勝防。定期委任律師、會計師、經濟學家或其他專家擔任口頭門面

---

16 關於這方面的討論與其他印度的資料以及一般說法，我參考了 McKim Marriott。

17 Weinlein, *op. cit.*, p. 106.

18 William H. Hale, "The Career Development of the Negro Lawyer" (unpublished Ph. D. dissertation, Department of Sociology, University of Chicago, 1949), p. 72.

（verbal front），將這些專家引進公司，可以展現出公司行事審慎的決心；而一旦這些口頭專家成為組織的一部分，或許就能引進新方法來確保專家的信任度。讓專家加入組織，或甚至加入團隊，以更確保專家將自己的技術投入在團隊表演中，而非投入受人讚賞但與團隊無關的事務上，例如提出某種平衡觀點或呈現有趣的理論數據，使專家成為觀眾矚目的焦點。[19]

第二個應該提到的專家角色是「訓練專家」（training specialist）。扮演這個角色的個人擔負的是一個複雜的任務，他在教導表演者如何建立可取印象的同時，還另外扮演了未來觀眾的角色，他會透過懲罰來說明不合宜會帶來什麼後果。在我們的社會裡，父母與老師或許是最基本的例子；士官操練軍校生也是個例子。

表演者長期接受訓練者的教導，而且認為理所當然，因此表演者在訓練者面前總是感到不自在。訓練者能喚醒表演者長久壓抑的生動自我形象，讓他想起自己笨拙而困窘的演變過程。表演

19 擔任口頭門面的專家，他們進入組織是為了替團隊收集與呈現資料數據，並且最大程度地支持團隊主張。事實的呈現並非首要之務，它只是眾多需要考量的因素之一，其他的因素還包括對手可能提出的論據，團隊必須迎合的大眾傾向，每個人都必須在口頭上表示遵守的原則等等。有趣的是，個人除了協助收集與有系統地陳述團隊在口頭表演中使用的事實，還要負責為團隊從事另一項不同的任務，那就是親自向觀眾呈現或傳達口頭門面。為表演安排典禮是一回事，在表演中親自進行典禮則是另一回事。這裡因此存在著潛在的兩難。專家愈被要求放下自己的專業標準，只以僱用他的團隊利益為念，專家就愈能提出對團隊有利的論據；但是，專家身為獨立專業人士只做平衡事實的報導的名聲愈大，那麼當他出現在觀眾面前，發表自己的看法時，他的影響力也會愈大。這方面的豐富資料見 Wilensky, *op. cit.*

者可以讓自己遺忘自己曾經有多愚蠢，但他無法讓訓練者遺忘。里茨勒提到令人羞恥的事實時表示，「如果他人知道事實，那麼這個事實就會確立下來，人們的記憶與遺忘無法對自我形象有分毫的影響。」[20]我們不可能保持輕鬆地面對那些一直站在我們門面之後的人，因為他們「清楚我們過去的樣子」，如果在此同時他們還必須代表觀眾做出回應，無法顧及過去老團隊成員的關係，那麼我們見到他們就更不可能感到自在。

我們曾經提到服務專家不是表演者，卻能進入後臺區域與取得破壞性資訊。另一種類型則是「密友」（confidant）的角色。表演者會向密友坦承自己的罪過，毫不隱瞞地交代自己在表演時給予觀眾的印象完全僅止於一種印象。一般來說，密友位於外面區域，對於後臺與前臺區域的活動只能透過移情的方式來加以感受。這就好像丈夫回家對妻子談到今日他在辦公室遭遇了陰謀、詭計、難以形容的感受與虛張聲勢，而當丈夫寫信求職、辭職或接受工作時，卻是由妻子閱讀丈夫的草稿，確認信的語氣毫無問題。退休的外交官與退休的拳擊手撰寫回憶錄，民眾讀了他們的回憶錄，彷彿被帶到了幕後，他們因此成了這些偉大表演者的紙上密友，只不過當他們閱讀回憶錄時，這些表演者的演出已經落幕。

受信任的人與服務專家不同，他不以聆聽祕密為生；他接受資訊但不收費用，藉此表現友

---

20 Riezler, *op. cit.*, p. 458.

誼、信任與珍惜告密者對他的情感。然而，我們發現客戶經常試圖把服務專家轉變成密友（或許是為了讓他們保持審慎），特別當服務專家只負責聆聽與說話時，例如神父與精神分析師。

此外還有第三種角色。如同專家與密友，同事的角色使扮演同事的人可以取得表演的資訊，即使他們從未參加過表演。

同事可以定義為在相同種類的觀眾面前呈現相同例行公事的人，但與團隊成員不同的是，同事並未在同一時間同一地點在同一特定觀眾面前參與表演。我們可以說，同事與團隊成員擁有相同的命運。由於進行相同種類的表演，同事與團隊成員了解彼此的困難與觀點；無論他們的語言有何不同，他們都說著相同的社交語言。雖然同事彼此之間也會爭搶觀眾，而且各自懷有策略祕密，但他們對彼此的提防比不上對觀眾的提防。在他人面前必須維持門面，在同事之間則不需要，同事關係因此得以放鬆。休斯最近提到這種連帶感的複雜之處。

> 無論處於何種地位，審慎永遠是工作規範的一環；在審慎考量下，同事可以彼此交換祕密，談論各自與他人的關係。這些祕密包括，對於自身的任務與能力抱持著憤世嫉俗的態度，並且嘲諷長官、自己、客戶、屬下與一般民眾的怪癖。這些表達舒緩了個人的壓力，而且成為自我辯解之詞。同事之間未明言的相互信任，主要建立在對彼此的兩項假定之上，首先，同事之間不會產生誤解；其次，同事不會把彼此的事講給不了解他們的人知道。想確認新進同事不會對既有的同

事產生誤解，就必須先在社交姿態上進行一場友好的爭論。有些人過於狂熱，會將友好的爭論激化成真正的戰鬥，有些人則剛認識就顯得過於嚴肅。擁有這些特質的人都不可信任，不僅工作上任何一點抱怨都不能告訴他，連自己的疑慮與不安也不能向他透露，更不能讓他知道同事之間用來溝通工作規範的暗號與動作。這樣的同事不可信任，儘管他不至於心存詭計，但也不乏背叛同事的可能。為了讓彼此能自由而信任地溝通，同事必須充分熟悉彼此的情感，不僅彼此說話要毫無顧忌，即使保持緘默也不會感到不安。[21]

西蒙．波娃也對同事連帶感的一些面向做出了精采陳述；她描述的是女性的特殊情境，但卻適用於所有的同事群體：

> 女性之間能夠維持或建立友誼，對女性而言是十分珍貴的事，但女性的友誼與男性之間的關係迥然不同。男性是以個人為基礎，藉由觀念與個人利益規畫來進行溝通，女性則是以女性整體的命運為基礎，透過內在的共同謀劃而結合在一起。女性首先追尋的是確認彼此擁有共同的宇宙。女性不討論意見與一般觀念，而是彼此交換祕密與生活訣竅；女性會聯合起來建立一個反宇

21 Hughes and Hughes, *op. cit.*, pp. 168-69.

> 宙，在這個宇宙裡，女性的價值觀將凌駕於男性的價值觀。女性集合起來，可以聚集力量擺脫身上的枷鎖；她們可以藉由拒絕與男性上床來推翻男性的性宰制，嘲弄男性的欲望或笨拙，諷刺丈夫與所有男性在道德與思想上的優越地位。
>
> 她們比較彼此的經驗：懷孕、生產、自己與孩子的病痛以及家務，都成了人類故事的核心事件。她們的工作不是一項技術：藉由傳承烹飪食譜與諸如此類的事務，她們為這種建立在口述傳統上的祕密科學賦予了尊嚴。[22]

從這裡不難看出，為什麼用來稱呼同事的詞彙，與用來稱呼團隊成員的詞彙一樣，總是屬於圈內人的詞彙；以及為什麼用來稱呼觀眾的詞彙，總是充滿了圈外人的意味。

值得一提的是，當團隊成員與身為同事的陌生人接觸時，往往會臨時授予他們儀式性或榮譽性的團隊成員身分。這裡存在著一種貴賓情結，團隊成員對待來訪者時，彷彿來訪者突然間與他們建立起非常親密且長期的關係。無論團隊成員擁有的組織特權是什麼，來訪者都會被給予進入俱樂部的權利。當來訪者與東道主剛好是在同一個機構接受訓練，或剛好都是同一個人訓練他們，或兩個條件同時具備時，來訪者還會受到特別的禮遇。來自同一個家庭、同一所職業學校、

---

22 De Beauvoir, *op. cit.*, p. 542

同一所監獄、同一所公學或同一個小鎮，都是明顯的例子。當「校友」見面時，雖然不至於在後臺大聲喧鬧，但至少不會拘泥於一般禮節。然而除此之外，雙方也不會再做更多的互動。

從這裡還衍生出一個有趣的狀況，一個團隊持續在相同的觀眾面前從事例行公事，但團隊與觀眾的社交距離，還是要比短暫與團隊接觸的同事來得遠。舉例來說，昔得蘭島的士紳與他的佃農鄰居很熟，而且從小就在他們面前扮演士紳的角色。然而，另一名在適當的引薦下來訪的士紳，他可能只花一個下午茶的時間，就能建立比一個佃農花了一輩子的時間與士紳鄰居接觸更為親密的關係。因為士紳的下午茶時間，相當於士紳與佃農關係的後臺。士紳們會嘲弄佃農，而平日在佃農面前表現的拘謹，此時轉變成士紳間的歡快喧鬧。在這裡，士紳不得不承認自己跟佃農有許多類似之處，而在一些令人不快的地方卻迥然不侔，佃農也因此成為士紳暗地裡取笑的對象。[23]

當同事儀式性地將善意延伸到另一個人身上時，我們可以說，這或許帶有一種建立和睦關係的用意：「你不告發我們，我們也不會告發你。」這部分解釋了為什麼醫生與店主在對待同業時總是較為客氣，而且願意給予折扣。我們可以把這種行為想成對了解內情甚多的打探者給予某種形式的賄賂。

23 島上的士紳有時會提到與島民社交有多麼困難，因為雙方沒有共同的話題。雖然士紳明顯知道找佃農喝茶會發生什麼事，但他們卻沒有察覺到，很多時候下午茶的氣氛之所以熱烈，是因為佃農沒有到場的緣故。

這種同事關係的性質，可以幫助我們了解內婚制的重要社會過程，來自某個階級、種性、職業、宗教或種族的家庭，傾向只與社會地位相同的家庭建立婚姻關係。因婚姻關係而加入對方家庭的新人，將會看到對方家庭前臺之後的狀況，而這總會讓人感到困窘。然而，如果新人的後臺能夠維持的表演形式，以及取得的破壞性資訊與對方的家庭類似，那麼困窘的程度將大幅降低。門不當戶不對等於是把應該留在外面或至少應該充當觀眾的人帶到了後臺，甚至讓他們加入團隊。

另外，在某些資格上成為同事並且取得某種相互熟悉感的人，在其他方面卻不一定是同事。同事如果在其他方面屬於權力較小且地位較低的階級，而他卻過度延伸與你的熟悉感，此時他便有可能威脅到你跟處於其他地位的他之間的社交距離。在美國社會，出身下層少數族群身分的中產階級，經常因為自身的下層階級背景而遭受威脅。休斯在提到族裔間的同事關係時表示：

> 這裡的兩難在於，讓外行人看到職業內部的裂痕固然不好，但讓實際或潛在的病人，看到醫生與像黑人這種遭到鄙視的種族的個人或甚至同事來往熱絡，則更加不妙。要避免這種兩難，比較好的辦法是避免與黑人專業人士接觸。[24]

24　Hughes and Hughes, *op. cit.*, p. 172.

同樣地，明顯出身下層階級的雇主，例如美國一些加油站的經理，經常發現他們的雇員希望加油站的營運可以像在後臺一樣，而經理發號施令時可以只用請求或玩笑的語氣。當然，從這裡還會衍生出更大的威脅，非加油站員工的人士也會簡化整個情境，他們會用對待自己同事的態度來對待加油站經理。不過，這個議題無法在這裡多談，除非我們改變參考點，從這個表演移轉到另一個表演。

有些人過度延伸自己的同事關係，因而造成困擾，同樣地，也有些人未能好好地履行同事關係，因而帶來麻煩。我們經常看到心懷不滿的同事做出背叛的行徑，把昔日同事仍在進行的表演祕密出賣給觀眾。每個角色都有被迫還俗的神父向外界透露修道院內部發生了什麼事，而報章雜誌總是對這類自白與內幕充滿興趣。因此，醫生會寫書揭露自己的同事如何分成，如何偷走對方的病人，如何擅長進行不必要的手術，如何大陣仗地動用醫療儀器賺取病人的金錢。[25]伯克表示，我們因此得到了一堆有關「醫學的說詞」：

> 把這種陳述運用到我們的目的之後，我們會發現，就連醫生辦公室裡的醫療儀器也無法純就診斷的功能來判斷，更恐怕還具有醫學「說詞」的功用。這些儀器雖然是設備，卻也能迎合人們

25 Lewis G. Arrowsmith, "The Young Doctor in New York," *The American Mercury*, XXII, pp. 1-10.

的想像：如果一個人接受一連串繁複的扣診、檢查與聽診，然後又使用了各種顯微鏡、儀表與儀器，他會滿意地認為自己接受了周全的檢驗，儘管實際上他並未接受任何有形的治療；然而如果不煞有介事地做出一大堆安排，他會覺得自己遭到欺騙，認為醫生根本沒有好好醫治他。[26]

當然，從非常狹義的角度來說，只要一讓非同事成為密友，那麼接下來一定會有人成為叛徒。

叛徒往往覺得自己站在道德的立場，認為忠於角色理想要比忠於不當扮演角色的表演者來得好。我們可以看到各種心懷不滿的同事類型，例如「隨波逐流」或故態復萌，或者不再試圖維持他獲得授權的、或他的同事與觀眾期待他維持的門面。這些偏差行為被稱為「讓自己人難堪」。因此，在昔得蘭島，居民努力在島外訪客面前表現出進步農民的樣子；然而極少數的佃農根本不在乎，他們不願意刮鬍子或梳洗，也不願整理前院或把農舍的茅草屋頂換成不會讓人聯想起傳統農民的形式，因此引起了其他居民的敵視。同樣地，在芝加哥，一個由眼瞎的退伍軍人組成的組織，他們不願扮演被憐憫的角色，因此採取了十分好戰的立場，他們巡迴芝加哥的大街小巷，想找出在街角領取救濟物品的瞎子，他們認為這群人是在讓自己人難堪。

關於同事關係，最後還有一點需要說明。有些同事群體，裡面的成員並不需要為其他成員是

26 Kenneth Burke, *A Rhetoric of Motives* (New York: Prentice-Hall, 1953), p. 171.

否做出好行為負責。某方面來說，母親也屬於這類的同事群體。平日某個母親的不良行為，或某個母親的自白，並不會對其他母親的名聲造成負面影響。另一方面，有些同事群體則較具組織法人性格，在他人眼中，這個群體的每個成員具有高度的同一性，因此一名成員能否擁有好名聲，完全取決於其他成員能否做出好的行為。如果有一個成員遭到揭露，導致了醜聞，那麼所有成員的公共名聲都會受損。在同事群體內部同一性極高的狀況下，我們可以看到群體的成員被正式組織成單一的集合體，能夠代表整個群體的專業利益，如果有任何成員破壞其他成員建立的情境釋義，那麼群體可以對這名成員進行規訓。顯然，這種同事所構成的團隊與一般團隊不同，因為團隊的觀眾成員彼此之間並未直接面對面，而且必須等到他們觀看的表演已經結束之後，彼此才能針對表演做出的回應進行溝通。同樣地，這類同事的叛徒也是一種背叛者與變節者。

這些同事群體事實產生的影響，促使我們對最初的定義架構稍做修改。我們必須涵蓋邊緣的「弱勢」觀眾，這種觀眾成員在表演期間彼此不會直接面對面接觸，他們都是各自獨立觀看表演，並且在表演結束後才匯集他們對表演的反應。當然，不是只有同事群體這樣的表演者才會有這樣的觀眾類型。舉例來說，國務院或外交部會訂定最新的外交方針，讓散布世界各地的外交官遵守。這些外交官一方面嚴格維護外交方針，另一方面在行動的性質與時間上又密切協調，他們明顯而且必須表現出單一團隊的樣子，在世界各地進行一致的表演。當然，這些例子中，依然會有幾個觀眾成員無法彼此直接面對面接觸。

第五章

與角色不符的溝通

當兩個團隊為了互動而出現在彼此面前時，兩個團隊的成員往往會維持一定的方針，表示自己會完全遵照團隊的主張行事；他們的行為會完全符合自身的角色。後臺的熟悉感必須加以壓抑，以免角色的互動出問題，而團隊裡所有參與者都必須扮演自己的角色，不能有任何人遺漏。每個參與互動的人都必須知道並且維持自己的位置，他們在互動時必須讓正式與非正式保持平衡，甚至必須將這種做法延伸到自己的團隊成員身上。在此同時，每個團隊不會貿然提出對於自己與其他團隊的真正看法，而是提出讓其他團隊相對能夠接受的自我觀點與對其他團隊的觀點。為了確保溝通可以依照既定範圍內的管道進行，每個團隊都應該巧妙而心照不宣地協助其他團隊，以維持團隊試圖營造的印象。

當然，在遭遇重大危機時，新的動機會突然湧現，團隊之間既有的社交距離也會產生劇烈波動。我們可以舉一項醫院的病房研究為例，該研究係針對一些有著我們對其知之甚少且不知如何醫治的代謝疾病的病患，而這些病患自願參與了實驗性的治療。[1]對病人的研究需要，與病人普遍對預後所感到的絕望，使以往存在於醫生與病人之間的明確界線變得模糊；醫生恭敬地詳細詢問病人症狀，而病人也覺得自己像是醫生的研究夥伴。但一般來說，當危機過去，醫病關係也會

---

1 Renee Claire Fox, "A Sociological Study of Stress: Physician and Patient on a Research Ward" (unpublished Ph. D. dissertation, Department of Social Relation, Radcliffe College, 1953).

回復到以前的可運作共識，儘管過程可能傾向於低調而不大張旗鼓。同樣地，當表演突然中斷，特別是有時出現身分錯亂的狀況時，所扮演的角色會一下子消失，而在角色背後的表演者會「忘我」地發出不太像是在表演的一聲呼喊。舉例來說，一名美軍將領的妻子提到一件事，她與丈夫在夏天傍晚開著一輛美國陸軍無棚頂的吉普車出去，而兩人並未穿著正式服裝：

接著我們聽到一陣尖銳的煞車聲，一輛憲兵吉普車攔住我們，要我們在路邊停車。憲兵下車走到我們車子旁邊。

「你開著政府的車子，上面還載著一名女士」，其中一名看起來最凶悍的士兵厲聲說道。「讓我看看你的旅票。」

在軍隊裡，每個人都要有旅票才能開軍車，旅票上會載明是哪個單位授權你使用這輛車。士兵相當嚴格，他還要求韋恩（Wayne）出示駕駛執照——韋恩應該帶的另一份軍事文件。

當然，無論是旅票還是駕駛執照，韋恩都沒帶。但韋恩身旁的座位放著他的四星軍便帽。他安靜但迅速地把帽子戴到頭上，此時憲兵們正在他們的吉普車裡尋找表單，準備進行告發，因為韋恩幾乎違反了所有的規章。他們找到表單，轉身朝我們走來，才走了一半，就看到他們停下腳步，一副目瞪口呆的樣子。

「四星！」

先前負責盤問的士兵還來不及思索便脫口而出地說，「老天爺！」然後又驚恐地用手摀住自己的嘴。他努力從這個糟糕的處境中恢復過來，說道，「長官，我沒認出你來。」[2]

值得一提的是，在英美社會，「老天爺！」「我的天啊！」或其他代表相同意義的臉部表情，往往顯示表演者承認自己暫時陷入了某種情境中，無法再繼續扮演自己的角色。這些表達反映了一種與角色不符的極端溝通形式，而這種形式逐漸約定俗成，幾乎成了一種表演時懇求原諒的做法，目的是向觀眾表示，我們只是一群卑微的表演者。

當然，這些危機屬於例外；維持可運作共識與在公眾面前按部就班才是原則。然而，就在這個典型的君子協定底下，卻也流淌著較為尋常，卻也較不明顯的溝通之流。如果這些溝通之流不是暗流，如果這些概念是堂而皇之地進行討論，而非以祕密的方式進行互動，那麼這些溝通很可能會與參與者正式投射的情境釋義產生矛盾，甚至可能破壞情境釋義。當我們深入了解社會體制時，幾乎總會發現這些不一致的情感，而從這些不一致的情感可以看出，表演者在情境中的回應彷彿是直接、不加思索與不由自主的，而表演者也覺得這是自己的真實反應；但我們總能在另一些情境中發現，表演者會向一兩位在場的人表示，他進行的表演其實只是逢場作戲。這種與角色

2 Mrs. Mark Clark (Maurine Clark), *Captain's Bride, General's Lady* (New York: McGraw-Hill, 1956), pp. 128-29.

不符的溝通因此衍生出一個論點：想適當地研究表演，不僅要從團隊的角度出發，也要考慮潛在的互動中斷。必須重申的是，這種論點並非主張祕密的溝通以及與祕密溝通格格不入的官方溝通都不能反映實際現實；真正的重點在於，表演者一般來說都會進行這兩種溝通，而這種雙重介入必須謹慎為之，以免破壞官方投射的情境釋義。表演者使用的溝通類型相當多樣，有些類型在互動當中所傳達的資訊會與官方維持的印象不符，我們將討論其中四種類型：觀眾不在場（treatment of the absent）、討論演出（staging talk）、團隊的共謀（team collusion）與重新調整行動（realigning action）。

觀眾不在場

當團隊成員來到觀眾看不見或聽不到的後臺時，往往會開始貶低觀眾。他們在後臺的態度與先前在臺上面對觀眾時的態度迥然不同。舉例來說，在服務業，客人在表演期間得到表演者畢恭畢敬的對待，但表演者回到後臺之後，就開始嘲笑、說長道短、諷刺、咒罵與批評客人；同樣在後臺，表演者還會計畫如何「欺騙」客人或使用「不正當的手段」對付或安撫客人。[3] 因此，在

3 例見案例報告，"Central Haberdashery" in Robert Dubin, ed. *Human Relations in Administration* (New York: Prentice-Hall, 1951), pp. 560-63.

昔得蘭旅館的廚房裡，員工會給每個客人取一個貶抑的代稱；他們會把客人的說話方式、語調與習性模仿得維妙維肖，藉此取笑與批評客人；他們會像學者與臨床醫生一樣仔細地討論客人的怪癖、缺點與社會地位；他們會在客人看不見也聽不到的地方，對客人提出的微小要求做出古怪的表情與咒罵。當然客人也不干示弱，他們會在自己的圈子形容旅館的員工都是懶惰的豬，或者說他們傻呼呼的、腦袋簡單，又說他們眼裡只有錢。然而，當旅館員工與客人面對面時，卻顯示出相互尊重與親切溫柔。同樣的狀況也出現在朋友關係上，我們幾乎總能看到人前人後態度不一的現象。

當然，有時候也會出現相反的狀況，表演者並未批評觀眾，而是在後臺讚美觀眾，因為他們不允許當著觀眾的面這麼做。但是相較於祕密的讚美，更常見的還是祕密的貶低，或許這是因為貶低觀眾有助於維持團隊的連帶感，團隊成員可以藉由批評不在場的觀眾來顯示對成員的關心，使成員在面對與滿足觀眾需求時所喪失的自尊得到補償。

表演者有兩種常見的貶低觀眾的方式。首先，當表演者身處於即將與觀眾面對面的區域時，此時觀眾可能已經離開或者是尚未抵達，表演者有時會趁這個時候演起諷刺劇，嘲弄自己與觀眾互動的樣子，並且由部分團隊成員扮演觀眾。舉例來說，弗朗西絲·多諾萬（Frances Donovan）曾經描述女售貨員嬉鬧的樣子：

店裡不忙的時候，這些女售貨員幾乎總是聚在一起。一種令人難以抗拒的吸引力使她們聚集起來。只要一有機會，她們就會玩起「客人」遊戲，這是她們發明的遊戲，而且怎麼玩都玩不膩，她們藉著這個遊戲來上演諷刺劇與喜劇，我從未在任何舞臺看過如此精彩的演出。一名女孩扮演女售貨員，另一名女孩扮演挑衣服的客人，兩人一起進行了一場讓所有觀賞這齣輕歌舞劇的觀眾樂不可支的表演。[4]

丹尼斯·金凱德（Dennis Kincaid）在提到英國統治印度初期，印度人為英國人所安排的社交活動時，也描述了類似的現象：

如果年輕的承購商覺得這些娛樂很無聊，那麼邀請他們前來的東道主——東道主在其他活動上對於拉吉（Raji）的魅力與卡里亞尼（Kaliani）的機智感到十分滿意——也會因為客人無法盡興而感到難受，只能不安地等待派對結束、客人離開。然而，接下來的娛樂節目卻是英國人沒有機會見到的：宅邸大門一關上，在場的舞女就跟所有擅長模仿的印度人一樣，開始模仿剛離開的客人的無聊表情，而最後一個小時令人不適的緊繃氣氛，就瞬間被快樂的笑聲驅散。隨著英國人

4 Frances Donovan, *The Saleslady* (Chicago: University of Chicago Press, 1929), p. 39. 特定的例子見 pp. 39-40.

乘坐的馬車在匡噹匡噹的聲響中離去，拉吉與卡里亞尼穿上英國人的服裝加以嘲弄一番，接著又粗鄙而誇大地跳起帶有東方風格的英國舞蹈——這些小步舞蹈與鄉村舞蹈對英國人來說既純真又自然，與印度舞女的挑逗舞姿大異其趣，然而對印度人而言卻是難登大雅之堂。[5]

這種行為是一種儀式上的褻瀆，它針對的不僅是前臺區域，也包括觀眾本身。[6]

其次，提及某人（reference）與稱呼某人（address）是不一樣的兩件事。在觀眾面前，表演者傾向於使用聽了讓人愉快的稱呼方式。在美國社會，所謂的稱呼包括禮貌而正式的形式，例如先生，或者是比較有人情味與令人感到親近的叫法，例如直接叫名字或綽號；至於要選擇正式還是非正式的稱呼，那就要看被稱呼的人喜歡哪一種。而觀眾不在場時，則往往只以姓來提及對方——如果當著對方的面，是不被允許的——或直呼對方的名諱，或叫對方的綽號，或是含混念出對方的全名。有時候，觀眾裡的其中一員甚至連含混念出觀眾的全名都懶，直接給對方取個代號，用抽象的事物來表示對方。例如，醫生在病人不在場時會直接說，「那個得心臟病的」或

5 Dennis Kincaid, *British Social Life in India, 1608-1937* (London: Routledge, 1938), pp. 106-7.

6 還有一些傾向也跟這種狀況類似。有些辦公室會依照職位高低分成幾個區域，到了午餐休息時間，上司往往會離開辦公室，辦公室裡的其他員工就會把整個區域當成吃午飯或飯後聊天的地方。暫時占用上司的工作場所似乎也提供了下級員工褻瀆上司地位的機會。

「那個得鏈球菌的」；理髮師私底下把一些客人稱為「那個頭髮很多的」。此外，表演者在提及不在場的觀眾時也會使用結合了距離與貶抑的集合名詞，以此來區別自己人與非自己人。因此，音樂家把顧客稱為「正方形」（squares，指食古不化）；辦公室裡的美洲原住民私底下把外國同事稱為「G. R.'s」；[7] 美軍士兵私底下把並肩作戰的英軍士兵稱為「Limeys」；[8] 在慶典擺攤的小販對著來往的民眾大聲叫賣，但私底下卻說這些民眾是土包子、鄉巴佬、鄉下人；猶太人處理家長會的例行公事，私底下把觀眾稱為「外邦人」（goyim）；黑人私底下把白人稱為「白佬」（ofay）。一個針對扒手集團進行的傑出研究也提到類似現象：

> 被扒的人的口袋對於扒手之所以重要，只因為被扒的人的口袋裡裝了錢。事實上，口袋已經成為被扒的人與他的錢財的象徵，導致被扒的人經常被稱為（或者直接被當成）口袋，或者被稱為左褲管、掏出、內袋。他成了在特定時間或特定地點被扒的對象，扒手往往先看到他想扒的口

7 「德國難民」。見 Gross, *op. cit.*, p. 186.

8 見 Daniel Glaser, "A Study of Relations between British and American Enlisted Men at 'SHAEF'" (unpublished Master's thesis, Department of Sociology, University of Chicago, 1947). Mr. Glaser says, p. 16:

「美國人『limey』這個字來取代『英國』，通常帶有貶義。美國人不會當著英國人的面使用這個字，不過英國人其實並不知道這個字的意思，也不覺得這個字帶有貶義。事實上，美國人對這個字的使用，非常類似『nigger』，美國北方白人絕不會在黑人面前說『nigger』這個字。這類的綽號現象，在這種有著明顯分類特徵的接觸的種族關係裡，當然是一種常見的現象。」

袋，然後才看到口袋的主人，扒手集團就是這樣看待被扒的人。[9]

最令人不堪的狀況或許是，當個人要求他人直接用親近的詞彙稱呼他，而當他在場時，所有人都聽話照做，可是一等他不在，大家卻又改用正式的名稱稱呼他。例如，在昔得蘭島上，一名觀光客要求當地佃農可以用他的名字稱呼他，但當觀光客不在場時，佃農們還是用正式的名稱稱呼他，一下子把他推回原來的位置。

我已經介紹過表演者貶低觀眾的兩個標準方式：以角色扮演的方式進行嘲弄以及用貶低的名稱提及對方。此外，還有其他的標準方式。當觀眾不在場時，團隊成員會用憤世嫉俗的語氣，或完全技術性的說法，來描述他們從事的例行公事，清楚顯示他們對於自己從事的活動，想法完全與觀眾不同。當團隊成員得到警告，得知觀眾正接近他們，團隊成員可能會刻意延長表演到最後一分鐘，直到觀眾幾乎能看到後臺活動為止。同理，當觀眾起身離去時，團隊成員會迅速衝到後臺放鬆休息。藉由刻意在表演與停止表演之間快速切換，團隊在某種意義上可以透過後臺行動來汙染與褻瀆觀眾，或者極端地凸顯團隊與觀眾的差異，並且在進行上述行動時完全不被觀眾察覺。不在場的人還會遭遇另一種標準的敵視，在團隊成員即將離開（或只是想離開）團隊轉而加

9 David W. Mauer, *Whiz Mob* (Gainesville, Florida: American Dialect Society, 1955), p. 113.

入觀眾行列時，也會遭到其他成員的取笑與嘲弄。此時，準備離開的成員會被當成彷彿已經離開一般，其他成員會肆無忌憚地辱罵或侮辱他，其實也就是把他當成觀眾來加以貶低。最後一個敵視的例子發生在觀眾正式加入團隊的時候，同樣地，他會遭受開玩笑式的不當對待與「吃上不少苦頭」，而他遭受虐待的理由，就跟成員離開團隊時遭受其他成員的辱罵是一樣的。[10]

我們從先前提到的各種貶低技術可以看出，在言語上，個人在面對面時遭受的貶低相對輕微，不在場時遭受的貶低則相對嚴重。這種做法已經成為我們互動時的基本原則，然而我們不應該從情感的角度來解釋這項原則。我們之前曾經提到，團隊成員在後臺貶損觀眾是為了維持團隊士氣。當觀眾在場時，體貼地對待他們是必要的，但這不是為了觀眾，也不是僅僅為了觀眾，而是為了確保和平有序的互動能繼續進行。表演者對於觀眾的「實際」感情（無論正面還是負面）與觀眾在不在場的反應完全無關。不可否認，後臺活動通常就像召開軍事會議一樣；然而，當兩個團隊在互動的戰場上相遇時，雙方從事的活動既不是和平也不是戰爭，而是處於暫時的停戰狀態（temporary truce），這是一種可運作共識，讓雙方藉此完成各自該完成的工作。

10 參見 Kenneth Burke, *A Rhetoric of Motives*, p. 234ff.，他對剛加入團隊的個人做了特別的分析，並且使用了「迎新霸凌」（hazing）這個關鍵詞。

討論演出

觀眾不在場時，團隊成員也會討論演出的問題，包括符號工具的狀況；臨時提出展臺（stands）、臺詞（lines）與位置（positions）的問題，由所有成員一起「解決」；分析可用前臺區域的優點與缺點；考慮表演時觀眾可能的數量與性質；討論過去表演為什麼中斷，與未來表演可能發生的中斷；談談同事團隊最近發生的事；討論上次表演獲得的評價，或者稱為「事後檢討」；改正錯誤，提振士氣，為下次表演做準備。

討論演出，有時也稱為說長道短、「討論公事」等等，這個觀念其實有點陳舊。我在這裡提出這個觀念，因為這個觀念可以凸顯出扮演各種社會角色的個人卻身處於同一種擬劇論經驗氣氛裡的現象。喜劇演員的談話與學者的談話顯然有很大的差異，然而他們在討論自己的談話方式時卻有類似之處。令人驚訝的是，在談話之前，他們都會跟朋友提到什麼能吸引聽眾注意，什麼會讓聽眾感到無聊，什麼會冒犯聽眾，什麼不會讓聽眾感到不適；在談話之後，他們也都會提到，他們演說所在的演講廳長什麼樣子，參加的聽眾都是什麼樣的人，以及他們獲得什麼樣的評價。討論演出已經在後臺活動與同事連帶感的討論中提過，這裡就不做贅述。

團隊的共謀

當參與者在互動中傳達事情時，我們預期他只會透過他選擇投射的角色的嘴巴來進行溝通，他會公開向所有的人陳述自己的想法，所有在場的人都有相同的機會聽到他溝通的內容。因此，舉例來說，低聲說話通常被視為是不適當與應該禁止的，因為低聲說話會破壞表演者營造的印象，亦即，表演者應該表裡如一，說話算話。[11]

儘管觀眾預期表演者說的一切都會符合他營造的情境釋義，但表演者在互動時還是會傳達許多與角色不符的內容，甚至不讓觀眾了解他所傳達的與情境釋義不符的事物。能夠聽懂表演者祕密溝通內容的人，往往與其他參與者建立了其他面對面的共謀關係。他們彼此之間擁有祕密，不讓其他在場的人知道，他們彼此承認，自己在觀眾面前所做的表演，也就是他們正式投射的角色所做的演出，僅僅只是一種表演。透過這種穿插演出，即使表演者進行的表演出現了不可接受的與觀眾相關的內容，或者是出現了不可接受的與表演者自身相關而不被觀眾接受的內容，表演者也依然能維持後臺的連帶感。我把這種共謀的溝通稱為「團隊的共謀」（team collusion），這種溝

11　在娛樂遊戲裡，低聲商議是可接受的，因為表演者面前的觀眾多半是小孩或外國人，因此不需要考慮這麼多。在社交場合，當著眾人的面，會分成幾個人群各自聊天說話，每個聊天群的參與者都努力裝出他們討論的事情其實也是其他聊天群裡討論的事情，儘管事實上並非如此。

通是以非常謹慎的方式傳達，表演本身為觀眾營造的幻覺不至於因此受到威脅。

我們可以從祕密暗號系統中看出重要的團隊共謀，表演者透過暗號系統祕密接收或傳送相關資訊、對於援助的要求，與其他可以成功進行表演的訊息。一般來說，這些演出提示（staging cues）來自於導演或傳達給導演，這些提示簡化了導演管理印象的工作，從而推動了祕密語言的使用。演出提示通常能將進行表演的人與提供協助或指導後臺的人連繫在一起。因此，有了腳踏鈴，女主人就能向廚房的工作人員下指令，但又不影響她在宴席上與客人談笑風生。同樣地，廣播與電視進行製播時，控制室人員會使用一套暗號來指示表演者，特別是在重要的時間點，運用暗號可以避免觀眾在與表演者進行正式溝通的同時，又另外察覺到控制溝通系統的存在。同樣地，在商業場合，主管想迅速而圓滑地終止訪談，他們會訓練自己的祕書在適當的時間用適當的理由終止訪談。美國的鞋店也提供了很好的例證，有時候，客人想要找比店家手邊有的、或是比適合他的腳還要大一號的鞋子，此時或許會這麼處理：

> 店員為了讓客人留下他們可以迅速撐大鞋子的印象，於是向客人表示，他會用「三十四號鞋楦」把鞋子撐大。這句話等於告訴負責包鞋的人，不需要把鞋撐大，只需要把原來的鞋子包好，不動聲色放一段時間就行。[12]

---

12 David Geller, "Lingo of the Shoe Salesman," *American Speech*, IX, p. 285.

表演者與他在觀眾裡安排的暗樁和共謀者，當然會利用演出提示來相互連絡，就像攤販與他在圍觀民眾裡安排的內應「互通聲氣」一樣。我們更常發現團隊成員在表演時會使用這類提示，事實上，這類提示使我們有理由認為，在分析互動時必須從團隊的概念入手，而非考慮個人表演的類型。舉例來說，這種團隊共謀在美國商店的印象管理上扮演著重要角色。特定商店的店員在客人面前表演時普遍發展出屬於自己的一套提示方式，當然，全美各地的許多商店也發展出相對標準而統一的語彙形式。有時候，店員屬於外語群體，他們會使用自己的語言來進行祕密溝通——有些父母會在幼小的孩子面前使用外語，一些上流階級也會使用法語交談，因為他們不想讓自己的孩子、家裡的傭人或交易的店主聽到他們談話的內容。然而，這種做法就像低聲說話一樣，會給人一種粗魯無禮的印象；你可以用這種方式守住祕密，但他人卻可以看出你有祕密不讓人知道。在這種狀況下，團隊成員很難在客人面前維持誠懇關心的門面（或者在孩子面前維持坦誠的門面）。那些聽起來無害，讓客人以為自己已經聽懂的詞彙，對店員來說最好用。例如，如果客人在鞋店裡表示，她很想要一雙寬度是B的鞋子，店員會設法讓她相信，她拿到的就是鞋寬B的鞋子：

……店員會叫喚走道另一頭的店員，說道，「班尼（Benny），這雙鞋的尺寸是多少？」他用班尼這個名字來叫喚另一個店員，就是在暗示店員回覆他，這雙鞋的鞋寬是B。[13]

這種共謀關係的精采例證，可以從一份波瑞克斯家具店的報告看出：

> 現在店裡有一個客人，假使怎麼推銷，她都不買呢？價格太貴；她必定會問問她丈夫的意見；她只是逛逛而已。就這樣讓她離開（亦即，讓她什麼都沒買就離開），在波瑞克斯家具店就像犯下叛國罪一樣。店裡設了許多腳踏鈴，店員踩下其中一個，發出了求救信號。「經理」隨即現身，只見他兩眼緊盯著家具，完全忽略了將他召喚過來的阿拉丁（Aladdin）。
>
> 「狄克森先生，真是不好意思，」店員一邊說，一邊裝出不願勞駕眼前這位大忙人的樣子。「我在想您能不能跟這位客人談一下。她覺得這套家具太貴了。太太，這是我們的經理，狄克森先生。」
>
> 狄克森先生使勁清了清自己的喉嚨。他足足有六英尺高，一頭鐵灰色的頭髮，外套翻領上別了一個共濟會的別針。從他的外表，沒有人想像得到他只是個負責收尾的人（T. O. man）。亦即，他是個特殊店員，凡是難搞的客人都會交給他。

---

13 David Geller, *op. cit.*, p. 284.

「好的，」狄克森先生一邊說，一邊抓了抓自己鬍鬚剃得精光的下巴。「我了解了，班奈特，你去忙你的吧，這位太太就由我來負責。反正我現在不是很忙。」

店員退了出去，看起來就像僕役一樣，然而如果狄克森先生沒能成功賣出家具，店員可是會好好數落他一頓。[14]

這種由店員扮演經理，然後把客人「移交」給他的做法，在零售業顯然十分普遍。一些家具店員的用語也提供了例證：

「給我這件東西的數字」，這裡的數字指的是某件家具的價錢，而回答的人會給他一個密碼。這個密碼的編成，其實在美國各地的家具店裡都一樣，就是把成本乘以二，店員只要把應有的利潤比例加上去就行了。[15]

Verlier是一個命令的詞彙……意思是「你去忙吧」。當店員希望另一名店員知道，他在場會

14 Conant, *op. cit.*, p. 174.

15 Charles Miller, "Furniture Lingo," *American Speech*, VI, p. 128.

妨礙他推銷商品時，就會說這個字。[16]

某些商業活動遊走於法律邊緣，而且經常承受極大的壓力，我們普遍發現，從事這類商業的團隊成員會使用相當艱深的字來祕密傳達表演的關鍵資訊。這類密碼的使用在上層圈子並不普遍。[17]但我們卻經常看到團隊成員非正式地或下意識地做出意味深長的姿態與表情，藉此來傳達共謀的演出提示。

這些非正式的提示或「暗號」有時會為表演開啟新的階段。因此，「當著主人的面」，丈夫可能透過語調的些微調整或動作的變化來提示妻子，他們該告退了。這對夫妻可以自動自發地保持行動一致，雖然表面上毫不聲張，但背後卻有嚴格的紀律作為基礎。有時候，表演者也可以藉由提示來警告其他表演者，團隊裡有成員即將作出不恰當的行為。從桌子底下踢對方一腳或者是把眼睛瞇起來，這些都會帶來詼諧滑稽的效果。一名鋼琴伴奏提到有一個方式可以在音樂會中讓走音的歌手恢復正常：

---

16 *Ibid.*, p. 126.

17 當然在上層建制裡也有例外，如主管與祕書的關係。*Esquire Etiquette*, p.24 提供了以下例子。

「如果你和祕書共用一個辦公室，你最好能夠預先想好一個暗號，當你想私下跟訪客談話，只要簡單示意就能讓祕書自行離開辦公室。『史密斯小姐，請妳讓我們單獨談話好嗎？』這句話很可能讓在場的每個人都感到尷尬；如果你能事先做好安排，這樣就能更輕易地傳達心裡的意思，例如，『史密斯小姐，行銷部好像有點事，妳能不能過去處理一下？』」

> 他〔鋼琴伴奏〕會把曲調彈高一點，稍微蓋過歌手的聲音，讓琴聲能夠進到歌手的耳朵裡。鋼琴和聲中或許有一個音符應該由歌手演唱，伴奏因此決定要更凸顯這個音符。這個音符實際上並不屬於鋼琴應該彈奏的部分，但伴奏必須把這個音符加添在高音譜號上，使琴聲特別大聲而嘹亮，才能讓歌手清楚聽到鋼琴的聲音。如果伴奏已經將理應由歌手演唱的整個樂句用琴聲演奏出來，而歌手的歌聲依然還能高了四分之一音或低了四分之一音，那我們只能說這名歌手天賦異稟。而一旦伴奏感受到危險的信號，那他會持續警惕著，必要時就會用琴聲來表現歌手演唱的主旋律。[18]

這名伴奏還提到一個狀況，這個狀況實際上在許多表演中都會出現：

> 一名敏感的歌手只需要伴奏給他最細微的提示。事實上，有時伴奏給的提示十分細微，歌手很可能就已經獲得幫助，但他自己卻渾然不覺。歌手愈不敏感，伴奏給的提示就必須愈突出而明顯。[19]

---

18 Moore, *op. cit.*, pp. 56-57.

19 *Ibid.*, p. 57.

另一個例子出自戴爾的討論，他提到文官如何在會議中提醒大臣他的處境危殆：

但是，在對話的過程中，很可能出現意想不到的新狀況。在委員會裡，如果文官發現大臣的發言有誤，他不會直截了當地提醒；而是迅速寫一張紙條遞給大臣，或者是另外提出一些事實或建議，對大臣的觀點做出些微的修正。一個有經驗的大臣會立刻注意到文官打的信號，然後不動聲色地撤回或至少延遲討論。在委員會裡，大臣與文官的密切合作有時需要一點機敏與敏銳的觀察力。[20]

團隊成員經常會收到非正式的演出提示，警告他們，觀眾即將突如其來地出現在他們面前。因此，在昔得蘭旅館，當客人未經允許想進廚房看看時，第一位發現的員工會用特殊的腔調大聲呼喊，也許是叫喚其他在場員工的名字；如果在場員工有好幾個，那麼也許會叫喚集體的名字，例如「孩子們」(bairns)。一聽到信號，男性員工會脫下帽子，把擱在椅子上的腳放下來，女性員工會收好四肢，做出端莊的動作，所有在場的員工為了準備這場被強迫的表演，每個人的動作都十分僵硬而不自然。有一種表演示警相當著名而且會清楚地讓人得知，那就是播音室使用的視

20 Dale, *op. cit.*, p. 141.

覺信號。這些信號字面上或象徵性地寫著：「播音中。」龐森比提到一個同樣明顯的提示：

> 女王〔維多利亞〕經常在炎熱的巡行路上睡著，但她睡著的樣子絕不能讓村子裡的群眾看到，因此每當我看到前頭有大批群眾夾道歡迎時，我總會用馬刺扎馬兒一下，讓受驚的馬兒一躍而起，藉此發出聲響。碧翠絲公主（Princess Beatrice）總是知道這表示前面有群眾，如果女王沒有被我發出的聲音吵醒，那麼公主也會將女王叫醒。[21]

當然，有各式各樣的人在各式各樣的表演者放鬆休息時負責警戒，凱瑟琳·阿奇巴爾德（Katherine Archibald）在研究造船廠的工作方式時提到一個例子：

> 有時候，當工作特別少時，我會站在工具小間的門口看門，只要監工或管理部門的長官接近，就立刻通知工人，而工廠裡日復一日，九到十名工頭與工人聚在一起什麼事都不幹，就是玩撲克牌。[22]

---

21 Ponsonby, *op. cit.*, p. 102.

22 Archibald, *op. cit.*, p. 194.

所以，典型的演出提示也會通知表演者，現場已經沒有危險，前臺區域可以讓人放鬆休息。其他的警告信號則會告知表演者，縱使現場看起來可以放鬆警戒，但實際上仍有觀眾在場，因此仍需小心，不可大意。在犯罪圈裡，警告「執法人員」（legit）正在監聽監看的提示十分重要，而這類提示有個特殊名稱叫「執行公務」（giving the office）。當然，這類信號也能提醒團隊，有些看似無害的觀眾實際上是打探者或採購者，而且並非表面上看起來那麼單純。

任何團隊——例如家庭——如果沒有這類警告信號，將很難維持團隊營造的印象。有一本回憶錄講述一對母女居住在倫敦一個小房間的故事，裡面提供了一個例子：

> 回家時經過詹納羅（Gennaro's），我開始擔心我們的午餐，我心想，我媽會準備什麼樣的午餐給斯科蒂（Scotty，美甲師同事，女兒第一次帶她到家裡吃午餐），而斯科蒂又會怎麼看待我媽，我們一走到樓梯間，我便開始高聲說話，提醒我媽，我不是一個人回來。其實這是我跟我媽之間的暗號，當兩個人住在一個房間裡時，你無法預料來訪的客人會看到什麼樣的凌亂景象。炒菜鍋或髒盤子總是出現在不該出現的地方，或者是長襪與裙子放在爐子上面晾乾。我的母親聽到女兒著急刻意拉高的音量之後，立刻就像馬戲團的舞者一樣迅速繞行整個房間，把鍋子、盤子或襪子全部收好，然後直起身子，擺出冷靜、高尚的樣子，準備迎接訪客。如果她在匆促之間，有東西落了沒收，我會看到她的眼睛警戒地盯著東西，像是要我在不驚動客人的狀況下，把東西收

好。[23]

最後，值得一提的是，這些提示愈能透過不知不覺的方式得知與運用，團隊的成員就愈能隱匿這些提示，有時甚至還能瞞過成員，然而這並不影響整個團隊的運作。我們之前提過，有些團隊就像祕密會社一樣，即使是成員也無法一窺全貌。

我們發現，有些團隊緊密結合了演出提示，他們想出一套方式來傳達擴大了的口語訊息，以此來保護他們投射的印象，如果觀眾在團隊表演過程中察覺到他們祕密傳達的資訊，團隊建立的印象很可能瞬間瓦解。我們要再次引用英國文官的例子：

> 文官被派去國會監督法案通過，與文官到兩院參與辯論，這是兩件截然不同的事。文官不能發表個人意見，他只能提供資料與建議給大臣，並且希望大臣能善加使用。不用說，無論是正式演說，或重要法案的二讀三讀，還是部會年度概算的編列，文官在此之前一定已對大臣進行了詳細的「簡報」：面對這些場合，文官會為大臣準備完整的筆記，詳列可能出現的重點，甚至還會提供趣聞軼事，讓大臣在嚴肅的官方場合中能「稍微喘一口氣」。大臣、祕書官與常務祕書要花

23 Mrs. Robert Henrey, *Madeleine Grown Up* (New York: Dutton, 1953), pp. 46-47.

上大量的時間與勞力從這些筆記中挑出最有效的論點來加以強調，並且做出最佳的排序，最後撰寫一段能讓人留下深刻印象的結語。上述工作對於大臣與他底下的官員來說並非難事，他們可以安靜而輕鬆地完成這些事務。然而真正的重頭戲是辯論最後的回應，這個時候只能由大臣一個人上場。文官雖然在議長右方的小走廊或上議院入口處坐著耐心等待，但他們完全沒閒著，只見他們持續記錄反對黨議員發言時出現的對事實的不精確描述與扭曲、錯誤推論、對政府提案的誤解與諸如此類的謬誤：然而文官很難將自己整理的紀錄送上火線。有時候，國會祕書官會從大臣後面的座位起身，毫無顧忌地走到外頭的走廊與文官交頭接耳；有時候，文官會將筆記從外頭傳遞到大臣手中，通常大臣不太可能及時向文官詢問細節。所有這些細微的溝通，在上議院都可以看得清清楚楚，大臣因此看起來像是個不知道該扮演什麼角色，而且還需要旁人提詞的演員，但大臣似乎一點也不在乎。[24]

商業禮儀或許重視策略祕密更甚於道德祕密，我們可以從以下的例子看出：

……跟人講電話要特別留意旁邊有沒有人能聽見你說的話。如果你要留下對方的訊息，你想

24 Dale, *op. cit.*, pp. 148-49.

確定你留下的訊息是正確的，切記不要像平常一樣複誦對方的訊息；相反地，你應該要求對方再講一遍，這樣就能避免複誦時旁邊有人聽見對方的私人訊息。

……在前來拜訪的外部人士抵達之前，記得遮蓋公司的文件，或者是養成習慣將文件放進文件夾或用白紙遮蓋。

……如果你必須與公司裡的某人交談，而這個人旁邊剛好跟著一名外部人士或跟你要談的公事無關的人，那麼你的做法應該是盡可能避免讓第三方有取得任何資訊的機會。你應該使用公司的內部電話而非對講機，或者把你的訊息寫在便條紙上，然後交給對方，而不是在公共場合出聲告訴對方。[25]

預期的訪客應立即通知。如果你正跟另一名訪客進行閉門會議，而你的祕書中途打斷並通知你，像是「您在三點鐘有約會」之類的——（在外部人士可以聽見的範圍內，她並未提到訪客的姓名。如果你想不起來誰跟你「三點鐘有約會」，祕書會把對方的姓名寫在小紙片上交給你，或者用你的私人電話告訴你，而不是透過公司的廣播系統。）[26]

25 *Esquire Etiquette, op. cit.*, p. 7. 刪節號為作者所加。
26 *Esquire Etiquette, op. cit.*, pp. 22-23.

我們先前提到，演出提示是團隊共謀的一個主要類型，另一個類型牽涉的則是溝通；後者確認了兩項與表演者有關的事實，首先是表演者並不真的贊同可運作共識，其次是表演者從事的表演僅僅只是表演而已，因此對於觀眾的各種要求，表演者至少還能提出私人的理由來加以辯護。我們可以把這種溝通類型稱為「嘲弄的共謀」（derisive collusion）。一般而言，嘲弄的共謀涉及對觀眾的祕密貶低，然而有時也會以過於恭維的方式傳達觀眾的概念，導致觀眾的概念無法符合可運作共識。在這裡，我們看到了「觀眾不在場」一節所描述的隱密卻又公開的對應物。

嘲弄的共謀或許最常發生在表演者與表演者自己之間。舉例來說，小學生說謊時手指交叉，或者是，當老師短暫走到一個看不到大家的位置時，小學生便對著她吐舌頭。同樣地，員工經常對老闆扮鬼臉，或者是用動作表示無聲的咒罵，然而他們往往是在老闆看不到他們的時候對老闆做出這些輕視或不服從的行為。嘲弄的共謀最膽怯的形式或許是「塗鴉」或「逃離」到想像中的快樂之地，而在此同時卻又繼續在表演中扮演聆聽者的角色。

當團隊進行表演時，團隊成員之間也會出現嘲弄的共謀。因此，在商業生活中，雖然只有極端的狂熱分子才會使用口頭侮辱的暗語，但在商業建制裡，只要是你說得出名字的商家，在面對態度不佳的客人或雖然態度良好但行為不檢的客人時，你很難找到不會彼此交換眼色露出心照不宣神情的店員。同樣地，在我們的社會裡，我們不難發現當一對夫妻或兩名好友花一整晚的時間與另一個人友善互動時，兩個人有時會看著彼此，暗地裡表現出與外表的熱情款待截然不同的態度。

當表演者被迫扮演的角色與他的內在情感產生嚴重衝突時，他對觀眾的敵視將帶來更大的破壞。有一份報告概述了中國再教育營（Chinese indoctrination camps）的戰俘所採取的防衛行動，充分反映了這種狀況：

> 然而必須指出的是，犯人發現，他們必須在各方面遵守的其實是中國人要求的字面意義，而不是精神。舉例來說，在公開自我批評大會上，中國人往往強調句子裡不好的詞彙，這讓整個儀式變得很荒謬：「我很抱歉，我罵王同志是狗娘養的混蛋。」中國人還喜歡要求犯人承諾，未來犯下某些罪名時絕不會「被抓」。之所以會提出這樣的要求是因為即使是聽得懂英語的中國人，也不一定聽得懂犯人嘲弄中國人時使用的慣用語與俚語。[27]

與此類似的與角色不符的溝通形式，也發生在團隊成員扮演角色時故意採取某種表演方式來逗其他成員開心。舉例來說，表演者可能投入極大的感情與熱忱在角色之中，使得他的表演在誇大之餘又十分精準，然而由於他的演出完全符合觀眾的期待，因此觀眾完全沒有察覺，或者無法

27 E. H. Schein, "The Chinese Indoctrination Program for Prisoners of War," *Psychiatry*, 19, pp. 159-60.

確定，他的表演是在取笑他們。被要求演奏「陳腐過時」音樂的爵士音樂家，有時會刻意加強陳腐過時的感覺，音樂家想透過這種略為誇張的方式，來表達自己對聽眾的輕視以及對上流樂曲的嚮往。[28]另一種有點類似的共謀形式則是兩名團隊成員同時進行一場表演，其中一名成員試圖戲弄另一名成員，他的目的是讓另一名成員差點笑場，或差點跌倒，或差點做錯動作。舉例來說，在昔得蘭旅館，廚師有時會站在廚房門口，面對著旅館的前臺區域，相當有威嚴地以標準英語回答客人的問題，但在廚房裡，面無表情的女僕卻偷偷地一直戳著廚師的屁股。透過嘲弄觀眾或戲弄團隊成員，表演者不僅顯示自己完全不受官方互動約束，還能掌控整個互動，任意地玩弄互動。

最後我們要介紹嘲弄的穿插演出形式。這種狀況經常發生在某個人正與另一個人互動，後者在言行舉止上似乎有所冒犯，而第一個人試圖吸引第三個人的注意——這個人在前兩個人的互動中被定義為外人——藉此確認他毋須為第二個人扮演的角色或做出的行為負責。值得一提的是，所有的嘲弄共謀形式幾乎都是在無意間產生，它們傳達的提示幾乎無法事先加以控制。

由於有許多方法可以讓團隊成員向其他成員進行與角色不符的溝通，因此不難想像表演者很可能對這種溝通方式產生依賴，即使實際上不需要進行這類溝通，表演者也有可能繼續採取類似

28 個人與 Howard S. Becker 交流所得。

行動，甚至歡迎其他夥伴獨自進行這類表演。在這種狀況下，一種專門化的團隊角色「隨從」（side-kick）應運而生，只要另一個人願意，這個人物隨時可以進入到表演之中，而他的功能是確保表演者能獲得團隊成員應有的舒適。我們可以在權力有著懸殊差異，以及有權者與無權者在社交互動上毫無禁忌的地方，看到這種獲取舒適的特殊方式。一部完成於十八世紀晚期的虛構自傳，呈現了這種短暫陪伴的社會角色：

> 我的工作可以簡述如下：隨傳隨到，陪著夫人參加她想參加的歡樂派對或商務工作。早上，我陪著她參加各種銷售、拍賣、展覽等等，特別是陪她出席重要的「採購」活動……我陪伴夫人到每個地方，除非是對參加者設下限制的宴會；我也會在她的家中陪伴她，我在家裡的角色如同一名上層僕人。[29]

這份工作似乎需要工作者完全聽命於主人的安排，他的職責不是打雜，或者說不只是打雜，而是要時時刻刻隨侍在主人身旁，讓在場的眾人不敢輕舉妄動。

29 出自 *Lady's Magazine*, 1789, XX, p. 235，轉引自 Hecht, *op. cit.*, p. 63.

重新調整行動

先前曾經提到，當個人為了互動而聚集起來時，每個個人都必須在團隊例行公事的範圍內扮演自己的角色，每個個人連同其他團隊成員，都必須一起維持與其他團隊成員之間恰當的正式與非正式關係，以及恰當的距離感與熟悉感。這不表示團隊成員公開對待彼此的方式會跟他們公開對待觀眾的方式相同，但卻顯示團隊成員對待彼此的方式對他們來說不會是最「自然」的方式。我們提到共謀的溝通可以讓團隊成員稍微掙脫團隊之間互動的限制條件，這種偏離標準類型的溝通可以避免觀眾察覺，因此能保持「現狀」。然而，表演者似乎不滿足於只透過安全管道表達對可運作共識的不滿。表演者經常試圖說出與角色不符的話，他們的表達雖然可能被觀眾聽到，但不至於公然威脅兩個團隊的完整性或兩個團隊之間的社交距離。這種臨時而非正式的，或者是受到控制的重新調整（realignments），往往帶有某種威脅性，形成一個讓人感興趣的研究領域。

當兩個團隊共同建立官方的可運作共識以保障安全的社交互動時，我們往往會發現，兩個團隊還會另外建立一個非官方管道與對方溝通。這類非官方的溝通充斥著諷刺、模仿對方口音、打中對方痛處的笑話、重要的停頓、模糊的暗示、針對性的玩笑、帶有言外之意的表達，以及各種富含意義的行動。針對這種鬆散現象制定的規則相當嚴格。如果聆聽者當著溝通者的面，指控他傳達了不可接受的事，溝通者有權否認自己的行動「帶有任何意義」，而聆聽者也有權當成什麼事都沒看見，或當成只發生了無關緊要的事，然後繼續原有的行動。

對每個團隊來說，這種暗流式的溝通最常見的傾向就是每個團隊在溝通時都會巧妙地讓自己居於有利的地位，而讓對方居於不利的地位，但雙方口頭上仍謙恭有禮並且恭維對方，完全與實際的行為相反。[30]因此，團隊時常進行拉扯，努力想掙脫可運作共識的約束。耐人尋味的是，正是這種抬高自己、貶低他人的隱藏力量使得人與人之間的社交變得陰鬱、強迫且僵化，一般人眼中迂腐的社交禮儀反而不是造成這種現象的元凶。

在各種社會互動中，非官方溝通提供了一種方式讓團隊可以向另一個團隊發出明確且堅定的邀請，要求對方增加或減少社交距離與正式性，或要求雙方把互動轉變成另一場擁有全新角色的表演。這種邀請有時稱為「試探」（putting out feelers），除了有所防備地進行揭露，在提出需求時也會採取暗示的方式。透過有意維持模糊或新人無法窺知意義的陳述，表演者得以在有所防備的狀況下探索是否有可能安全去除當前的情境釋義。舉例來說，面對職業、意識形態、種族、階級上的同事，保持社交距離或維持警戒毫無必要，因此同事之間便發展出一套對非同事無害的祕

---

30 波特把這種現象稱為「勝人一籌」（one upmanship）。這個詞的意義要從「取得優勢」（making points）的角度來思考，見 E. Goffman, "On Face-Work," *Psychiatry*, 18, 221-22; "Status forcing," in A. Strauss, *Essay on Identity*（即將出版）。在美國一些圈子裡，「讓人相形見絀」也可以準確地形容這種現象。這種現象很適合用來解釋某類型的社會交流，見 Jay Haley, "The Art of Psychoanalysis," *ETC*, XV, pp. 189-200.

密信號。此外，同事也會向新人表示，身處於同事之中，新人可以不用維持面對公眾時的姿態。十九世紀印度有一群凶殘的圖基教徒（Thug），他們一年當中有九個月表現得相當文明，藉此隱藏他們搶掠的暴行，但這些圖基教徒彼此之間有一套辨識彼此的暗號：

> 當圖基教徒相遇時，雖然互不相識，但各自的言行舉止卻很快引起對方的注意，為了釐清內心的疑惑，其中一人喊了一句「阿里汗！」另一個人也跟著複述，彼此的習性馬上就被認了出來……[31]

同樣地，看到陌生人會問「東區待多久了」的人，馬上就會被認出是英國的工人階級；共濟會會員知道怎麼回答暗語，也知道一旦他們答出暗語，在場的人就會放心痛罵天主教徒與一些軟弱無能的階級。（在英美社會，當你初次見到某人時，對方的姓氏與外表也能提供類似的作用，你可以辨別對方是什麼階層或族裔，因此能避免不智地說出令人不快的話。）同樣地，熟食店的老主顧特別囑咐他們的三明治要用黑麥麵包而且不抹奶油，這個暗示可以讓店員推測他是哪個族裔的人。[32]

31 Col. J. L. Sleeman, *Thugs or a Million Murders* (London: Sampson Low, n.d.), p. 79.
32 "Team Work and Performance in a Jewish Delicatessen," unpublished paper by Louis Hirsch.

祕密組織的兩個成員，透過有所防備的揭露來確認彼此的身分，這或許是最微妙的一種揭露溝通。在日常生活中，個人雖未參加祕密組織，也沒有祕密身分可供揭露，卻還是少不了一些微妙的過程。當個人不熟悉彼此的看法與身分時，往往會使用試探的手段，每次交談只透露一點自己的觀點與身分。個人先放下一些防備，然後等候對方提供足夠的理由，讓他覺得放下防備是安全的，而在得到保證之後，他可以放心地繼續透露一點自己的資訊。個人一步步緩慢而含糊地透露自己的資訊，一旦他覺得對方未能給予令他放心的回應，他就會停止逐步卸防的過程，他會表現得彷彿他的上一句話就是他說的最後一句話。因此，兩個人對話，雙方都非常小心陳述自己真正的政治看法，一旦其中有人發現對方的政治觀點已經比自己的實際看法來得極端，他就不會再逐漸透露自己有多左派或多右派。在這類例子中，觀點較為極端的人會機敏地假裝自己的觀點不比對方來得極端。

逐漸卸防的揭露過程也出現在一些神話學裡，我們的社會有一些與異性戀相關的事實也能提供類似的例子。性關係被定義為完全由男性掌握主動權的親密關係，事實上，求愛行為是男性對兩性關係所做的一種侵犯，當男性想追求某人時，一開始他對這個人表現出尊重的樣子，但其實卻是想操縱對方，使對方與自己建立從屬的親密關係。[33]然而，還有一種狀況對兩性關係的侵犯

33 在同性戀的世界裡，保護性的揭露有雙重功能：揭露自己的祕密社會成員身分，以及與特定祕密社會成員建立新關係。詳細討論見 Gore Vidal's short story, "Three Stratagems," in his *A Thirsty Evil* (New York: Signet Pocket Boods, 1958), esp. pp. 7-17.

更大，這種情境釋義的可運作共識是女性居於上位，而擔任表演者的男性則居於從屬地位。男性表演者有可能重新定義情境，雖然他在社經上居於從屬地位，但他想強調自己在性的方面應該居於上位。[34]舉例來說，在無產階級作品中，貧窮的男性談到富有的女性時就會進行這類的再定義；人們經常提到的《查泰萊夫人的情人》（*Lady Chatterley's Lover*）就是個明顯的例子。當我們研究服務業時，特別是下層的服務業，總會發現服務業的從業人員有許多奇聞軼事可說，也許是他們自己，又或者是他們的同事，會把服務關係重新定義為性關係（或者是有人為他們重新定義）。這類具有侵犯性的再定義故事構成了神話學的主要部分，它不僅存在於特定職業，也成為男性次文化常見的內容。

藉由暫時的重新調整，下屬可以透過非官方的方式掌握互動的方向，或者上司也可以透過非官方的方式延伸互動的方向，而暫時的重新調整也可以讓有時稱為「含糊其辭」（double-talk）的做法穩定下來或予以制度化。[35]兩個個人透過這種溝通技術向彼此傳達資訊時，可能出現傳達方式或傳達內容與兩人的官方關係不一致的現象。雙方都含糊其辭時，可能會出現彼此嘲弄的狀

34 或許是基於對佛洛伊德倫理準則的尊重，有些社會學家似乎認為把性交定義成儀式系統——一種在象徵意義上完全專屬於某種社會關係的互惠儀式——是一種品味低劣、不虔誠或自我揭露的行為。本章主要是根據肯尼斯．伯克的說法，伯克顯然採取社會學的觀點，把求愛行為定義為一種辭令原則，可以藉此超越社交的疏離。見 Burke, *A Rhetoric of Motives*, p. 208ff. and pp. 267-68.

35 在日常言談中，「含糊其辭」還有兩種意思：一個是指句子乍聽之下是有意義的，但其實毫無意義；另一個是指，詢問者想得到明確的回覆，但回應者卻只能給予保護性的模稜兩可的答案。

況，而且有可能持續一段時間。這種共謀關係不同於其他類型的共謀關係，在這裡，共謀對抗的角色，其實就是參與共謀的人本身投射的角色。一般來說，含糊其辭總是發生在下屬與上司針對某項事務進行互動的時候，這項事務在官方層面完全超出下屬的能力與管轄範圍，但事務的處理又非下屬不可。藉由含糊其辭，下屬可以採取一連串的行動，而毋須公開承認這些行動的表達意涵，也可避免讓自己與上司之間的地位差異陷入危險。軍營與監獄顯然有很多含糊其辭的例子。常見的情境如下屬對於職務已有長年的工作經驗，而上司完全沒有，這就像政府首長中有所謂的常務次長與政務次長的分別一樣，下屬能夠了解僱員們在講什麼，而上司完全聽不懂。我們也看到兩個人達成不合法的協議時也會出現含糊其辭的狀況，透過這種技術，兩人既能達成溝通，又能不留下任何把柄。如果兩個團隊彼此必須維持相對敵視或疏遠的印象，但兩個團隊卻可以因為達成協議而彼此獲利，此時兩個團隊之間就會出現類似含糊其辭的共謀形式，透過這種方式，可以使雙方必須維持的對立立場不至於陷入尷尬。[36] 換言之，達成協議通常會建立起相互連帶的關係，但透過含糊其辭，就能避免這樣的效果。或許更重要的是，在親密的家庭與工作情境裡，含糊其辭可以作為要求與拒絕要求以及下令與拒絕命令的安全手段，使這些無法公開提出或拒絕的

36 見 Dale, *op. cit.*, pp. 182-83 提到兩個在官方層面彼此對立的團隊透過默示而達成妥協的例子。也可見 Melville Dalton, "Unofficial Union-Management Relations," *American Sociological Review*, XV, pp. 611-19.

要求與命令在遭到提出或拒絕時，依然不至於改變既有的關係。

我已經討論了幾個常見的重新調整行動——繞過或越過或遠離團隊之間的界線——非官方的抱怨、有所防備的揭露與含糊其辭都是例證。接下來我還想補充幾個類型。

當兩個團隊建立的可運作共識，是雙方必須維持公開敵對的關係時，我們發現每個團隊的內部分工最終會導致暫時的重新調整，這種現象使我們了解到，稱兄道弟導致的徇私現象不只是軍隊才會發生。團隊裡的專家可能發覺敵對團隊裡的專家跟他有許多共通點，兩人有著相同的表達方式，這使得他們更像是同一個團隊，而其餘的參與者則是與他們對立的團隊。因此，勞資協商期間，當雙方律師聽到自己團隊裡有人講出違反法律常識的話時，往往會彼此交換共謀的眼神。當專家不是特定團隊的永久成員，而是在協商期間受僱於服務團隊時，這些專家比較容易傾向於忠於自己的職業與同事，而非忠於恰好在這段時間服務的團隊。如果團隊之間的對立印象仍將維持下去，那麼兩個團隊的專家之間的橫向忠誠關係要不是必須予以壓制，就是只能祕密表達。律師知道雇主希望他們敵視對造律師，因此他們會等到後臺休息時間，才會與對造律師針對當前的案件進行友善的同事對話。戴爾在討論文官在國會辯論中扮演的角色時，也提出類似的說法：

針對主題進行的辯論……根據規則只能進行一天。如果某個部的運氣不佳，送進議院委員會的法案內容龐大且具爭議性，那麼負責此案的大臣與文官必須從下午四點到晚上十一點都一直待在議場裡（如果十一點結束的規則遭到擱置，那麼時間還會拖得更晚），或許還會一天接著一天，每個星期從星期一持續到星期四……然而，文官們的辛苦是有補償的。在這段密集開會期間，他們可以在議院裡敘舊或認識更多其他的文官。與成員和官員在一起，壓力反而比一天之內結束辯論小得多：當某個討厭的傢伙拚命要推動大家都知道不可能通過的修正案時，文官卻可以正當地逃離辯論場，前往吸菸室或露臺，與其他文官開心聊天。所有的文官夜以繼日地處理法案、政府、反對黨與其他文官的問題，在忙碌與辛勞之餘，文官們也產生了同志情誼。[37]

有趣的是，在一些例子裡，就連在後臺稱兄道弟也會被認定為足以對表演構成威脅。棒球選手所屬的球隊如果後頭支持的球迷彼此之間水火不容，那麼聯盟就會要求兩隊球員在比賽開始之前絕對不許在一起談笑風生。

這是個很容易理解的規則。看到兩隊球員前一刻像在喝下午茶似地輕鬆聊天，然後希望下一刻他們在球場上奮力追逐，實在是一件很不合宜的事，儘管只要球賽一開始，他們就會這麼做。他們應該要一直維持彼此是對手的樣子。[38]

---

37 Dale, *op. cit.*, p. 150.

38 Pinelli, *op. cit.*, p. 169.

以上這些例子都牽涉到敵對專家之間稱兄道弟的狀況，這裡的重點不在於團隊的祕密將會外洩或團隊的利益將受到損失（雖然這有可能發生或看似會發生），而在於團隊之間營造的對立印象可能會遭到懷疑。專家的付出必須看起來是自發地對例子的事實做出回應，是他為了對抗其他團隊而獨立做的決定；當專家與敵對團隊的專家稱兄道弟時，他的貢獻的實際價值並未因此受到減損，但從擬劇論的角度來說，他卻揭露了部分事實——這是一場被花錢購買的例行任務表演。

我在進行這個討論時，並非有意暗示稱兄道弟只有在短期內因為參與不同團隊而彼此對抗的專家身上才會出現。只要是橫向忠誠出現的地方，就會有一群個人在大張旗鼓組成兩個團隊的同時，又悶不吭聲地另外組成兩隊。無論何時，只要兩個團隊必須高調地維持彼此對抗、社交距離或同時兼具兩者的印象，就必須設立一個界線分明的區域，不僅作為團隊表演的後臺，也開放給「兩個」團隊的成員使用。舉例來說，在公立的精神病院，人們經常可以發現院區裡有一個房間或一個偏僻的地方，病人與護理人員可以在這裡一起從事活動，例如打撲克牌，讓久待此地的人滔滔不絕地說長道短，而大家都很清楚，護理人員在這裡不會「耀武揚威」。軍中有時也有類似的區域。一本海上生活回憶錄提供了另一個例子：

> 船上有個老規矩，在廚房裡，每個人都可以暢所欲言，就像倫敦海德公園角（Hyde Park Corner）一樣。一名軍官禁止大家在廚房裡說別人壞話，然而他一走出廚房，很快就發現自己遭

到孤立，沒有人願意跟他說話。[39]

廚師身旁總是不只一個人。你總是會看到有人在附近閒晃，一邊聆聽廚師聊是非或說些悲慘的故事，一邊舒適地坐在小長凳上，背靠著火爐對面的暖牆，腳擱在欄杆上，整張臉烤得通紅。擱腳的欄杆提供了線索：廚房是船上的村鎮廣場，廚師與他的火爐是熱狗攤。這裡是唯一能讓軍官與水兵平等往來的地方，年輕水兵很快就會發現，自己進到廚房時有沒有被當成學長看待。廚師看到他既不叫尊稱也不叫老兄，只是要他坐在他的位子上——他的位子就在小長凳上，旁邊坐的是負責維修的漢克……

少了廚房這個自由交流的空間，整艘船將變得暗潮洶湧。每個人都同意，在熱帶地區，船上變得緊繃，船員們變得更難相處。有些人歸咎於天氣炎熱，但有些人知道，這是因為少了傳統的安全閥：廚房。[40]

通常，兩個團隊進行社交互動時，我們可以看出其中一隊的聲望普遍不如另一隊。一般來說，當我們思考這些例子裡的重新調整行動時，我們會認為聲望較低的團隊會努力改變互動的基

39 Jan de Hartog, *A Sailor's Life* (New York: Harper Brothers, 1955), p. 155.
40 *Ibid*., pp. 154-55.

礎，使互動的方向對自己有利，或減少自己與聲望較高的團隊之間的社交距離與正式性。有趣的是，有時候，聲望較高的團隊為了追求更大的目標，會願意降低障礙，同意與聲望較低的團隊建立更親密與更平等的關係。聲望較高的團隊之所以願意將後臺的熟悉感延伸擴大到聲望較低的團隊，可能是基於長期利益的考量而採取的暫時做法。因此，為了避免罷工，巴納德先生（Mr. Barnard）告訴我們，他刻意在代表失業工人的委員會上罵髒話，他還告訴我們，他很清楚罵髒話的意義：

根據我的判斷，有些人的意見我十分重視，而他們也肯定我的看法，那就是一般來說，身為上司，在下屬或基層員工面前或甚至對著他們罵髒話是非常不好的行為，即使後者並不反對這種行為，或他們也知道上司平常都很習慣罵髒話。我從來沒看過有人罵髒話而不會為自己帶來負面影響。我想其中的原因在於，即使上司罵髒話會讓人有放下身段的感覺，但地位的差異還是存在，甚至會讓人更難接受。此外，在單一組織裡，如果上司的地位象徵整個組織，那麼上司罵髒話，整個組織的聲譽也會跟著賠進去。但眼前這個狀況卻是例外，這個髒話是在精心設計下罵出來的，而且還搭配上狠狠地敲桌子。[41]

41　Chester I. Barnard, *Organization and Management* (Cambridge, Mass. Harvard University Press, 1949), n. pp. 73-74. 當上司與他的雇員同在一個團隊裡，此時這名上司的粗魯言語與行為，和一般的罵髒話有明顯的區別。當他對著下屬罵髒話時，比較像是「逗弄著」他們趕緊工作。

採行環境療法的精神病院也出現類似的情境。讓護理人員參加通常不讓外人參與的員工會議，可以讓非醫療員工感受自己與醫生拉近了距離，而且也更能接受醫生對病人的觀點。在醫院高層接受醫療人員一起參與會議之後，基層人員的士氣有了顯著提升。馬克斯威爾・瓊斯（Maxwell Jones）介紹英國實施環境療法的經驗時曾經提到這個過程：

> 在醫院裡，我們試圖發展醫生的角色以滿足我們有限的治療目標，並且試著擺脫虛矯的外觀。這表示我們會打破不少醫院的傳統——我們的穿著與一般專業醫師的形象不符；我們不穿白袍，沒有顯眼的聽診器，也沒有具威脅性的反射槌來作為我們身體形象的延伸。[42]

事實上，當我們研究兩個團隊平日的互動時，我們發現一般都會預期主管的團隊應該要稍微放鬆一點。而這類門面的放鬆可以提供討價還價的基礎：上司獲得某種勞務或財貨，而下屬獲准取得大量的親密關係。因此，眾所周知，英國上層階級在與商人和基層官員互動時態度總是有所保留，然而一旦他們想從下屬身上取得一定的好處時，就會暫時做出讓步。此外，距離的放鬆也會在互動中激發出自發性與積極介入。無論如何，兩個團隊之間的互動經常牽涉到些微自由的換

42 Maxwell Jones, *The Therapeutic Community* (New York: Basic Books, 1953), p. 40.

取，而且是一種測試，看看是否能從對方身上取得出乎意料的利益。

當表演者拒絕扮演原來的角色，無論這個角色的階層是比觀眾高或低，我們可以預料，導演（如果有的話）還有觀眾都會對表演者感到不滿。在許多例子裡，其他團隊成員也會群起反對他。我們之前提到破壞行情的人時曾經表示，團隊裡有任何一個成員向觀眾做出過多讓步時，就會對其他成員採取的立場造成威脅，進而對其他成員對自身立場的理解與控制形成的安全性構成危害。因此，當學校老師對於自己的學生深感同情，或者是在下課休息時間與學生一起玩，或者是願意與身分地位較低的學生建立較親密的連繫時，都會讓其他老師覺得他們試圖維持以構成適當工作的印象遭到威脅。[43] 事實上，當特定的表演者逾越了團隊之間的界線，當某人變得太親密、太放縱或太敵對，我們可以預期有人會建立起反射的迴圈，這個迴圈不僅會影響下屬團隊，也會影響上司團隊，更會影響特定的逾越者。

最近一篇針對商船船員所做的研究談到這類反射，作者提到當高級船員之間針對船上職責的劃分發生爭論時，普通船員會利用這個機會向那位被錯怪的高級船員給予同情：

> 藉由這種做法〔討好其中一名爭論者〕，普通船員希望高級船員能放下頤指氣使的態度，在

43 個人與擔任小學老師的 Helen Blaw 交流所得。

討論眼前的處境時，能稍微平等對待普通船員。這很快就導引到普通船員期待的某些特權——例如站在駕駛室而非橋樓的兩翼。普通船員利用船副之間的爭論來改善自身的下屬地位。[44]

最近的精神病治療趨勢為我們提供了其他的例證；我想討論其中一些例子。

有一個例子出自馬克斯威爾・瓊斯的報告，不過他的研究原本是為了主張抹除醫療人員的層級差異以及消除病人與醫療人員之間的界線：

> 護理人員的整體性會因為其中一個成員的不慎而遭到破壞；一名護理人員公然允許病人滿足她的性需要，改變了病人對整體護理人員的態度，使護理人員的治療角色失去效果。[45]

貝特爾海姆（Bettelheim）在芝加哥大學設立索妮亞・尚克曼心智障礙兒童學校（Sonia Shankman Orthogenic School），以此建立治療環境，他在評論自身的經驗時曾經舉了一個例子：

> 在這個治療環境裡，個人安全感、適當的本能滿足與團體支持，都能提升孩子對人際關係的

44 Beattie, *op. cit.*, pp. 25-26.

45 Maxwell Jones, *op. cit.*, p. 38.

敏感度。如果讓孩子跟他們在最初的環境一樣感到幻滅，那麼環境治療將毫無意義。治療人員的一貫性因此是孩子產生個人安全感的重要來源，治療人員必須對於孩子爭寵的行為無動於衷。

在一開始，許多孩子爭寵的方式往往是贏取父母其中一人的情感，而忽略另一人。在這種行為模式下，孩子控制家庭情境的手段往往是挑撥父母彼此對抗，然而孩子從中獲得的不過是相對的安全感。利用這種手段獲得一定成果的孩子，日後將缺乏建立明確關係的能力。無論如何，當孩子在學校裡重新建立戀母情結的情境時，他們也與各個治療人員建立起正面、負面或模稜兩可的依附關係。重點是，孩子與個別治療人員的關係不能影響到治療人員彼此之間的關係。環境治療如果無法做到一貫性，孩子建立的依附關係將退化成神經病症的關係，並且將摧毀自我認同以及持續性的感情依附的基礎。[46]

最後一個例子出自團體治療計畫，這個計畫提出了一些建議來處理麻煩的病人導致的周而復始的互動困難：

> 病人試圖與醫生建立特別關係。病人會產生一種幻覺，以為自己暗地裡對醫生有著特殊了

46 Bruno Bettelheim and Emmy Sylvester, "Milieu Therapy," *Psychoanalytic Review*, XXXVI, 65.

解，例如當某個病人說了某件聽起來「瘋狂」的事情時，他會留意醫生眼神的變化。如果病人成功捕捉到醫生的某個反應，他們就會將其解釋成自己與醫生有著特殊的緊密關係；而這對團體治療來說是很挫折的一件事。由於這種危險的穿插演出通常不是以口語的方式呈現，因此醫生必須特別留意自己的非口語活動。[47]

或許上述引用的資料反映的，更像是這些寫作者自己被掩蓋了一部分的社會情感，而非有人越線時會遭遇的一般過程。不過近來斯坦頓（Stanton）與史瓦茲（Schwartz）的作品倒是提供了一則相當詳細的報告，裡面介紹的就是兩個團隊之間的界線被穿越之後產生的結果迴圈。[48]

有人認為，在遭遇危機的時候，團隊之間的界線會暫時被打破，敵對團隊的成員會暫時忘記

47 Florence B. Powdermaker and others, "Preliminary Report for the National Research Council: Group Therapy Research Project," p. 6. 因為吸引其他團隊成員的注意而背叛了自己的團隊，這種事時常發生。在日常生活中，當有人邀請你加入暫時的共謀溝通，而你加以拒絕時，你等於輕微地讓邀請者失了面子。你會發現自己陷入兩難的局面，你是要背叛要求共謀的目標對象，還是要侮辱要求共謀的人。Ivy Compton-Burnett, *A Family and A Fortune* (London: Eyre & Spottiswoode, 1948), p. 13 提供了這樣的例子：

「『但我沒有打呼，』布蘭琪極力鎮定自己情緒說道。『我自己一定會知道。我是醒著的，如果我發出聲音，我怎麼可能不知道。』」

「賈斯汀用淘氣的眼神看著任何與他眼神交會的人。艾德加基於職責看著賈斯汀，但隨即就跟其他人一樣避開他的眼神。」

48 Alfred H. Stanton and Morris S. Schwartz, "The Management of a Type of Institutional Participation in Mental Illness," *Psychiatry*, XII, pp. 13-26. 在這篇論文中，兩位作者描述了護理人員對特定患者的支持，並且提到這種做法對其他患者、護理人員與逾越者自己造成的影響。

彼此之間應該保持的適當位置。還有人認為，當團隊之間的障礙減少時，某些目的顯然會開始獲得執行，而為了實現這些目的，上司團隊會暫時加入下屬的行列。此外還存在著一些特殊的例子，正在進行互動的團隊有時似乎已經做好準備，為了行動而走出原本的戲劇框架，然後在一段延長的時間裡讓自己完全投入於結合了臨床、宗教或倫理分析的大雜燴中。我們可以在福音社會運動舉辦的公開告解上，看到這個過程聳人聽聞的一面。一名罪人，有時顯然不是出身較高的階層，他站起來，向在場的人表示，他平常都試圖隱藏，或用自然的道理而非神的道理來解釋一切；他犧牲自己的祕密，也犧牲為了自我保護而與他人保持的距離，而他的犧牲可以為所有在場的人建立起後臺的連帶感。團體治療也提供了類似的機制，可以建立團隊的精神與後臺的連帶感。一個精神罪人站起來，談論自己，也邀請他人談論自己，這種做法絕不可能在日常互動中出現。內團體的連帶感很容易被引發出來，而這種「社會支持」大概具有治療的價值。（從日常生活的標準來看，病人做這種事，唯一的損失就是他的自尊。）我們之前提到的護理人員與醫生的會議，似乎也呼應著這種做法。

這種從分離到親密的轉變，可能是在長期壓力的狀況下產生的。或許，我們可以把這種轉變視為反擬劇論社會運動的一部分，是一種告解儀式。或許，團隊之間障礙降低的過程，代表了社會變遷的自然階段，使一個團隊轉變成另一個團隊：彼此對立的團隊可能彼此交換了祕密，使他們能揚棄所有過去不可告人之事，從此改頭換面，重新開始。無論如何，我們發現有時候彼此對立的團隊，無論他們是工業的、婚姻的或國家的，似乎不僅已經準備好要將自己的祕密告訴同一批專家，而且也準備好要在敵人面前揭露自己的祕密。[49]

有人認為，研究重新調整行動，特別是研究暫時的背叛，最能獲得成果的地方並非階序井然的組織建制，而是相對平等的個人進行的非正式的愉快互動。事實上，這些侵犯界線的行為之所以獲准發生，似乎是我們追求歡樂生活的一項關鍵特徵。在這種狀況下，人們經常預期兩個人會為了造福聽眾而唇槍舌劍一番，兩個人都試圖用戲謔的方式攻擊對方的立場。男女調情時，男人試圖破壞女性貞潔玉女的形象，女人則試圖迫使男人做出重要的承諾，但在此同時又不至於削弱雙方各自的防衛立場。（無論調情的人是否同時也是另一個婚姻團隊的成員，逢場作戲與背叛依然照樣發生。）在五到六個人的對話圈裡，基本的組合是一對夫妻與另一對夫妻，或者是主人與客人，或者是男人與女人，然而這些組合都會暫時被拋到九霄雲外，參與者隨時準備好要更換團隊的組合，但毫無挑釁意味，大家開玩笑地加入先前的觀眾之中來對抗先前的隊友，不僅公開地背叛，還公開地以共謀溝通來嘲弄對方。在這種狀況下，就算高階層的人喝醉了，完全卸下戒心，可以讓低階層的人任意地接近他，依然屬於合宜的行為。有些侵犯界線的行為則相對單純，

49 還有一個例子：塔維斯托克團體（Tavistock group）宣稱自己扮演了治療師的角色，為工業體制中的勞資敵對關係提供「解決之道」。見 Eliot Jaques, *The Changing Culture of A Factory* (London: Tavistock Ltd., 1951) 提供的諮詢紀錄。

光是玩遊戲或開個玩笑，底層的人就能在戲耍中半推半就地登上平日難以企及的高位。

從這些團隊行為中，我們可以歸結出一個一般論點，而我將對這個論點進行評論。無論人類想進行社交接觸與尋求夥伴關係的原因是什麼，這個尋求的過程產生了兩種形式：人類需要觀眾，並且在觀眾面前展現吹噓的自我；人類需要隊友，人類需要與團隊成員建立共謀的親密關係，使自己得以在後臺放鬆。討論至此，本書的架構已經變得太僵化而無法說明本書指出的事實。雖然他人為我們提供的兩個功能往往彼此區隔（本書花了很大的篇幅說明為什麼區隔這兩個功能是必要的），但他人無疑也會在某個時候近乎同時地提供這兩個功能。我們先前曾經提過，這種狀況往往發生在歡樂聚會上彼此相互的放縱狂歡；然而，這種雙重功能也會以非互惠的義務形式出現，這種義務會放大「隨從」的角色，使扮演隨從角色的人必須隨傳隨到，要不是負責目睹主人營造的印象，就是協助主人傳達印象。因此，在遲緩的精神病院裡，人們可以發現護理人員與病人一起變老，並且發現在某個時刻，病人必須成為護理人員嘲弄的對象，而在另一個時刻，病人則會收到護理人員共謀的眨眼示意，只要病人需要，護理人員就會給予這樣的治療支持。軍中的侍從官，某方面來說也許可以從「隨從」的角度來理解，將軍可以把侍從官當成團隊成員，隨意地差遣他，也可以把侍從官當成觀眾的一分子。街頭的幫派成員，還有圍繞在好萊塢製片身旁的執行助理，也都是例證。

本章已經討論了與角色不符的四種溝通類型：觀眾不在場、討論演出、團隊的共謀、與重新調整行動。這四種行為類型吸引人們注意的都是同一個地方：團隊進行的表演並不是對情境做出自發性的立即回應，團隊進行的表演並未吸收團隊所有的能量，也並未將團隊組織成單一的社會現實；表演是團隊成員可以置身事外的事物，團隊甚至可以退到更遠的地方，同時想像或進行其他種類的表演，並且為其他的現實作見證。無論表演者是否覺得他們的官方付出是不是「最現實的」現實，他們都將祕密地表達多種版本的現實，而且每個現實彼此都不相容。

第六章

印象管理的技術

在本章中，我要把之前說過或暗示過，表演者為了成功演出角色必須具備的特質統整起來。因此，接下來我會簡要提及一些印象管理技術，而上述的特質也將透過這些技術得到表達。為了預做準備，我們最好能夠先介紹表演中斷（performance disruptions）的幾個主要類型——其中一些類型在本章是第二次提到——這是因為表演中斷正是印象管理技術所試圖避免的結果。

本章一開始，談到表演的一般特質，首先要指出的是表演者必須負起表達責任，因為許多微小、漫不經心的表演，很容易在演出的當下留下不適當的印象。這類事件又稱為「無心的姿態」（unmeant gesture）。龐森比曾經提到一個例子，顯示導演試圖避免一個無心的姿態，結果卻導致另一個事件發生。

> 一名使館專員拿了一個墊子，上面別著紋章，為了避免紋章掉落，我讓別針穿過整個天鵝絨墊子，然後固定在星星的背面。然而，那名專員似乎不放心，又在別針的末端扣上一道門，這樣就能雙重保險。結果，當亞歷山大親王結束一場恰如其分的演說之後，他試圖去拿那塊星星，他發現星星牢牢固定在墊子上，並且花了一些時間才把它弄鬆。典禮令人印象最深刻的時刻就這樣搞砸了。[1]

---

1 Ponsonby, *op. cit.*, p. 351.

此外，個人要為做出無心的姿態負責，他的行為主要破壞的是他自己的表演，但是也會連帶波及隊友的表演，或甚至影響觀眾演出的表演。

當一名外人意外進入正在進行表演的區域，或者當一名觀眾無意間進入後臺，這些闖入者很可能目睹了現場的一切，就像抓到現行犯（*flagrante delicto*）一樣。出現在區域裡的人完全沒想到自己的活動會被看個精光，而且這些活動完全與他們（基於廣泛的社會理由）必須在闖入者面前維持的印象不符。我們此時遭遇的事件，有時稱為「時機不當的闖入」（inopportune intrusions）。

表演者過去的生活與目前的活動，其中包含的一些事實如果混入表演之中，將會破壞或至少削弱表演者在表演期間投射的自我主張，即情境釋義的一部分。這些事實可能牽涉嚴守著的黑暗祕密，或帶有負面評價的特質，這些祕密與特質每個人都知道，但沒有人會提。一旦引進這些事實，通常只會造成尷尬的結果。當然，這些事實可能經由無心的姿態或時機不當的闖入而吸引人們的注意。然而，這些事實其實更多是透過有意的口頭陳述或非口頭的行為引進到互動之中；至於做出這種事的個人，卻完全不了解問題的嚴重性。這種投射的中斷，如果依照常見的慣用語來說，可以稱為「失態」（faux pas）。一名表演者輕率地做出有意的行為，結果摧毀了自己團隊的形象，我們說這種行為是「出醜」（gaffes）或「愚蠢的錯誤」（boners）；一名表演者危及其他團隊投射的自我形象，我們說這是「失言」（bricks）或表演者「無意間說出讓人尷尬的話」（put his foot in it）。禮儀手冊針對這類不審慎的行為曾提出經典的警告：

如果一群人當中有一個人你不認識，那你在說出任何名言錦句或令人發笑的小諷刺時都要特別小心。也許你很機智地用絞索開了個小玩笑，卻不知道你不認識的那個人，他的父親就是死在絞刑臺上的。成功對話的首要條件就是要了解眼前跟你對話的人是誰。[2]

與朋友見面，這個朋友你已經有一段時間沒有聯絡，他家人的狀況與歷史你不是特別清楚，那麼你應該避免詢問或提到他的特定家人，直到你對他們已經有一定的了解為止。朋友的家人也許有人已經去世，有人行為不當，有人不與家人連繫，或有人遭遇重大的不幸。[3]

無心的姿態、時機不當的闖入與失態，這些都是造成尷尬與不和諧的來源，造成這種狀況的人其實不願看到這樣的事情發生，他們如果事先知道自己的行為會引發這樣的後果，他們一定會避免做出這樣的行為。然而，在某些情況下，這些情況通常稱為「場面」（scenes），個人採取所的行為會破壞或嚴重威脅到共識的禮貌外觀，儘管他不是打算要創造出這種不和諧而行動，但他在採取行動時也知道這麼做很容易造成不和諧。「鬧場」（creating a scene）是個相當恰當的常識

---

2 *The Laws of Etiquette* (Philadelphia: Carey, Lee and Blanchard, 1836), p. 101.

3 *The Canons of Good Breeding*, p. 80.

詞彙，因為這種干擾確實造成了新的場景（scene）。之前符合預期的團隊互動突然被迫停止，新的節目強行上演。重要的是，這個新場景往往牽涉到突然對原先的團隊成員進行重組與重分配，使其成為兩個全新的團隊。

有些場面之所以發生，是因為團隊成員不再支持彼此的笨拙表演，而且團隊成員還會毫無顧忌地公開批評與他們進行擬劇論合作的個人。表演者的不當行為對於表演者自己必須參與的表演當然會造成嚴重打擊：這種爭論帶來的其中一項影響，就是讓觀眾看見了後臺，另一個影響則是讓觀眾覺得這場表演很可疑，因為連最了解這場表演的人都不同意這場表演。另一種場面是，觀眾決定不再參與這場禮貌互動的遊戲，或不想再這麼做，他們決定讓表演者自行面對每個團隊都認為不可接受的事實或表達行動。這種場面往往發生在個人鼓起社交勇氣，決定「徹底解決」另一個人或「狠狠地斥責對方一頓」的時候。刑事法庭就是這種公開決裂的制度化結果，就像謀殺推理小說的最後一章，個人迄今為止一直擺出令人信服的姿態，堅稱自己是無辜的，但在他人出席，提出不可否認的表達證據之後，個人擺出來的姿態就成了裝模作樣。還有一種場面，兩個人的互動變得愈來愈大聲，愈來愈激動，或者引起他人注意，導致附近的人都無法進行自己的對話互動，人們開始圍觀，開始選邊站或甚至加入爭吵。最後一種場面類型，當一個人獨自組成一人團隊，並且認真提出一項主張或要求，如果這項主張或要求遭到觀眾拒絕，這個人顯然將無路可走，因此他在選擇主張或要求時，通常會選擇觀眾比較可能認可與同意的主張或要求。然而，如果個人懷有非常強烈的動機，那麼他仍有可能提出自己明知觀眾有可能拒絕的主張或觀點。他在觀眾面前有意地降低防衛，可以這麼說，他是在向觀眾乞求憐憫，想藉此懇求觀眾成為他的團隊，或允許他把自己當成是觀眾的團隊。這種行為實在令人尷尬，然而當觀眾當著個人的面拒絕了這個毫無防衛的要求時，他所遭受的痛苦就可稱之為屈辱。

我已經討論了幾個表演中斷的主要形式——無心的姿態、時機不當的入侵、失態與場面。表演中斷，如果以日常語言來形容，通常可以稱之為「事件」（incidents）。當事件發生時，表演者支持的現實就會遭到威脅。在場的人可能感到慌亂、不安、尷尬、緊張等等。事實上，參與者會覺得相當難堪。當表演者被察覺到露出慌亂或尷尬的表情時，表演支持的現實就會受到進一步的危害與削弱，因為在絕大多數例子裡，緊張的神情乃是扮演角色的個人的自我面向，而非個人所投射的角色面向，這會促使觀眾窺探到面具背後的人物形象。

為了防止事件發生，與之後造成令人尷尬的結果，所有參與互動的人，乃至未參與互動的人，都必須擁有某些特質並將這些特質付諸實踐以挽救表演。我們將分成三個標題來檢視這些特質與做法：表演者為了挽救自身的表演而採取的防衛措施；觀眾與外人為了支持表演者挽救表演而採取的保護措施；最後，表演者為了讓觀眾與外人能夠運用保護措施來幫助自己所採取的措施。

防衛的特質與做法

1. 擬劇論式的忠誠（loyalty）

顯然，如果團隊要維持立場，團隊成員就必須承擔某種道德義務。在表演與表演之間，他們絕對不能洩漏團隊的利益，無論是基於自利、原則還是粗心大意。因此，家裡年紀較大的成員在談到他人或自己的事情時，往往會支開孩子，因為你永遠不知道孩子會把祕密洩漏給誰。因此，只有當孩子到達懂事的年齡時，父母才不會在他進房時刻意停止交談。十八世紀作家談到僕人的問題時，引用了類似的不忠例子，只不過他提到的人年紀已經大到足以了解更多事情：

〔僕人對主人〕缺乏忠誠會帶來大大小小的煩心事，沒有幾個雇主能倖免。其中僕人出賣主人的祕密最不可掉以輕心。笛福（Defoe）注意到這件事，他告誡家中女僕，「妳們應該具備的美德還要再加上『虔敬』，這會教導妳們『謹守家中祕密』的審慎；做不到這一點會帶來很大的困擾……」[4]

4 Hecht, *op. cit.*, p. 81, 引自 Defoe's *The Maid-Servant's Modest Defense.*

僕人接近時，主人同樣會停止交談，但在十八世紀初，出現了一種避免僕人知道團隊祕密的做法：

> 升降架（dumb-waiter）是一種裝了層架的桌子，在晚餐前，僕人會把食物、飲料與餐具放在升降架上，然後離去，由客人自行前來取用。[5]

這種擬劇論式的裝置傳到英國後，瑪麗．漢彌爾頓（Mary Hamilton）說道：

> 「我的表哥查爾斯．卡斯卡特（Charles Cathcart）跟我們一起到斯多蒙特夫人（Lady Stormont）家赴宴；我們旁邊放了升降架，房間裡沒有僕人，我們的談話因此完全沒有顧忌。」[6]

> 「晚餐時，我們有舒適的升降架，我們的談話不需要在僕人令人不悅地監視下進行。」[7]

---

5 Hecht, *op. cit.*, p. 208.
6 *Ibid.*, p. 208.
7 *Ibid.*, p. 208.

同樣，團隊成員不能利用在前臺區域演出的機會來進行自己的表演，舉例來說，一些到達適婚年齡的速記員，有時會在辦公室裡擺滿茂盛漂亮的灌木。團隊成員也不能利用表演的機會抨擊自己的團隊，團隊成員必須欣然接受分配給他的小角色，而無論團隊選擇在何時、何地與為誰演出，團隊成員都必須保持熱情上臺表演。並且，團隊成員必須一定程度地沉浸在他們的表演中，才足以不讓他們在觀眾面前顯得空洞而不真實。

維持團隊成員（其他類型的集體成員也一樣）忠誠的關鍵在於阻止表演者因為同情而依附觀眾。表演者一旦同情觀眾，就會向觀眾揭露，表演會讓他們產生什麼樣的印象與帶來什麼樣的結果；表演者對觀眾的依附，將使整個團隊因為他而付出代價。舉例來說，在英國的一個小社區，商店經理忠於商店，會用好聽的詞彙來定義出售給客人的商品，同時還附上虛假的建議，但店員卻經常被人發現，他不僅扮演起客人的角色，為客人提供購買建議，甚至完全變成了客人。另外，在昔得蘭島，我聽到一名店員在把一瓶櫻桃汽水拿給客人時說道：「我搞不懂你們怎麼會喝這種東西。」店員的坦白並未讓在場的人感到吃驚，而類似的評論每天都會在島上的商店裡聽到。同樣地，加油站經理有時不同意客人給小費，因為這會讓加油站員工故意挑選某些客人並給予不適當的免費服務，而讓其他客人大排長龍。

團隊可以用來防衛與阻止不忠的一項基本技術是，在團體內部建立高度的內團體連帶感，並且建立觀眾的後臺形象，將觀眾完全非人化（inhuman），使表演者可以不帶感情、不帶道德地哄騙他們。能做到這點，團隊成員與他們的同事就能組成完整的社交社群，即使表演者無法在觀眾面前維持門面形象，團隊也能提供表演者活動場所與道德支持，若能如此，表演者將不會受到質疑與感到內疚，而能從事任何種類的欺騙。我們若想了解印度圖基教徒的冷酷藝術，或許我們應該先了解他們的宗教信仰與儀式實踐，他們所有的墮落行為都跟這兩者息息相關。我們若想了解詐騙集團為什麼如此麻木不仁，或許我們應該先了解他們的社會連帶感，也就是他們口中「無法無天」的世界，以及他們如何有系統地詆毀正當有序的世界。這些觀念或許能讓我們稍微了解，為什麼與社群疏離或者尚未融入社群的團體，可以在骯髒的行業與從事詐欺的服務業中如魚得水。

表演者與觀眾之間形成的情感紐帶關係對團隊構成了危險，為了化解這種危險，我們還有第二項技術，那就是定期更換觀眾。因此，加油站經理會定期從一個加油站換到另一個加油站，藉此防止經理與客人建立緊密的個人關係。有人發現，一旦加油站任由經理與客人建立緊密關係，經理有時會把朋友的利益置於加油站的利益之上，如允許朋友賒帳。[8] 銀行經理與主管也會基於類似的理由定期輪替，宛如殖民地官員一般。有些女性專業人士也反映出這種狀況，例如以下提到的娼妓業：

8 當然，有些商業公司口中的背叛其實只是一種噱頭，例如店員給予客人「特殊」折扣，目的是為了讓他成為常客。

> 這些日子來黑幫主導了一切。女孩不能在同一個地方待太久，以免與客人建立友善關係。女孩沒有機會跟客人墜入愛河——你也知道，這樣會惹上很大的麻煩。總之，妓女這個星期待在芝加哥，下個星期就會去聖路易斯，或者是在同一個城市輪流待六個地方，然後再到別的城市。她們不會知道自己下一站要去哪裡，要等到有人通知才知道。[9]

2. 擬劇論式的紀律（discipline）

團隊表演的維持，有一點至關重要，那就是每個團隊成員都必須具備擬劇論式的紀律，並且要在扮演自己的角色時落實這一點。舉例來說，表面上表演者沉浸且投入於自己的表演活動上，全神貫注於本能的、直覺的演出之中，但他也必須在情感上與他的呈現有所分離，才能在戲劇性的意外出現時自由應對。他必須在他的演出中同時投入智性與感性，但也要留意不要被自己的表演帶著走，以免表演功敗垂成。

從擬劇論的角度來看，一名有紀律的表演者必須牢記自己的角色，在表演時不能做出無心的姿態，也不能失態。他是一個審慎的人，他不會在無意間透露表演的祕密，因此破壞了表演；他是「冷靜」的人，能在隊友因一時衝動做出不適當的行為時進行掩護，又能在專注扮演自己的角色之餘同時維持住印象。如果表演中斷不可避免或難以掩蓋，有紀律的表演者會準備好提供看似

9 Charles Hamilton *Men of the Underworld* (New York: Macmillan, 1952), p. 222.

合理的理由來淡化這起中斷事件，也許用幽默詼諧讓人一笑置之，也許是深深地鞠躬道歉與自我責難，並設法讓造成表演中斷的人盡快振作起來。有紀律的表演者也是「自制」的人。他能壓抑內心的衝動，冷靜地處理私人問題，不會對犯錯的隊友生氣，面對企圖激起他的情緒與怒氣的觀眾，他也表現得平心靜氣。看到被定義為嚴肅的事物，他絕不會發笑，反之，看到被定義為詼諧的事物，他也絕不會表情嚴肅。換言之，他可以壓抑情感的自然流露，好讓他的外表能夠完全符合團隊表演建立的感情方針與表達現狀。因為對外展示出團隊所禁止的心理狀態，不僅會不適當地揭露與冒犯可運作共識，還可能暗示觀眾也具備與團隊成員同等的地位。有紀律的表演者可以泰然自若地從非正式的私人場所移動到正式程度不一的公共場所，不會被這類的變動所困惑。[10]

　　擬劇論式的紀律，其焦點或許在於臉部與聲音的管理上。以下是表演者的關鍵能力測試。表演者必須隱藏真實的情感反應，而且必須展示適當的情感反應。團隊經常把揶揄當成非正式的入會儀式，藉此訓練與測試新成員「經得起開玩笑」的能力，亦即，承受友善的舉動，但或許不要去感受它。個人通過這樣一個表達控制的測試之後——無論是來自新團隊成員的玩笑打鬧，還是要他臨時上陣參加一場嚴肅的表演——接下來，他將以表演者的身分向前邁進，他可以相信自己，也可以被其他成員相信。在霍華德．貝克（Howard S. Becker）即將發表的吸食大麻的論文，裡面舉了一個很好的例子。貝克提到，一名經常吸食大麻的人很害怕自己在吸食大麻的狀況下直

10　例見 Page, *op. cit.*, pp. 91-92.

接面對自己的父母與工作夥伴，因為他們都希望他能夠停止吸食大麻。而顯然這名經常吸食大麻的人，在得知自己既能吸得很「嗨」，又能在非吸食者面前端出天衣無縫的表演時，便決定成為一個定期吸食者。還有一個類似的例子，這個例子比較不那麼戲劇性，在一般家庭裡，只有當團隊的年輕成員能夠控制自己的脾性，證明自己是個值得信任的參與者時，那麼團隊才會帶年輕成員去參加公共與半公共的典禮。

3. 擬劇論式的慎重（circumspection）

就擬劇論的意義來說，如果團隊成員希望自己從事的表演能持續下去，那麼就必須具備忠誠與紀律這兩個特質。此外，如果團隊成員有先見之明，提前策畫如何做出一場最好的表演，那麼對團隊來說當然非常有用。我們必須慎重。當表演者幾乎不會被看見的時候，表演者就可以趁機放鬆休息；當表演者幾乎沒有什麼機會接受考驗時，表演者可以將冰冷的事實呈現在熾熱的強光底下，也可以盡全力投入所有的尊嚴於自己所扮演的角色。如果表演者既不留意也不誠實，那麼表演中斷就有可能發生；如果表演者過於留意與誠實，那麼表演者就不可能被了解得「太透徹」，相反地，還會遭到誤解、理解不足，或者只能在他們所面對的戲劇創作機會中受到大幅地限制。換言之，基於團隊的利益，表演者在演出時必須謹慎與慎重，他們必須為可能出現的偶發事件預做準備，並且利用僅存的機會。擬劇論式的慎重，其運作與表達有幾個著名的形式，接下來我們將介紹這幾個印象管理技術。

對團隊而言，第一項技術顯然是挑選忠誠而有紀律的成員，第二項技術則是團隊必須清楚了解，成員對團隊的忠誠與成員本身的紀律究竟達到什麼程度，這兩項特質的程度高低，將是決定表演能否成功的關鍵，也是團隊決定是否認真投入資源與尊嚴在表演中的依據。

慎重的表演者會試圖挑選出最不會惹麻煩的觀眾，以此作為自己想進行的表演與不一定要進行的表演的根據。例如，一般認為，老師往往較不偏愛下層階級或上層階級的學生，因為這兩個階層的學生，在教室裡很難讓讓專業教師維持角色所能夠確認的情境釋義。[11]老師會因為這種擬劇論理由而轉到中產階級學校去。同樣地，有些護士寧可在手術室也不願在一般病房工作，因為在手術室裡，採取的措施可以確保觀眾——觀眾只有一位——很快就忘去整場表演的弱點，而手術團隊因此能放鬆下來，把心思完全放在行動的技術要件而非擬劇論要件上。[12]一旦觀眾睡著，此時甚至可能找來「幽靈醫生」（ghost surgeon）來執行手術，之後再由其他在場的醫生宣稱手術是由他們完成。[13]同樣地，夫妻為了表現婚姻的連帶感，往往會一同招呼客人，但夫妻對於某些

11 Becker, "Social Class Variations⋯," *op. cit.*, pp. 461-62.

12 Edith Lenz 尚未發表的研究報告。有時送進手術室的病人不需要全身麻醉，手術團隊於是讓病人戴上耳機，讓他們聆聽風笛音樂，這樣病人就無法聽見手術團隊的對話。

13 Solomon, *op. cit.*, p. 108.

客人的看法不一定相同，此時就必須將這類客人剔除。[14]此外，如果一個有權有勢的人想確保自己能在辦公室互動中扮演友善的角色，那麼對他來說比較有用的做法是擁有一部私人電梯，聘請一群保護他的接待員與祕書，由他們過濾掉那些他冷眼相看與瞧不起的人物。

要確保團隊成員與觀眾成員都不會做出不適當的行為，其實做法很簡單，就是盡可能限制兩者的人數。假設其他條件不變，成員人數愈少，出現錯誤、「困難」與背叛的可能性就愈低。因此，店員喜歡賣東西給沒人陪伴的客人，因為一般認為，兩個觀眾要比一個觀眾難「賣」。同樣地，有些學校有著不成文的規定，當某個老師正在教室裡上課時，另一個老師不能進到這間教室裡；這當中的假定顯然是，新老師有可能做一些事，讓翹首以盼的學生觀眾看出與他們自己的老師所營造的印象不一致。[15]然而，這種限制人數的做法本身就存在著限制，而理由至少有二。首先，有些表演如果沒有大量隊友的技術支持就無法呈現。因此，陸軍總參謀長雖然了解，知道下個階段軍事行動計畫的軍官愈多，戰略祕密遭到揭露的可能性就愈高，但參謀部還是必須有足夠的人手參與祕密計畫與安排整個行動。其次，個人是一種表達工具，某方面來說，個人比布景裡的非人物件有用得多。如果要賦予一個人顯赫的地位，那麼就必須找來大量的隨從簇擁著他，如

14 這個觀點在進一步發展後，出現在 Mary McCarthy 的短篇小說中，"A Friend of the Family," reprinted in Mary McCarthy, *Cast a Cold Eye* (New York: Harcourt Brace, 1950).

15 Becker, "The Teacher in the Authority System of the Pubic School," *op. cit.*, p. 139.

此才能讓人留下深刻的印象。

我曾經提過，愈貼近事實，表演者就愈能確保表演順利完成，但這麼做也會使表演者無法出現精采的表演。如果表演者想要順利進行一場精采的表演，比較有用的做法是遠離事實而非堅守事實。高級宗教人員可以進行一場神聖而美好的呈現，因為沒有一套公認的做法來指責他的做法是不對的。專業人士認為自己提供的服務不應該由獲致的成果來評判，而應該以可用的職業技術被應用的熟練程度來判斷；當然，專業人士還會主張只有同業團體才有資格做出判斷。專業人士會投入自己的影響力與尊嚴，全心全力地進行呈現，因為他知道，除非犯了非常愚蠢的錯誤，否則他所創造的印象絕不可能遭到摧毀。因此，工匠為取得專業認證所付諸的努力，我們可以理解為工匠試圖控制他們呈現給顧客的現實；於是，我們可以看到工匠在工作時不需要再像過去一樣，表現出謹慎卑微的樣子。

謙恭程度的多寡與表演時間的長短似乎呈現出某種關係。如果觀眾只是看一場簡短的表演，那麼表演中出現尷尬狀況的可能性就會相對較低，表演者維持虛假的門面形象就會相對安全，特別是在無明顯特徵的環境裡。[16]美國社會有所謂的「電話腔」（telephone voice），這種刻意養成

16 在一段簡短且無明顯特徵的服務關係裡，服務人員很擅長辨識矯揉造作的行為。然而，因為服務人員的地位是由服務角色所確立的，所以顧客對他們矯揉造作，他們卻不能對顧客也回以矯揉造作。在此同時，那些如其所稱的顧客，經常感覺到服務人員並不是特別在意，而客人因此會覺得丟臉，因為他會覺得自己看起來就跟自己裝出來的樣子一樣虛假。

的說話方式不會用在面對面交談上，因為這麼做很危險。在英國，陌生人之間的接觸通常都很短暫，例如「請」、「謝謝」、「不好意思」與「我能跟某某人說話嗎」——一般人聽到的公學口音次數，可能比實際讀過公學的人還要多。在英美社會，絕大多數家庭恐怕沒有足夠的演出工具，來為待超好幾個鐘頭的客人舉行一場禮貌而殷勤的迎賓表演；只有在上層中產階級與上層階級中，我們才會發現週末客人的存在，也只有在這裡，表演者才覺得自己有足夠的符號工具舉行一場長時間的表演。在昔得蘭島，有些佃農覺得他們有能力在喝茶的時間舉行一場中產階級表演，有些人覺得是一餐的時間，少數一兩個人說能維持一個週末；許多島民認為他們只能在屋子的前廊為中產階級表演，或者更好一些，在社區活動中心，這樣的話舉行表演的勞力與責任便可以由許多團隊成員來分擔。

做到擬劇論式慎重的表演者，必須先讓自己的表演適應表演所在地的資訊狀況（information conditions）。十九世紀倫敦的年長妓女會把工作的地點局限在黑漆漆的公園裡，這樣她們的臉龐對於觀眾的吸引力就不會被削弱，而採用這種策略的歷史，甚至比她們的職業還悠久。[17]除了考慮什麼可以被看到，表演者也要考慮觀眾已經擁有多少有關他的資訊。觀眾愈了解表演者，在與表演者互動時就愈不容易受到表演者影響。另一方面，如果在表演之前，觀眾並未掌握與表演者

17 Mayhew, *op. cit.*, Vol. 4, p. 90.

有關的資訊，那麼我們可以預期，在互動中一點一滴收集而來的資訊將相對關鍵。因此，整體來說，我們可以預期個人在與認識很久的人在一起時，會放鬆對門面的嚴格限制，而與素未謀面的人在一起時，則會收緊對門面的嚴格限制。與不認識的人在一起，謹慎表演是必要的。

另一個與溝通有關的狀況也值得一提。慎重的表演者必須考量觀眾是否能取得互動以外的資訊來源。舉例來說，據傳印度的圖基教徒成員曾在十九世紀初做了以下表演：

> 他們一般都會喬裝成商人或士兵，身上完全不攜帶武器，好讓人放下戒心，而這也讓他們有很好的藉口要求跟旅人同行，因為他們的外表完全不會令人起疑。絕大多數圖基教徒看起來都很溫和，而且十分有禮，但這其實是他們慣用的偽裝方式，這樣全副武裝的旅人就不會擔心讓他們加入會產生什麼問題。第一步成功達成之後，圖基教徒逐漸以謙卑與心懷感恩的舉止贏取受害者的信任，圖基教徒假裝對受害者的事情很感興趣，極力打探他們家裡的狀況，以了解受害者要是被殺的話，是否有人會來找他，或受害者是否在附近有認識的人。有時候，為了等待背叛的良機到來，圖基教徒不惜與受害人一起跋涉一大段距離：一件登記在案的例子顯示，一群圖基教徒與一個擁有十一個成員的大家庭一起旅行了二十天，行經二百英里，最後神不知鬼不覺地殺死了一整家人。[18]

---

18 Sleeman, *op. cit.*, pp. 25-26.

儘管觀眾一直提防圖基教徒這樣的表演者（而且只要認出來是圖基教徒，就會迅速予以處死），圖基教徒的表演還是無往不利，部分的原因出在旅行時的資訊狀況；一旦開始遠行，對於路上遇到的人宣稱的身分，根本無從查起，如果路上遭遇不幸，人們發覺旅人遲遲未抵達，恐怕也是幾個月後的事，屆時圖基教徒早已逃之夭夭。然而，在圖基教徒居住的村落裡，這些犯下罪行的成員，他們平日的表現竟與常人無異。同樣地，慎重的美國人平日絕對不會錯誤地表述自己的社會地位，但在夏日避暑聖地短暫停留的時候，他們卻會冒險假冒不同的身分。

慎重的表演者必須留意互動外的資訊來源造成的偶發事件，但互動內的資訊來源同樣不可掉以輕心。慎重的表演者必須根據表演所需的道具與作業性質來調整自己的呈現方式。舉例來說，美國的服飾業者在做出誇大的宣示之前必須三思，因為客人可以用眼睛與觸摸的方式來檢驗眼前的衣物；但家具商就沒那麼多顧忌，因為很少有觀眾有能力判斷被亮光漆與裝飾包覆的家具是什麼材質。[19] 在昔得蘭旅館，工作人員可以任意在湯與布丁裡放入各種食材，因為無論放什麼，從外表都看不出來。尤其湯可以輕鬆上桌——湯喝起來很容易上癮，它是用剩下的飯菜煮成，裡面加了各種東西，每一餐的第一道菜往往就是湯；至於肉類則是一目了然，很少有隱藏空間。事實上，昔得蘭旅館的員工標準比英國本土的客人嚴格得多，當地人聞起來覺得已經「變質」的肉

19 Conant, *op. cit.*, p. 169 提出這個觀點。

類，外地人聞起來卻覺得「味道濃郁」。此外，昔得蘭島當地雖然沒有年紀大就不需要工作的想法，但島上還有一項傳統：年邁的佃農可以裝病來讓自己免除成年生活的辛苦職責。島上的醫生——雖然那裡現任的醫生在這方面比較不願意合作——理應承認這個事實，那就是沒有人可以確定人體內部是否隱藏著疾病，因此醫生應該圓滑地把明確的診斷限制在外在可見的病症上。同樣，如果家庭主婦很想顯示自己是個愛乾淨的人，那麼她會把重點放在客廳的玻璃表面，因為玻璃最容易看出髒東西；她比較不會關注深色與不容易看出東西的地毯，因為當初選擇深色就是「不容易顯髒」。藝術家很少在意工作室的裝潢，事實上，藝術家的工作室通常給人一種感覺，那就是在後臺工作的人根本不在意誰會看見他們，也不在意他們所在的環境看起來怎麼樣——部分是因為這種環境可以或應該讓人立刻感受到藝術家作品的完整價值；另一方面，肖像畫家則必須為了讓人能夠坐得舒服一點，因此傾向於使用較討人喜歡、較為貴氣的工作室，讓人覺得畫家必然能完成優秀的作品。同樣，我們發現騙子必須維持精巧與一絲不苟的門面形象，還要建立嚴謹的社交布景，他們這麼做不全是因為他們靠行騙為生，而更是為了能從謊言脫身，因而必須選擇過去不認識、未來也不會有任何關連的陌生人，而且最後必須盡快結束往來。而正派的生意人會在相同的環境推銷正當的創業投資，他會同樣一絲不苟地打理自己，因為正是在這樣的環境下，潛在的投資人才會仔細考察這個想賣東西給他的人究竟是何方神聖。簡言之，騙子必須在這樣的環境下欺騙客戶，但客戶也會懷疑這是不是騙局，因此騙子必須搶先一步，不要讓對方產生自己可能是騙子的印象；相反地，正派的生意人在相同的環境下，則是要搶先一步，不讓客戶留下自己可能不是正派生意人的印象。

在某些情境下，重要結果的產生，往往來自於表演者的行為，因此行為時謹慎小心便成了首要之務。求職面試就是個明顯的例子。通常面試者只能從應徵者在面試時的表演獲取資料，而他只能憑這麼一點資料來做出極為重要的決定。被面試者可能會覺得——他的看法確實有一定的道理——自己的每個行動都將具有高度的象徵性，因此他必須盡可能做好準備與投入心力在表演上。在這個時候，我們期待被面試者更加注意自己的外表與舉止，不只是為了留下有利的印象，也是為了處於不敗之地，避免自己的外表與舉止不智地傳達出不好的印象。還有一個例子：在廣播，尤其是電視領域工作的人，深信一開始留下的印象會主宰閱聽大眾對他們的觀感。因此，傳播產業在留下正確印象這點下了許多工夫，而且特別擔心可能留下不好的印象。對於印象的關切所帶來的影響，讓我們有時甚至看到一些有失尊嚴的表現，一些高身分地位的表演者會願意讓自己吃一點苦頭，好製造出良好的印象：國會議員願意讓工作人員幫他化妝，並接受裝束上的建議；職業拳擊手像摔角選手一樣淪為展示品，在場上進行表演，而非贏得比賽。[20]

表演者的慎重也表現在他們對於外表放鬆的處理。當團隊遠離觀眾的檢視，而且突襲拜訪也

20 見 John Lardner 的每週專欄，*Newsweek*, February 22, 1954, p. 59.

不可能發生時，團隊就能好好地放鬆休息。因此我們看到，第二次世界大戰期間，美國海軍在太平洋島嶼上的小型設施往往運作鬆散，然而當設備轉移到觀眾容易造訪的地方時，方針馬上做了調整，所有人都勤於清洗擦拭。[21] 當檢查員可以輕鬆抵達團隊工作的地方時，團隊能夠休息的時間取決於團隊警報系統的效率與可靠程度。充分的休息不僅需要警報系統，還需要警報與實際造訪之間有充足的時間，因為團隊不僅要在這段時間休息，還必須確保檢查員抵達時，團隊成員能從休息的狀態調整成工作的狀態。同樣地，當學校老師短暫離開教室，學生可以放鬆，不用再正襟危坐，也可以低聲說話，但這些逾矩行為必須能在警報後，老師重新進到教室這短短幾秒的時間更正過來；但學生如果偷抽菸，恐怕就無法在這麼短的時間恢復原狀，因為菸味不可能這麼快就消散。就像其他表演者一樣，學生也想「挑戰極限」，他們會興奮地盡可能遠離自己的座位，當警報傳來，就必須拚命趕回原來的位置，以免被逮個正著。當然，地形在這裡是個重要因素。舉例來說，在昔得蘭島，沒有樹木阻擋人們的視線，房屋也四處散布。鄰居們只要碰巧在附近，就會順道過來拜訪，不過從看到鄰居到他實際抵達門前，總需要幾分鐘的時間。佃農養的狗只要遠遠看到有人過來，就會開始吠叫，讓原本眼睛可見的警告，增添了聽覺的效果。在這裡，可以享受廣泛的放鬆，因為你總是有幾分鐘的時間收拾屋子。當然，有了這些警報系統，敲門也就失

21 Page, *op. cit.*, p. 92.

去了主要功能，佃農彼此之間不敲門，不過有些人倒是會在門前刮磨自己的腳，作為進屋前最後的一次警告。公寓飯店的前門，只有在住戶從裡面按下按鈕時才會開啟，這也提供了一項類似警報的功能，而且也讓住戶能同樣獲得放鬆。

我還想再舉一個擬劇論式的慎重的例子。當團隊直接面對面時，可能會發生一些小事件，這些小事件可能意外地適合傳達與原本所營造的印象不一致的一般印象。這種表達上的背叛是面對面互動的一項基本特質。前面曾經提過，解決這個問題的一個做法是選擇有紀律的隊友，他們在扮演自己的角色時，絕不會笨拙、不得體與充滿自我意識。另一個方法是為可能發生的表達偶發事件預做準備。例如，在事件發生前選定一個完整的議程，決定由誰擔任什麼工作，之後再由誰擔任什麼工作。如此便可避免混亂與呆滯，也能避免讓觀眾留下計畫窒礙難行的印象。（當然，這麼做也存在風險。擁有完整腳本的表演，例如舞臺劇作，往往可以產生很好的效果，但就怕突發事件打亂了計畫的陳述與行動順序；一旦順序被打亂，表演者就無法回頭找到提示，使他們從原先中斷的位置接著表演下去。在這種狀況下，擁有腳本的表演者，反而比在組織混亂的表演中演出的表演者的處境更糟。）制定計畫的技術還有另一種運用方式，就是讓每個瑣碎小事（例如誰先走進房間，誰應該坐在女主人身旁等等）都具有重要意義，並且有意識地根據一些所有人都不會感到被冒犯的判斷原則，將其分攤出去，例如年紀、年資、性別、暫時的榮譽地位等等。因此，重要的是，這種協議與其說是一種在互動期間表達評價的機制，不如說是一種將潛在的表達中斷「予以停止」（grounding）的機制，讓所有在場的人在一定程度上都（平靜地）接受。第三種運用方式是對整個例行公事進行排練，讓表演者能熟練自己的角色，並讓他們在一種可以安全應對的情況下來面對意料之外的偶發事件。第四種運用方式是事前向觀眾大致描述，在表演時他們應該採取什麼樣的回應方式。當然，這類提前說明出現的時候，我們會很難區別表演者與觀眾有什麼不同，這種共謀類型尤其出現在表演者擁有崇高神聖的地位且無法對觀眾本身的機智反應有所信任時。在英國，即將進宮覲見的女性（我們可以把她們想成是皇室表演者的觀眾），在事前會接受詳細的指導，例如該穿什麼，什麼樣的豪華禮車會抵達，如何行屈膝禮，與該說什麼。

保護的做法

我曾經提過，如果團隊想順利演出，那麼團隊成員一定要具備三項特質：忠誠、紀律與慎重。這三種能力已經具體表現在許多標準的防衛技術中，表演者因此可以透過這些技術來保護自己的表演。我們已經檢視了幾項印象管理技術，此外還有一些技術，例如控制通往後臺區域與前臺區域的通道，則已經在前面幾章討論過。在本節中，我想強調絕大多數的印象管理防衛技術，在觀眾與外人手中也有相應的一套得體做法，可以充當一種保護措施，協助表演者順利進行表演。過去我們一直低估表演者對觀眾與外人得體行為的依賴，因此接下來我要特別介紹幾種普遍使用的保護技術，不過從分析的角度來說，每一種保護做法若是能與相應的防衛做法搭配起來討論，效果應該會更好。

首先，我們必須了解，通往表演的後臺與前臺區域的通道，不僅由表演者控制，也由他人控制。個人會因未受邀請，而自行決定遠離這些區域。（這種針對場所的得體行為，與「謹慎」類似，我們在談到事實時，已經提到謹慎其實是一種得體的行為。）當外人發現自己即將進入後臺或前臺時，他們通常會給予已經在場的人一些警告，可能是訊息，也可能是敲門，或者是一聲咳嗽，如此，闖入的行為就可以在必要的狀況下停止，或者是布景可以迅速地整理整齊，讓在場的人可以擺出適當的表情。[22]這種得體的行為還可以進一步改善，因此，透過推薦信向陌生人介紹自己，適當的做法是先寄信給對方，然後再上門拜訪；因此，收信人有時間決定該怎麼接待對方，並且思索什麼樣的表達方式才適合這場會面。[23]

我們經常發現，當互動必須在外人面前進行時，外人會得體地表現出毫無興趣、與他無關或完全沒聽到的樣子，因此就算無法藉由牆壁或距離達成物理的阻隔，至少也能透過社會慣例達成

22 侍女通常接受的訓練是進房不用敲門，或者是敲門然後直接進去，之所以如此可能是因為理論上把侍女當成非人，因此在她們面前，房裡的人完全不需要維持任何的偽裝或互動。彼此友好的家庭主婦就像上述的侍女一樣可以任意進出對方的廚房，顯示彼此可以坦誠相見。

23 *Esquire Etiquette, op. cit.*, p. 73.

有效的阻隔。因此，在餐廳裡，兩組人坐的桌子剛好緊鄰著，一般會預期無論哪一組人都不會利用這個機會聆聽隔桌的人在說什麼。

得體的忽略與由此產生的有效隱私，這種禮節在每個社會與次文化往往各自不同。在英美中產階級社會，當來到公共場合時，人們應該避免干涉別人的活動，並且應該專心管好自己的事。只有當某個女性掉了東西，或某人的車子在道路中間拋錨，或單獨留在嬰兒車裡的嬰兒開始哭泣時，中產階級民眾才會覺得可以暫時打破有效隔絕彼此的那道牆。在昔得蘭島，規則卻不一樣，如果有人剛好看到另一個人正忙著一件事，一般會期望這個人上前幫忙，特別是需要的時間相對短暫，而這件事又相對費力時。這種隨興的互助態度在當地被視為理所當然，而且表現出島民之間的同胞情誼。

等到觀眾可以觀看表演時，依然要維持得體。我們發現個人在成為觀眾時，會遵循一套講究的禮節。這些禮節包括：適當地給予注意與關注；要對自身的表演有所節制，不要造成太多的矛盾、干擾或引人注意；禁止做出任何失禮的陳述；最重要的是，避免混亂的場面。觀眾必須得體已經成為一般常識，我們甚至可以看到最容易表現出不禮貌的精神病院病人也懂得遵守這個道理。一份研究團體報告指出：

有一回，工作人員沒有徵詢病人的意見，就擅自決定為他們舉辦一場情人節派對。許多病人不想參加，但最終還是去了，因為他們覺得實習護士特別為他們舉辦派對，不去會傷害她們的感情。護士玩的遊戲非常幼稚，許多病人都覺得很蠢；當派對結束時，病人們都覺得很開心，因為他們可以回去從事自己想做的活動。[24]

在另一間精神病院，我們看到種族組織在紅十字屋醫院為病人舉辦歡迎舞會，藉此提供一些慈善工作經驗給幾位需要支持的護士。醫院代表有時會勸幾個男病人跟這些女孩跳舞，而這讓人產生一種印象，好像這些訪客專程前來陪伴這些比他們自己更需要幫助的人。[25]

當表演者出現一點閃失，清楚顯示營造的印象與揭露的現實之間的不一致時，觀眾會得體地「裝做沒看見」，或者是已經準備好接受表演者的說詞。而在表演者面臨危機之時，所有的觀眾會與表演者達成默示的共謀，好協助表演者脫身。因此，我們看到在精神病院，當病人的死亡與護理人員試圖維持的有效醫療的印象發生牴觸時，其他的病人平日總是跟護理人員作對，此時卻得體地停止衝突，雖然他們不了解發生的事情究竟有何意義，但還是體諒地協助護理人員維持這

24 William Caudill, Fredrick C. Redlich, Helen R. Gilmore and Eugene B. Brody, "Social Structure and Interaction Processes on a Psychiatric Ward," *American Journal of Orthopsychiatry*, XXII, pp. 321-22.

25 Writer's Study, 1953-54.

個相當虛假的印象。[26]同樣地，在進行檢查的時候，無論是在學校、軍營、醫院還是家裡，觀眾可能會像個模範生一樣安分守己，而正在接受檢查的表演者則會給出一場模範般的演出；此時，團隊的方針可能會暫時稍做調整，好讓負責檢查的督學、將軍、主管或客人必須面對表演者與觀眾的共謀。

最後一個關於得體地面對表演者的例子，其實先前已經提過。當大家都知道眼前的表演者是個菜鳥，也知道他比任何人都更容易犯下尷尬的錯誤時，觀眾往往會給予更大的包容，不願再給這名表演者添加更多的困難。

觀眾之所以通情達理，可能是因為當下對表演者產生了認同，也可能是想避免混亂的場面，或者是基於自利的目的想討好表演者。最後一個原因或許是最好的解釋。有些在街頭的女性之所以熱門，在於她們能熱情地迎合客人的表演，而這也證實了一個可悲的擬劇論事實，即情人與妻子並不是在她們的性別之中唯一不得不從事這種高級賣淫的人：

> 瑪麗·李說，她提供給布萊克席先生的服務，就跟提供給其他有錢客人的服務一模一樣。
> 「他們要什麼，我就做什麼，我會裝出對他們熱情如火的樣子。有時候，他們看起來就像玩

---

26 見 Taxel, *op. cit.*, p. 118. 當兩個團隊得知一件令人尷尬的事實，而他們彼此都知道對方知道這件事，但兩個團隊都未公開承認他們知道這件事，這個例子剛好就是 Robert Dubin 所謂的「組織虛構」（organizational fictions）。見 Dubin, *op. cit.*, pp. 341-45.

遊戲的小男孩。布萊克席先生很愛玩遊戲。他扮演洞穴人。他來我的公寓，把我摟在懷裡，緊緊抱住我，直到他覺得快把我悶死為止。他開始嚎叫。完事之後，我必須對他說，『親愛的，你讓我好開心，我快哭了。』你無法相信一個大人居然會想玩這種遊戲。但他就是愛玩。不只他，絕大多數有錢人都愛玩。」

瑪麗．李深信有錢的客人之所以喜歡她，是因為她總是能自發地討他們歡心。因此，她最近去動了絕育手術。她認為這是在為自己的事業作投資。[27]

然而，這篇報告使用的分析架構變得有點有限：因為觀眾的得體行為會變得比表演行為還要講究，而觀眾的行為原先只是針對表演做的回應。

最後，我想為得體補充一個事實。每當觀眾做出得體的行為時，表演者有可能察覺到自己被得體地保護著。如果表演者真的察覺到這一點，觀眾就有可能察覺到表演者知道自己被得體地保護著。然後反過來，表演者就有可能察覺到觀眾知道表演者知道自己被得體地保護著。當存在這樣的資訊狀態時，表演的某個時刻終將到來，團隊的區隔將被打破，取而代之的是目光的短暫交融，每個團隊都向對方坦誠自己的資訊狀態。此時，社會互動的整個擬劇論結構突然且令人感傷

27 Murtagh and Harris, *op. cit.*, p. 165. 也可見 pp. 161-67.

地赤裸裸展現在大家面前，團隊之間的界線也暫時消弭。無論這個緊密的事物觀點會帶來羞恥還是笑聲，團隊可能最後仍會退回到自己被分派的角色上。

針對得體的得體

有人認為，觀眾為表演者做出了得體或保護的行為，因此對於表演的維持做出了重大貢獻。顯然，如果觀眾要為表演者做出得體行為，那麼表演者也必須做出某種行為才能讓觀眾的協助成為可能。這需要紀律與慎重，而且是特殊的紀律與慎重。舉例來說，得體的外人因為站得近的關係，不經意地聽見旁人的互動，但他決定裝作沒聽見。為了支持這個得體的舉動，參與互動的人在發現自己說的話可能被外人不經意地聽見之後，決定從自己的對話與行動中省略所有可能讓得體的外人感到負擔的內容，但在此同時，他們仍繼續談到一些半機密的事實，用來表示他們並不是不相信外人真的得體地假裝沒聽見。同樣地，如果祕書想得體地告訴訪客，他想見的人已經外出，那麼對訪客來說，明智的做法應該是往後退幾步，遠離對方的市內電話，這樣他就不會聽見祕書被那個人告知的內容，也許，電話那頭根本沒有人。

最後，我想提出兩個一般策略，這兩個策略都與針對得體的得體有關。首先，表演者必須對暗示敏感，而且隨時準備好要接受暗示，因為透過暗示，觀眾才能警告表演者他的表演令人無法接受，如果他希望挽救整個情境，那麼他最好盡快做出調整。其次，如果表演者無論如何仍要對事實做不實陳述，那麼他做不實陳述時必須合乎不實陳述的禮節，他不能讓自己陷入一種即使是最站不住腳的藉口，或最合作的觀眾都無法為他開脫的境地。為了繼續說著虛假的話，表演者的聲音不得不躲在插科打諢的陰影之下，這樣一來，就算他被抓到，他也可以否認自己的說法是認真的，並且表示自己只是開玩笑。為了對自己的外觀進行不實陳述，表演者不得不想辦法讓自己保有一個證明自己無辜的理由。舉例來說，禿頭男子無論在室內與戶外都戴著帽子，而且或多或少有著辯解的理由——可能是他們著涼了，或者是忘了把帽子脫下來，或者是你不知道在什麼地方什麼時候會下起雨；然而，假髮卻會讓穿戴的人找不到藉口，而觀眾也沒有理由能為他找藉口。事實上，我們有理由將冒充者這個類別——我們先前曾經提過——定義為使觀眾無法對他們看到的不實陳述做出得體回應的人。

儘管表演者與觀眾以及其他許多人運用了上述所有的印象管理技術，但我們知道，事件理所當然會發生，觀眾也會在不經意間看到表演的幕後。當這樣的事件發生時，觀眾有時可以從中得到重要的教訓，對觀眾來說，發現某人受託的黑暗內在或策略祕密固然可以從中得到侵犯的愉悅，卻依然比不上獲取教訓來得重要。觀眾也許還會發現隱藏其中的基礎民主。無論表演呈現的角色是清醒理智還是無憂無慮，是高身分地位還是低身分地位，扮演角色的個人依然還是會被看見他大致上的樣子：一個總是憂慮自己演出成果的孤獨演員。在眾多面具與角色背後，每個表演者都穿戴著一個孤獨的外表——一個赤裸而未社會化的外表、一個專注的外表、一個私底下正從事著困難的背叛任務的人的外表。西蒙・波娃在她談論女性的作品中提供了一個例證：

> 儘管她小心謹慎，意外還是發生：酒灑在衣服上，菸把衣服燒了；標誌著這個奢華與節慶的生物就此消失——過去她曾在大舞廳裡露出驕傲的微笑，現在卻擺出一副嚴峻的管家臉孔；人們一眼就能看出，她的盛裝並不是像花火那樣的一場鋪張，能在一瞬間迸發光芒，奢華耀眼地照亮一切；她的禮服毋寧說是一種富有的收藏，是資本財，是一項投資；它意謂著犧牲，它的喪失是一場真正的災難。污漬、破洞、難看的補綴、糟糕的髮型是遠比烤焦的肉或破碎的花瓶更加嚴重的災難，因為這名時尚的女子不僅將自己投射在事物上，還選擇把自己變成事物，而覺得自己在這個世界上受到了直接的威脅。她與裁縫師和女帽製造商的關係、她的坐立難安、她的嚴厲要求——這些都展現出她的嚴肅態度與她的不安全感。[28]

個人在得知觀眾可能對自己產生壞印象之後，便可能會對於善意與誠實的行為感到羞愧，只

28 De Beauvoir, *op. cit.*, p. 536.

因為這樣的表演脈絡提供了錯誤的壞印象。而個人在產生了這種毫無道理的羞恥感之後，便會覺得自己的情感會被大家看得一清二楚，他會感覺到大家是這樣看待自己的，感覺到自己的外表證明了大家為他所下的錯誤結論。而接下來，他可能會做出讓他的立場更加不穩定的事，他會開始採取防衛性手段，相信如果自己真的有罪，那麼這些手段就用得上。照這樣的話，我們所有的人很快就會變成我們想像其他人會把我們想像成的那種最壞的人。

當個人在他人面前維持表演到了一定的程度，導致連自己都不相信這場表演時，他會開始經歷一種特別的自我疏離（alienation from self），以及對於他人的警戒。美國一名女大學生提到：

我有時會在約會時「裝傻」，但這只留下了糟糕的體驗。我的感受很複雜。一部分的我享受「矇騙」男人，而男人毫未起疑的感覺。但對他的這種優越感卻混雜著對自己表裡不一的罪惡感。到了快「約會」的時候，我變得有點瞧不起他，因為他被我的伎倆「騙了」，或者，如果我喜歡上這個男孩，我會產生一種母性，想像個母親一樣照顧他。有時，我會恨他！為什麼他不能像一個男人一樣各方面都比我優秀，這樣我就能做回真正的自己？不管怎麼說，我跟他在一起做什麼？一起爛下去？

有趣的是，我覺得這個男人並非完全不起疑心。他可能查覺到真相，並且對這段關係感到不安。「我是怎麼想的？她是否在暗自發笑，她是否真的在誇我？她是否真的覺得我那一小段話說得很好，還是她只是假裝對政治一無所知？」有一兩次，我覺得真正出醜的人是我；男孩看穿了我的詭計，並且對於我居然淪落到去幹這種伎倆而瞧不起我。[29]

共同的演出問題、對於事物外表的關切、有根據與無根據的羞恥感、對自己與對觀眾的矛盾心理：這些都是人類情境中的擬劇論要素。

29 Komarovsky, *op. cit.*, p. 188.

第七章

結論

架構

社會體制（social establishments）是個被固定屏障圍繞的地方，外界的人無法輕易窺探內部，而特定種類的活動會規律地在內部發生。我曾經提過，無論什麼社會體制，只要透過印象管理的觀點進行探討，應該都能獲得豐碩的成果。在社會體制的牆內，我們發現了表演者的團隊，團隊成員彼此合作向觀眾呈現既定的情境釋義。這裡不僅涵蓋團隊本身與觀眾的概念，也包括由禮貌與禮儀規則維持的關於於精神特質的假定。我們經常發現社會體制內部被區分成後臺區域與前臺區域，前者是準備例行公事表演的地方，後者是呈現表演的地方。通往前臺與後臺的通道都受到控制，一方面是為了阻止觀眾窺探後臺，另一方面也防止外人觀看不是為他們演出的表演。團隊成員彼此熟悉，很容易養成連帶感，成員間也共同分享與保守關於表演的祕密。表演者與觀眾維持著默契，彼此彷彿存在著一定程度既對立又合作的關係。一般都會——實際上並非總是如此——強調表演者與觀眾的一致性，並且對兩者的對立輕描淡寫。因而由此產生的可運作共識往往會遭遇兩種矛盾現象，首先是表演者在觀眾不在場時，會表現出另一種對觀眾的態度，其次是表演者在觀眾在場時，會節制地傳達與角色不符的溝通。我們也發現，表演會衍生出不一致的角色：有些個人顯然是團隊成員，或觀眾、外人，這些人可以取得表演的資訊，與團隊建立隱晦的關係，並且使表演的問題變得更加複雜。有時候，表演會因為無心的姿態、失態與混亂的場面而中斷，使團隊努力維持的情境釋義遭到懷疑或出現矛盾。團隊的神話學會持續思索檢討這些中斷事件。我們看到表演者、觀眾與外人運用各種技術來挽救表演，他們試圖避免可能的中斷，或修正不可避免的中斷，或乾脆把這件事交給別人處理。為了確保這些技術能加以運用，團隊在挑選成員時往往強調忠誠、紀律與慎重這些特質，而在挑選觀眾時則重視他們是否得體。

我認為由這些特徵與元素組成的架構，充分表現出英美社會背景下絕大多數社會互動自然形成的基本特質。雖然這個架構是形式的與抽象的，可以用來解釋所有的社會體制，但這個架構卻不只是靜態的分類，事實上，它特別適合處理為了維持投射到他人面前的情境釋義而產生的動態問題。

分析脈絡

本書主要關切的是社會體制這個相對封閉的系統。一般認為體制與體制的關係本身就是個可分析的領域，應該將其視為各種事實秩序（order of fact）的一環，也就是制度整全下的秩序來加以探討。在這裡，我們可以把本書採取的視角置於其他幾個視角的脈絡之下，後者都是學界目前正在使用——無論明言還是未明言——的研究方式，而且都把社會體制當成封閉系統。接下來，我將簡略地說明這四種視角。

體制可以從「技術」角度加以觀察，這種視角把體制視為為了實現預定目標而刻意組織的行動系統，因此系統是否有效率就成了觀察重點。體制也可以從「政治」角度加以觀察，包括每個參與者（或參與者的階級）可以要求其他參與者採取的行動，為了執行這些要求而可以進行的剝奪與給予的特權，以及用來指引這類命令與下達禁令的社會控制。體制也可以從「結構」角度加以觀察，包括水平與垂直的身分劃分，以及連繫不同身分階級群體的社會關係。最後，體制可以從「文化」角度加以觀察，道德價值會影響體制內部的活動，這些價值包括了時尚、風俗、品味，也涵蓋了禮貌與禮儀，此外還有終極目的與針對手段設立的規範限制等等。必須留意的是，所有與體制相關的已知事實，都與上述四個視角有關，然而隨著每個視角對這些事實賦予的優先順序各自不同，所建立的事實秩序也就隨之不同。

而我認為，除了技術、政治、結構與文化這四種視角，我們還可以再增添第五個視角，也就是擬劇論的取向。[1]就像其他四種視角一樣，擬劇論視角可以是分析的終點，也可以是排列事實的最終方式。這促使我們去描述在既定體制中使用的印象管理技術、印象管理在體制中的主要問題，以及在這個體制中運作的幾個表演團隊的認同與相互關係。但是，與其他四個視角所運用的

1 比較 Oswald Hull 對於研究封閉系統的幾個視角的評論，"Methods and Techniques of Research in Human Relations" (April, 1952), reported in E. C. Hughes *et al.*, *Cases on Field Work* (forthcoming).

事實相同，印象管理處理的事實也在其他四個視角關切的問題上扮演著一定角色。我們接下來將簡短地說明這個問題以幫助理解。

技術視角與擬劇論視角在工作標準上或許有著最明顯的共通點。兩個視角都重視由一組人來檢驗另一組人在工作成果上的一些隱藏特徵與特質，而另一組人則必須營造出一種印象，讓人覺得他們的工作體現出這種隱藏特質。政治視角與擬劇論視角則是清楚交錯在兩者都強調個人必須擁有指揮另一個人行動的能力。首先，如果個人要指揮他人，個人就不能讓他人知道自己的策略祕密。其次，如果個人想透過樹立典範、啟迪、說服、交換、操縱、權威、威脅、懲罰或強制來指揮他人行動，那麼個人就必須——無論他掌握多少權力——有效傳達他想完成的事，以及他準備怎麼做來完成這件事，以及如果無法達成，他又會怎麼做。任何一種權力都必須有效地美化外表，才能對外展示，而權力被戲劇化的方式不同，產生的效果也不同。（當然，如果個人並未處於能夠樹立典範、進行交換與施加懲罰的地位，那麼就算擁有能有效傳達情境釋義的能力也是枉然。）因此，赤裸裸的權力的最客觀形式，也就是肉體上的壓迫，往往既不客觀，也不赤裸，反而更像是用來說服觀眾的展示；它不僅是行動的工具，更是溝通的工具。結構視角與擬劇論視角在社交距離上有著最多的交集。一個身分群體（status grouping）能否在其他身分群體的觀眾面前維持形象，取決於表演者是否有能力限制與觀眾之間的溝通性接觸。文化視角與擬劇論視角在道德標準的維持上意見最一致，一個體制的文化價值會深刻影響參與者對許多事物的感受，同時也會建立起外觀架構，無論內心抱持什麼感受，外觀都必須予以維持。

人格—互動—社會

近年來，人們開始致力於將三個研究領域的概念與發現整合到一個架構之中，這三個概念分別是個人人格（individual personality）、社會互動（social interaction）與社會（society）。在此我想為這些跨學科的研究再增添一項新的嘗試。

當個人出現在他人面前時，會有意無意地投射出情境釋義，而個人自身的概念也屬於情境釋義重要的一部分。當事件發生，造成表達與營造的印象不相容時，社會現實的三個層次將同時感受到重大的影響，而且每個層次都涉及不同的參考點與不同的事實秩序。

首先是社會互動，在此我們把社會互動視為兩個團隊之間的對話，社會互動可能因尷尬與困惑而停止；情境停止被定義，原本的立場變得站不住腳，參與者會發現自己失去了清楚的行動方針。一般來說，參與者會察覺情境中出現了不適當的行為，因而感到尷尬、慌亂與難堪。換言之，秩序井然的社會互動創造與維持的社會系統，就在這一瞬間土崩瓦解。這就是從社會互動的角度來看，中斷所造成的結果。

其次，表演中斷不僅當下會對行動造成混亂的結果，還會帶來更深遠的影響。表演時，觀眾傾向於接受個別表演者投射的自我，他們相信表演者能負責地代表他的同事群體、他的團隊與他的社會體制。觀眾也接受個人的特定表演，認為這證明個人有能力表演例行公事，甚至相信他有能力表演任何例行公事。每當個人表演自己的例行公事時，這些較大的社會單元——團隊、體制等等——也要跟著承擔責任；每次表演，這些單元的正當性都會遭受新的考驗，他們的長期聲譽也不斷受到威脅。有些表演的責任尤其重大。因此，要是外科醫生與護士從手術檯旁邊一轉身，已麻醉的病人卻意外從手術檯摔落地面死亡，那麼不僅這場手術將以令人尷尬的方式中斷，醫生的名聲，無論身為醫生還是身為一個人，以及醫院的名聲，都會一起受到影響。這就是中斷對社會結構造成的結果。

最後，我們經常發現，個人會把自我認同與自己扮演的特定角色、體制與群體牢牢地綁在一起，並且在自我概念中堅定地認為自己不會造成社會互動的中斷，也認為自己不會讓仰賴互動的社會單元失望。因此，當中斷發生時，我們發現自我概念遭受質疑，圍繞著自我概念建立的個人人格也因此隨之動搖。這就是中斷對個人人格造成的結果。

表演中斷因此在三個抽象層次上產生影響，這三個層次分別是人格、互動與社會結構。雖然中斷的可能性因互動而異，且中斷的社會意義也因互動而不同，但參與者只要一參與互動，無論可能性如何微乎其微，就免不了有陷入尷尬或遭到嚴重羞辱的時候。人生其實不能說是一場賭局，互動才是。此外，個人努力避免表演中斷，或在無法避免中斷的狀況下努力進行修正，這些也會同時在三個層次上產生影響。以上就是我們針對三個抽象層次與三個研究社會生活的視角做的簡要說明。

比較與研究

本書使用了英美社會以外的例證來做說明，我這麼做不是因為這裡呈現的架構在文化上完全中立，或者認為這個架構除了可以適用於我們的社會，也可以適用於非西方社會的相同社會生活領域。我們過的是室內的社會生活，我們專精於固定布景，把陌生人排除在外，並且給予表演者隱私，好讓他們能安心準備表演。一旦我們開始進行一場表演，我們便希望好好完成這場表演；我們對表演時出現的雜音特別敏感；如果我們突然出現不實陳述，我們會感到極度羞辱。我們有自己的一套擬劇論規則與行為傾向，但我們也不能忽視其他社會的生活領域與他們明顯遵循的規則。西方旅人的描述充斥著許多例證，顯示西方人的擬劇論思維到了其他社會會覺得受到冒犯或讓西方人感到吃驚，因此，如果我們想把擬劇論規則適用在其他文化上，我們就不能只考慮有利的例子，也必須考慮水土不服的狀況。我們必須看看，在中國，僻靜的茶館裡，行動與室內擺設呈現出完美的和諧與一致，毫不起眼的餐館提供極為講究的菜餚，看起來十分簡陋的店鋪，本以為裡面全是粗魯、放肆的店員，結果在店鋪的深處，擺放著一綑綑用年代久遠的褐紙包裹的美麗而細緻的布匹。[2] 想與這個據說總是小心翼翼要為彼此留面子的民族相處，我們必須先閱讀以下這段描述：

> 幸運的是，中國人不像我們一樣認為家裡必須要有隱私。他們並不在意自己日常經驗的一切細節被想窺探隱私的人看見。怎麼生活，吃什麼，甚至家裡面的任何動靜，這些我們都不希望外人知道，但中國人似乎認為這些都是共同財產，並非完全由與這些事情最有關係的家庭獨有。[3]

我們必須了解，在有著根深柢固的不平等身分制度與強烈宗教傾向的社會裡，個人不會像我們一樣認真看待戲劇演出，而會以簡短的姿態跨越社會的藩籬，比我們所能允許的那樣，對身處面具背後的人給予更多的認可。

此外，我們在運用擬劇論來刻劃我們的社會整體時也必須非常謹慎。舉例來說，在當前的勞資關係裡，某個團隊與對立的團隊一起加入共同協商會議，他們在必要時會裝出怒氣沖沖離開會議的樣子。外交團隊有時也需要做出類似表演。換言之，在我們的社會裡，團隊為了維持可運作共識，經常必須壓抑自己的怒氣，但有時候，團隊為了展現憤怒的情緒，也必須放棄理智的對

---

2 Macgowan, *op. cit.*, pp. 178-79.

3 *Ibid.*, pp. 180-81.

立。同樣地，個人有時為了挽救自己的榮譽與顏面，無論願不願意，都必須破壞互動。因此，更謹慎的做法是從較小的單元開始，或從社會或階級體制，或從特定的社會地位，透過歷史案例研究穩健地做文獻的比較與演變。舉例來說，從以下的資訊可以看出商人如何合法地進行表演：

過去半個世紀，法院針對正當信賴（justifiable reliance）的問題態度有了明顯變化。過去的判決受到「買者自慎」（caveat emptor）的通說影響，強調原告負有保護自己與不信任對造的「責任」，原告甚至無權以賣方提出的積極事實作為事證。從法院的判決可以看出，法院認為每個人都應該在交易中設法贏過對方，只有笨蛋才會相信交易必須誠實。因此，原告必須做出合理調查，並且形成自身的判斷。之後，法院認可新的商業倫理標準，要求事實陳述必須至少做到誠實與謹慎為之，而且在許多交易中，這些陳述必須保證為真，與過去相比，法院的觀點可說有了一百八十度的變化。

如今法院主張，賣方提出的事實，例如土地或商品的數量或品質、公司的財務狀況、以及其他促進商業交易的類似內容，都將視為毋須調查而可正當信賴的資訊，不只是因為這類調查繁重而困難，例如待售的土地距離遙遠，也因為賣方的虛偽陳述很容易被揭穿。[4]

4 Prosser, *op. cit.*, pp. 749-50.

就在商業關係愈來愈強調坦白之際，證據卻顯示，婚姻顧問愈來愈同意個人毋須將之前的「風流韻事」告訴配偶，因為這只會導致不必要的緊張。我們還可以舉其他的例子。直到一八三〇年以前，英國酒吧為工人提供的後臺布景其實跟廚房沒什麼兩樣。一八三〇年之後，琴酒宮殿（gin palace）突然出現，才為工人提供他們想都沒想過的花俏前臺區域。[5]美國城鎮的社會史顯示，近年來，美國各地上層階級愈來愈不講究居家品味與追求嗜好的門面。相反地，有些紀錄提到，工會組織卻開始重視布景，[6]並且找來學院出身的專家負責設計，讓他們的門面更加體面且具學術氣息。[7]我們可以從特定工商組織的廠房規畫看到這種變化，我們發現這些組織變得愈來愈講究門面，例如總部大樓的外牆、會議室、大廳與會客室。我們也可以看到，在特定的佃農社區，用來飼養動物的穀倉曾經是廚房的後臺，僅靠火爐旁的一扇小門進出，但這座穀倉最近卻被搬到遠離屋子的地方。至於屋子原本四周毫無防護，座落在菜圃、農耕設備、垃圾與吃草的牲畜當中，但現在卻改建成一個用來經營公共關係的場所，前面用圍欄圍出一塊空地，環境也變得乾淨許多，面向社區的那一側做了裝修，垃圾則散亂棄置在未設圍欄的後臺區域；相連的牛棚消失了，放置炊具的地方也愈來愈少人出入。我們可以看到家裡的配置升級了，廚房原本有自己的後

5 M. Gorham and H. Dunnett, *Inside the Pub* (London: The Architectural Press, 1950), pp. 23-24.

6 例見 Hunter, *op. cit.*, p. 19.

7 見 Wilensky, *op. cit.*, chap. iv, 討論了員工專家的「窗戶裝飾」功能。關於這場運動在商業上的例子，見 Riesman, *op. cit.*, pp. 138-39.

臺區域，在作為屋子裡最不宜呈現的區域的同時，卻又變得愈來愈可呈現。我們追溯這場特定的社會運動，看到這場運動引領一些工廠、船隻、餐廳與家庭清理自己的後臺區域，他們就像僧侶、共產主義者或德國市議員一樣隨時警醒，永遠保持著自己的門面。在此同時，觀眾成員則完全沉浸在社會本我（society's id）之中，探索著已經為他們清理乾淨的場所。例如最近就出現有人願意付錢去聆聽交響樂團排練。我們從中可以看到埃弗雷特．休斯所謂的集體動員（collective mobility），擁有某種身分的一群人試圖透過動員來改變自己負責執行的任務，這樣他們就不用再做跟自己試圖建立的自我形象明顯不符的事。我們可以看到與之並進的過程，這個過程或許可以稱為「角色事業」（role enterprise），在特定的社會體制內，特定成員與其說想晉升到既有的高位，不如說想為自己創設一個全新的職位，這個職位需要肩負的職責反而能適切表達出與他相符的特質。我們可以檢視這個專門化的過程，許多表演者與他人短暫而共同地使用非常精巧的社會布景，但卻滿足於獨自一人睡在毫無矯飾的小隔間裡。我們可以看到關鍵門面的普及，如實驗室廣泛地使用玻璃、不鏽鋼、橡膠手套、白色磁磚與實驗衣，這讓愈來愈多原本從事的任務使他們不適合對外展示的人獲得自我淨化。在一些高度威權的組織裡，一個團隊負責花時間讓布景維持井然有序，另一個團隊則負責在這個布景裡演出，這些體制包括了醫院、空軍基地與大家庭。但近年來，這些布景漸漸不再呈現出過去那種極度嚴格的景象。最終，我們看到爵士樂與「西岸」文化模式的興起與傳布，bit、goof、scene、drag、dig這些字彙的流行，讓個人可以在專業舞臺表演者與日常表演的技術層面之間取得一些連結。

表達的角色傳達著自我印象

也許最後我們可以來談一點跟道德有關的東西。在本書中，社會生活的表達元素被視為一種印象的來源，並由他人所提供或者接受。反過來，印象則成了不明顯的事實的資訊來源，以及一種回應手段——接收印象的人，毋須等到給予印象的人的行動產生實際結果，就能對資訊做出回應。因此，表達，在本書是被視為在社會互動中扮演的溝通角色，而非表達者所認為的，表達可能具有完結或消除緊張的功能。[8]

所有的社會互動似乎都是以一種基本的辯證法作為基礎。當個人來到他人面前，他會想挖掘眼前這個處境的事實。如果他能掌握資訊，他可以知道與體諒接下來將發生什麼事，他會給予在場的他人應有的對待，而他的行為也會與自己已經考慮周全的自利心一致。要充分揭露情境的事實性質，個人必須知道與他人相關的所有社會資料；個人也必須知道，他人在互動時所做的行為

8　最近針對表達進行的研究，見 Talcott Parsons, Robert F. Bales, and Edward A. Shils, *Working Papers in the Theory of Action* (Glencoe, Ill.: The Free Press, 1953), Chap. II, "The Theory of Symbolism in Relation to action."

產生的實際或最後結果，以及他人的內心究竟對他有何感受。如此完整的資訊很難取得，在缺乏資訊下，個人傾向於使用替代物，如提示、測試、暗示、表達的姿態、身分地位的象徵等等來作為預測工具。簡言之，既然個人當下看不到他想看到的現實，那麼就只能仰賴外表。弔詭的是，個人愈是想知道難以得知的現實，他就愈需要專注在外表上。

個人傾向於依照在場的他人給予的和他人的過去與未來有關的印象來對待他人。此時，溝通的行動便轉變為道德的行動。他人給予的印象往往被視為一種隱含的主張與承諾，而主張與承諾往往帶有道德性格。個人的心裡會這麼想：「我會用你留給我的印象來檢視你與你的行動，因此你不應該讓我誤解。」這裡特別的地方在於，即使個人預期他人並未意識到自己做出了許多表達行為，甚至個人也預期自己將會根據收集來的資訊來利用他人，個人依然會採取上述的立場。由於個人在觀察時使用的印象來源涉及多種的標準，除了禮貌與禮儀外，也包括社會交流與任務績效，我們因此再次感受到日常生活與道德上的差別待遇有著難解的關係。

接下來讓我們切換到他人的觀點。如果他人想表現出君子風度，參與個人的遊戲，那麼他人將不會特別在意個人正在形成對他們的印象，而且在行為上也不會有任何算計或矯揉造作，他人會讓個人取得對他們與他們的努力的有效印象。如果他人偶然間開始認真思考自己被個人觀察這件事，他人也不會讓這件事對自己造成不好的影響，他人依然相信個人會取得正確的印象，並且根據這個正確印象公正地對待自己。如果他人想影響個人對待他們的方式，而這也合乎一般的預期，他們會使用符合君子風度的做法。他人只需要指引自己當前的行為，使自己的行為在未來造成的結果可以讓公正的個人以他人希望的方式來對待他人；一旦他人真的採取這樣的行動，那麼他人接下來要做的就只是指望觀察他們的個人能具有遠見卓識與公正的態度。

有時，被觀察的人當然會使用適當的方式來影響觀察者對待他們的方式。但還有另一種方法，一條更有效率的捷徑，能讓被觀察者影響觀察者。為了不讓自己的行動產生印象，形成一種附隨行動產生的副產品，他人可以重新定位自己的參考架構，並且致力於創造自己想要的印象。此時的他人不再嘗試以可接受的方式實現某種目的，而是試圖營造自己正以某種可接受的方式實現某種目的的印象。他人可以操縱印象，讓觀察者用來取代現實，因為用來象徵事物的符號，雖然不是事物本身，卻能在事物不在場時用來進行陳述。觀察者仰賴事物的陳述，因此產生了不實陳述的可能。

許多人認為，如果他們只使用符合君子風度的做法來影響觀察者，那麼無論他們從事的是什麼事業，他們都將無法繼續維持。周而復始的行動到了某個階段，有人開始覺得大家必須團結起來，直接操縱對外的印象。被觀察者變成了一支表演團隊，而觀察者變成了觀眾。看似正在從事某項任務的行動變成了在觀眾面前表演的姿態。周而復始的行動變成了一場戲。

此時，我們看到了基本的辯證法。身為表演者，個人努力營造自己與產品完全符合各種標準的印象。由於這些標準數量繁多且無所不在，個人身為表演者其實遠比我們想像得更加身處於道德世界之中。然而，身為表演者，個人關注的不是實現這些標準的道德議題，而是如何營造印象，讓外界相信他已經實現這些標準的非道德議題。因此，我們的行動主要與道德有關，但身為表演者，我們卻不關心我們的行動的道德性質。身為表演者，我們是道德商人，我們整天都在與我們展示的商品親密接觸，我們的腦子也無時不刻想著這些商品；但事情卻很可能演變成，我們愈是關注這些商品，我們就與這些商品愈疏離，也與信任並且購買這些商品的人離得愈遠。換個比喻來說，社會化的角色有義務要求自己總是從道德的角度思考並且在符合道德的前提下獲取利益，而正是這種義務與利益，迫使人們在舞臺上扮演這樣的角色。

演出與自我

「我們將自己呈現在他人面前」，這種說法其實並不新奇；這裡應該強調的是，我們看待自我結構的方式，往往會因為我們英美社會如何安排這類表演而有所不同。

在本書中，個人被隱含地區分成兩個基本部分：首先，個人被當作是一個「表演者」，是一個不勝其擾的印象製造者，他擔負著表演這個太人性的任務；其次，個人被當作是一個「角色」，是一個人物，一般來說都被當成好人，因此表演的目的是為了喚起個人的精神、力量與其他優良的特質。表演者與角色的特質基本上屬於不同的層次，但從表演的進行來說，表演者與角色的特質都各有其意義。

首先是角色。在我們的社會裡，某人扮演的角色約略等同於某人的自我，而一般認為這個「自我即角色」（self-as-character）就存在於擁有自我的人的體內，特別是在身體的上半部，它在人格的心理生物學裡就像是一顆結節。我認為這個觀點隱含了一部分我們試圖呈現的事物，但也正因如此，這個觀點提供的分析其實相當拙劣。在本書中，演出的自我（performed self）被當成是某種可信的意象，而在舞臺上扮演角色的個人通常會努力說服他人把演出的自我與個人連繫起來。當他人把演出的自我與個人連繫起來時，自我也就隨之歸屬於個人，但這個自我並非來自於它的擁有者，而是來自於他行動的整個場景，由場景事件的特性產生，而場景事件的特性讓見證者得以對這些事件進行詮釋。一個經過正確安排與演出的場景，引領觀眾把自我歸屬於表演的角色，但這個歸屬自我的過程乃是發生的場景的「產物」，而不是發生的場景的「起因」。因此，自我作為表演的角色，它不是一個有機的事物，有機的事物有一個特定的地點，其基本的命運是出生、成熟與死亡，但自我並非如此；自我是一個戲劇效果，它是從呈現的場景中發散出來；自我的特質與重要關切，乃是自我是否能獲得信任，還是會遭到懷疑。

因此，要分析自我，我們不能只停留在自我的擁有者上。儘管自我的擁有者會因為自我而得到最多的好處，也會因為自我而蒙受最多的壞處，但自我的擁有者與他的身體提供的只是一個曬衣夾，用來短暫懸掛某個類似合作製造出來的東西。生產與維持自我的東西不在曬衣夾裡，事實上，這些東西往往被吞進了社會體制之內。會有一個後臺區域提供工具來形塑身體，還會有一個前臺區域提供固定道具；會有一個由一些人組成的團隊，團隊的舞臺活動搭配上可用的道具構成了場景，從場景中便出現了表演角色的自我，而另一個團隊，也就是觀眾，他們的詮釋活動乃是表演角色的自我出現的必要條件。自我是所有這些安排的產物，自我的所有部分都帶有這個起源的印記。

自我生產的整個機制不可避免是繁重的，有時還會崩潰解體，暴露出分離的各個組成部分：後臺區域控制、團隊共謀、觀眾的得體等等諸如此類。但是，如果能為這個機制上足潤滑油，印象將會迅速地從這個機制流露，使我們陷入我們所認知的某一種現實——表演將會成功，與每個表演的角色相一致的堅實自我將會從表演者的內在散發出來。

其次，個人是表演的角色，也是表演者。個人具有學習的能力，這種能力表現在為了扮演角色而接受的訓練任務上。個人也喜歡幻想與夢想，有時夢想可以順利發展成成功的表演；而有時在公開的前臺區域遭遇致命的不信任，則會使內心充滿焦慮與恐懼。個人經常對團隊成員與觀眾表現出交際的渴望，並且能夠得體地體諒他們；個人也會感到深刻的羞恥，使他極力減少公開露面的機會。

身為表演者，個人具有的特質並非只是特定表演描繪出來的效果；這些特質具有心理生物學的性質，但這些特質也源自於與演出的偶發事件密切互動的結果。

接下來是最後的評論。為了建立本書使用的概念架構，我使用了一些舞臺語言。我提到表演者與觀眾；例行公事與角色；成功的表演與失敗的表演；提示、舞臺布景與後臺；擬劇論的需要、技術與策略。我必須坦承，我做了這麼大量的類比，其實有一部分是基於說理與策略的需要。

全世界就是一個舞臺，這樣的主張對讀者來說早已司空見慣，讀者很清楚這句話的限制，也願意容忍這樣的呈現方式，因為他們知道自己隨時都能輕易做出證明，因此不會認真看待這個說法。在劇院上演的戲劇，相對來說是一個經過策畫的幻想，而大家都知道這一點；與日常生活不同，表演的角色無所謂真假的問題——當然，從另一個層次來說，戲劇的成功與否確實對於表演者身為一名專業人士的名聲有著真實的影響，而表演者每天的工作就是從事戲劇表演。

現在，舞臺的語言與面具也該功成身退。畢竟鷹架是用來搭建其他事物，人們在搭建鷹架時，已經做好了日後拆掉鷹架的準備。本書與不知不覺滲入到日常生活之中的戲劇各個面向毫無關連。本書探討的是社交碰面（social encounters）——每當人與人直接碰面時，這些社會生活的實體就會出現，形成結構，這個結構的關鍵要素是單一情境釋義的維持，定義必須予以表達，即使面對各種可能的中斷，定義的表達仍將繼續存在。

在劇院演出的角色，從某方面來說不是真實的，它與騙子精心策畫的角色演出所造成的真實結果也無法相提並論。然而無論是戲院裡的角色還是騙子虛構的角色，想要「成功」演出都需要使用「真實」的技術——人們每天維持著自己的真實社會情境，也需要使用相同的技術。在劇院舞臺上面對面互動的人，他們也必須滿足真實情境的關鍵必要條件；跟我們一樣，他們也必須面對互動任務，但不同的是，他們身處的環境促使他們發展出一套適切的術語來進行陳述。

國家圖書館出版品預行編目資料

日常生活中的自我呈現 / 厄文・高夫曼（Erving Goffman）著；黃煜文譯. -- 初版. -- 臺北市：商周出版, 城邦文化事業股份有限公司出版：英屬蓋曼群島商家庭傳媒股份有限公司城邦分公司發行, 民112.11
面； 公分. -- (Discourse ; 124)
譯自：The Presentation of Self in Everyday Life
ISBN 978-626-318-899-0（平裝）
1. CST: 社會學 2.CST: 情境心理學 3.CST: 人類行爲
4.CST: 社會角色
541.75 112017042

線上版讀者回函卡

日常生活中的自我呈現

原著書名／The Presentation of Self in Everyday Life
作　　者／厄文・高夫曼（Erving Goffmann）
譯　　者／黃煜文
企劃選書／劉俊甫
責任編輯／嚴博瀚

版　　權／吳亭儀、林易萱
行銷業務／周丹蘋、賴正祐
總 編 輯／楊如玉
總 經 理／彭之琬
事業群總經理／黃淑貞
發 行 人／何飛鵬
法律顧問／元禾法律事務所　王子文律師
出　　版／商周出版
城邦文化事業股份有限公司
臺北市中山區民生東路二段141號9樓
電話：(02) 2500-7008 傳眞：(02) 2500-7759
E-mail：bwp.service@cite.com.tw
發　　行／英屬蓋曼群島商家庭傳媒股份有限公司城邦分公司
臺北市中山區民生東路二段141號11樓
書虫客服服務專線：(02) 2500-7718・(02) 2500-7719
24小時傳眞服務：(02) 2500-1990・(02) 2500-1991
服務時間：週一至週五09:30-12:00・13:30-17:00
郵撥帳號：19863813　戶名：書虫股份有限公司
讀者服務信箱E-mail：service@readingclub.com.tw
歡迎光臨城邦讀書花園　網址：www.cite.com.tw
香港發行所／城邦（香港）出版集團有限公司
香港九龍九龍城土瓜灣道86號順聯工業大廈6樓A室
電話：(852) 2508-6231　傳眞：(852) 2578-9337
E-mail：hkcite@biznetvigator.com
馬新發行所／城邦（馬新）出版集團 Cité (M) Sdn. Bhd.
41, Jalan Radin Anum, Bandar Baru Sri Petaling,
57000 Kuala Lumpur, Malaysia
電話：(603) 9057-8822　傳眞：(603) 9057-6622
Email：services@cite.my

封面設計／井十二設計研究室
排　　版／新鑫電腦排版工作室
印　　刷／韋懋印刷有限公司
經 銷 商／聯合發行股份有限公司
電話：(02) 2917-8022　傳眞：(02) 2911-0053
地址：新北市231新店區寶橋路235巷6弄6號2樓

■2023年（民112）11月初版
定價 580 元

Printed in Taiwan
城邦讀書花園
www.cite.com.tw

THE PRESENTATION OF SELF IN EVERYDAY LIFE by Erving Goffman
This edition published by arrangement with Doubleday, an imprint of The Knopf Doubleday Publishing Group, a division of Penguin Random House LLC.
Complex Chinese translation copyright © 2023 by Business Weekly Publications, a division of Cité Publishing Ltd.
All rights reserved.

著作權所有，翻印必究

ISBN 978-626-318-899-0